内 容 简 介

　　本报告全面介绍了 2006 年 4～7 月，吉林大学边疆考古研究中心对河北省唐县南放水遗址进行的大规模发掘。

　　本次发现夏、西周和东周三个时期的遗存。夏时期遗存体现出多元的文化特征。遗址中最丰富的西周时期遗存，年代为西周中期至晚期。东周时期遗存属于春秋晚期至战国时期。本次发掘为进一步认识冀中以北地区相关考古学文化的面貌提供了新材料。

南水北调中线一期工程文物保护项目

河北省考古发掘报告第四号

唐 县 南 放 水

夏、周时期遗存发掘报告

南水北调中线干线工程建设管理局

河北省南水北调工程建设委员会办公室　　编著

河北省文物局

南水北调一期工程文物保护项目报告
河北省编辑委员会

主　任：孙士彬

副主任：冯韶慧　　张　野　　张铁龙

委　员：孙士彬　　冯韶慧　　张　野　　张铁龙

　　　　张立方　　谢　飞　　刘智敏　　韩立森

　　　　郭瑞海　　任亚珊　　张文瑞　　毛保中

总　编：张立方

副总编：谢　飞　　张文瑞

南水北调中线一期工程文物保护项目报告

河北省考古发掘报告第四号

唐县南放水
夏、周时期遗存发掘报告

主编

朱永刚

撰稿

段天璟

项目承担单位

吉林大学边疆考古研究中心

文物出版社

封面设计　张希广

责任印制　陆　联

责任编辑　于炳文　李　莉

图书在版编目（CIP）数据

唐县南放水：夏、周时期遗存发掘报告／河北省文物局编 . —北京：

文物出版社，2011. 12

ISBN 978 - 7 - 5010 - 3347 - 8

Ⅰ. ①唐…　Ⅱ. ①河…　Ⅲ. ①文化遗址 - 发掘报告 - 唐县 -

夏代 ~ 东周时代　Ⅳ. ①K878. 05

中国版本图书馆 CIP 数据核字（2011）第 240844 号

唐县南放水：夏、周时期遗存发掘报告

南水北调中线干线工程建设管理局

河北省南水北调工程建设委员会办公室　编著

河　北　省　文　物　局

*

文　物　出　版　社　出　版　发　行

（北京东直门内北小街 2 号楼）

http：//www. wenwu. com

E-mail：web@ wenwu. com

北 京 京 都 六 环 印 刷 厂 印 刷

新　华　书　店　经　销

889 × 1194　1/16　印张：18. 5

2011 年 12 月第 1 版　2011 年 12 月第 1 次印刷

ISBN 978 - 7 - 5010 - 3347 - 8　定价：260. 00 元

An Excavation Report on Remains of Xia Dynasty and Zhou Dynasty in Nan fangshui, Tangxian

(With an English Abstract)

by

Construction and Administration Bureau of South – to – North Water
Diversion Middle Route Project

Office for Hebei Provincial Construction Commission of
South – to – North Water Diversion Construction Project

Bureau of Cultural Relics of Hebei Province

Cultural Relics Press

Beijing · 2011

目　录

附录 ··· (197)

插图目录

附录

图版目录

第一章　概述

一　唐县沿革与地理环境

唐县位于河北省中部偏西，地处海河流域西部，太行山东麓北段，南临华北大平原。唐县境内唐河沿岸的名伏、西下素、钓鱼台等遗址发现有仰韶时代遗存。相传，尧帝放勋诞生于唐县尧山（今顺平县伊祁山），封侯于阳邑，称古唐侯国。《中国历史地图集》载，春秋时期，唐县境内已有左人邑、中人邑、孤邑、阳邑等地，属燕国、中山国属地。战国时期唐县境内为赵国与中山国属地。于唐县西北置之塞（今倒马关），于东北置庆都邑（今北高昌）。赵武灵王时，中山国武公筑古中山国长城，经过唐县境内，至今仍残留20余公里。秦属上谷郡。西汉高祖四年（前203年）置县，名为唐县，属冀州刺史部中山国所辖。西汉景帝三年（前154年）中山国改为中山郡，唐县属之。新莽始建国元年（9年）改唐县为和亲县。魏晋因之。北齐并入安喜县。隋开皇十六年（596年）复置唐县。唐代属河北道定州。后梁开平三年（909年），改唐县为中山县，后唐同光初复名为唐县。宋属河北西路中山府。金属河北西路定州府。元代改属保定路。明清属保定府。今属保定市①。

唐县境内山地、丘陵、平原、河流地貌俱全。唐县西北部属山区，中低山及丘陵占全县总面积的82%，东南部为太行山东麓北段洪积、冲积扇形倾斜山前低平原，地势由西北向东南倾斜②。海拔最高为1896.8米（大茂山），最低52米。唐县境内有唐河、通天河、逆水河、放水河径流穿通。

唐县位于北温带季风气候北缘。夏季炎热多雨，空气湿润；冬季寒冷，比较干旱；春秋季气候温和，阳光充足。年平均气温为12.1度，年均无霜期为192天。西北部山区与东南部平原的光、温、水差异明显，降水量年季变化较大，常年降水量约573.8毫米③。

二　发掘缘起与工作概况

自2002年开始，国家特大型基础设施项目南水北调工程（以下简称：南水北调）进入实施阶段。唐县境内属南水北调中线京石段工程施工范围。为了全面了解南水北调干渠（以下简称：干渠）施工范围内文物的分布情况，2004~2005年河北省文物研究所对河北省境内干渠所经过的保定、石家庄、

---

① 张孝琳主编：《河北省唐县志》，河北人民出版社，1999年8月第46页。

② 张孝琳主编：《河北省唐县志》，河北人民出版社，1999年8月第100页。

③ 张孝琳主编：《河北省唐县志》，河北人民出版社，1999年8月第104~110页。

邢台、邯郸等地区的古代文化遗存进行了调查。在唐县境内干渠施工范围调查并确认了南放水、北放水、高昌、淑闾、都亭等古代文化遗址。

为了支援南水北调文物保护工作，受河北省文物局南水北调工程文物保护办公室的委托，吉林大学边疆考古研究中心组成了"吉林大学南水北调考古工作队"。2006 年 3 月，吉林大学朱永刚、段天璟在河北省文物局、河北省文物研究所等单位的大力协助下，对河北省境内南水北调工程沿线的部分遗址进行了复查，并制定了保定市唐县南放水遗址的发掘计划。同年 4～7 月，吉林大学边疆考古研究中心结合吉林大学 2002 级考古学和博物馆学专业本科生的毕业实习，对南放水遗址进行了勘探和发掘。

南放水遗址位于保定市唐县高昌镇北约 2.5 公里的南放水村西台地上，地理坐标为北纬 38°48′20″、东经 115°1′40″，海拔高程为 68.7～74.5 米（图一；图版二，1、2）。遗址西南距淑闾遗址约 5 公里，北距北放水遗址约 2 公里。遗址现存面积约 2 万平方米。

2005 年 4 月～2006 年 7 月，河北省文物研究所对北放水遗址进行了第一次发掘，发现了先商、东周、西汉、金元时期的考古学文化遗存[1]。该所还对淑闾遗址进行了调查并发现部分先商和西周时期遗存，2006 年 5～9 月进行了抢救性发掘，发现先商、东周、汉、明、清时期等多处遗存[2]。

为了充分保护并抢救该遗址所包含的古代遗存，本次发掘在复查时和发掘前，通过田野考古钻探和地面调查确定了南放水遗址的范围。将发掘地点选定在渠线经过的遗址东部，目的是将南放水遗址抢救和发掘出来，而将渠线外遗址西部完整地保存下来。本次发掘共开 5×5 米探方 125 个，总揭露面积 3125 平方米（图二；图版一；图版四）。共发现了夏、西周和东周时期的遗存，灰坑 181 个、墓葬 12 座、灶坑 2 个、灰沟 3 条（图版二，3；图版三，1、2）。此次发掘工作由朱永刚、段天璟主持，朱永刚任领队。参加人员有内蒙古考古研究所庙子沟工作站的杨春文、吉林大学考古专业 2000 级硕士研究生张晓东、陈苇以及 2002 级考古学和博物馆学专业的 18 位同学[3]。

国家文物局专家组徐光冀、潘其风、陈雍、信立祥、孙华，河北省文物局谢飞、郭瑞海、张文瑞，河北省文物保护中心任亚珊，河北省文物研究所曹凯、段宏振，山西省考古研究所海金乐等到工地检查并指导发掘工作。

此次发掘得到了河北省文物局、河北省文物研究所、河北省文物保护中心、吉林省文物考古研究所、北京市文物考古研究所、内蒙古自治区文物考古研究所及协作单位保定市文物处和唐县文管所的大力支持。

在遗址发掘的同时即展开了资料的整理工作。2006 年 7 月，田野考古发掘工作结束，2002 级的 18 名本科生顺利完成了田野考古毕业实习任务，并在考古工地进行了本科毕业论文答辩。同年 7～10 月朱永刚、段天璟及陈苇对遗址发掘获得的资料进行了系统整理。

2008 年由段天璟执笔完成了本报告的书稿。2009 年段天璟在美国访学期间，对报告进行了反复修改，美国哥伦比亚大学（Columbia University in the New York City）李锋教授提供了宝贵的建议。2010

---

① 许海峰、高建强：《河北唐县北放水遗址考古发掘取得重要成果》，《中国文物报》，2006 年 11 月 10 日第 2 版。

② 刘连强：《河北唐县淑闾遗址考古发掘获重要成果》，《中国文物报》，2006 年 12 月 15 日第 5 版。

③ 朱永刚、段天璟：《河北唐县南放水遗址发掘取得重要成果》，《中国文物报》2007 年 8 月 22 日第 2 版。

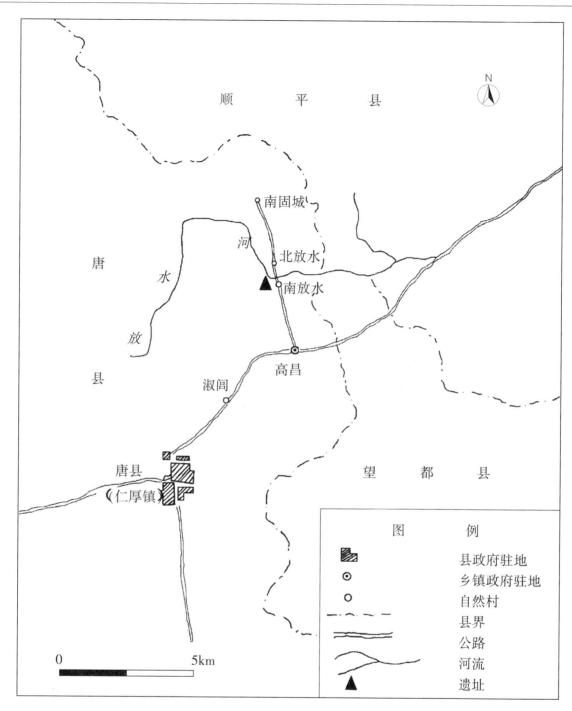

图一　唐县南放水遗址位置示意图

年朱永刚和段天璟对报告的部分文字和线图进行了讨论、修改、审核和通校。

　　本报告由吉林大学边疆考古研究中心和河北省文物研究所负责编著，朱永刚任主编，段天璟撰稿。

　　本报告的遗址发掘区氢气球定位照片承北京市文物考古研究所协助拍摄。朱永刚拍摄了遗迹和遗物照片。内蒙古考古研究所庙子沟工作站的杨春文对出土陶器进行了修复。吉林大学陈全家对此次发掘出土的动物骨骼进行了鉴定，吉林省文物考古研究所于丹完成了附录部分的《唐县南放水遗址出土动物遗存鉴定报告》。吉林大学张全超现场鉴定了遗址出土人骨的性别和年龄。内蒙古乌兰察布盟博物

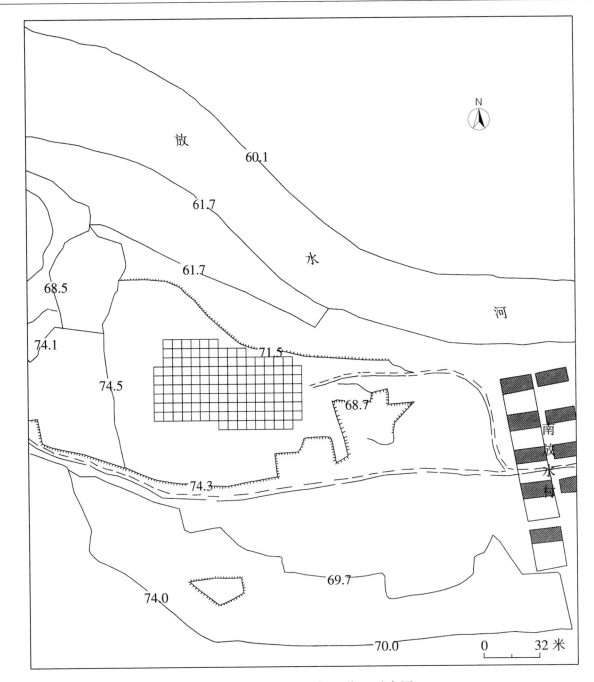

图二　遗址地形及发掘区位置示意图

馆的郝晓菲绘制了线图、制作了拓片。吉林大学 2009 级硕士研究生董文斌协助对部分遗迹插图进行了
电脑清绘。朱永刚利用清绘线图和照片对报告的插图和图版进行了排版。段天璟对报告的插图进行了
电脑清绘和排版，并撰写英文摘要。

　　南放水遗址的发掘工作于 2007 年被河北省文物局评选为 "2006 年度南水北调工程优秀考古工
地"。

　　河北省保定市唐县高昌镇南放水村的村民对南放水遗址的发掘和整理工作给予了大力支持和协助，
在此一并表示感谢！

三　地层堆积与遗存分期

南放水遗址西靠太行山余脉庆都山，北濒放水河。放水河发源于唐县东部马耳山上的甘露寺石臼泉，古称苏水，又称石臼河，因流经放水村而得名，为季节河。放水河与柳河合流后流经张显口水库，又与倒流河汇合，流经南放水村北，向东流入顺平县（完县）的曲逆河。全长约 21 公里，流域面积 57 平方公里[①]。

南放水遗址的东部、南部由于当地村民多年取土而缺失，遗址的北部受放水河的下切作用而遭到一定程度的破坏，于是在南放水遗址的东部形成了一个台地。遗址地表平坦，发掘前为果园和农田。经钻探确认，自台地东缘向西约 3000 平方米的范围，属南水北调工程干渠 S28 号标段渡槽施工区域，亦均为遗址分布范围。根据南水北调工程抢救性发掘工作的要求，我们把该区域全部纳入布方范围。

2006 年发掘区以干渠渡槽施工范围西南为基点。基点 GPS 坐标为北纬 38°48′20″、东经 115°1′40″，即 T1 的西南点。探方编号首先用 2006 表示发掘年份，取唐县南放水遗址的汉语拼音头两个字母表示发掘地点名称，使用罗马数字 I 来表示这次发掘系该遗址的首次发掘，即用 2006TNI 的字母缩写表示"2006 年唐县南放水遗址第一次发掘"。

考虑到遗址的东部处于干渠施工范围内，工程建成后这部分遗址将不复存在，所以，我们采用顺序编号的方法对发掘区内的探方进行编号。除后来在发掘区东北增加的 2006TNIT121～T125、在发掘区南部增加的 2006TNIT126～T133 外，各探方编号从 2006TNIT1（以下各探方编号略去 2006TNI）开始，按照自西向东，从南而北排列。理论布方共计 133 个，其中 T16、T32、T48、T64、T65、T80、T81、T96 共 8 个探方未发掘，实际发掘 125 个探方，总发掘面积为 3125 平方米（图四；图版一）。

遗址地层堆积简单，除个别探方外，整个遗址可统一划分两层，堆积一般厚度约 0.5～0.8 米。发掘区西部各类遗迹分布较密集，出土遗物较丰富（图版五；图版六）；发掘区东部则遭到近现代扰沟、扰坑和晚期墓葬破坏，古代遗存保存较差。

下面，分别以 T50～52 北壁、T86～88 北壁、T127～129 南壁三个典型剖面为例介绍遗址的地层堆积情况。

T50～52 北壁（图三，1）。

第一层：灰黄色土，厚约 8～20 厘米。土质疏松，颗粒较大，富含植物根茎、腐殖质。出土少量白瓷片、绳纹陶片。该层为耕土层。

第二层：黄褐色土，厚约 10～23 厘米。土质较松软，颗粒较细小，出土较多绳纹陶片及少量瓷片、铁块。该层为扰土层，全方分布。此层下开口的遗迹有西周时期的 H51、H65、H78、H86、H105、M1、M2，东周时期的 H25。

第②层以下为生土，生土为棕红色蒜瓣状土，纯净坚硬，不含任何包含物。

T86～88 北壁（图三，2）。

---

① 张孝琳主编：《河北省唐县志》，河北人民出版社，1999 年 8 月，第 115 页。

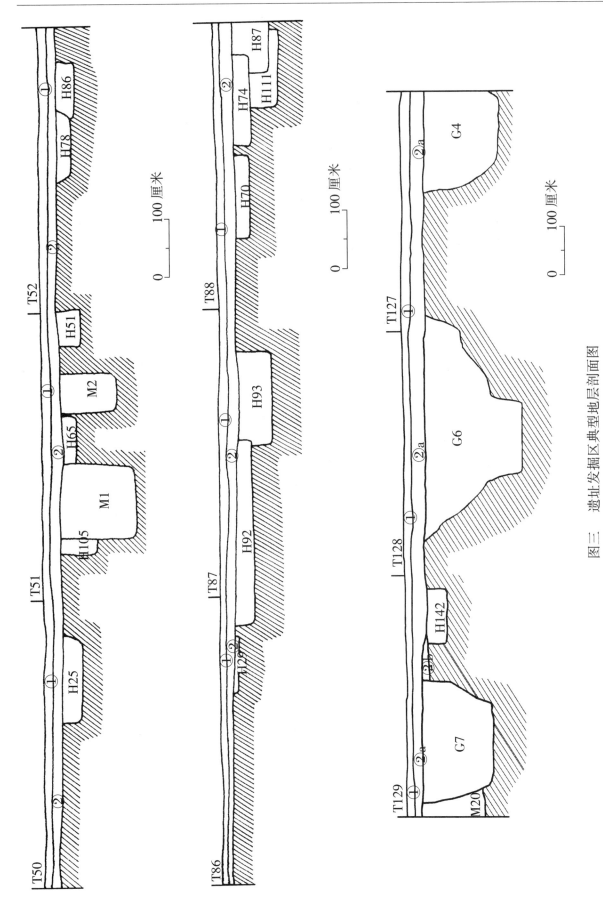

图三　遗址发掘区典型地层剖面图

1. T50-52 北壁剖面　2. T86-88 北壁剖面　3. T127-129 南壁剖面

第一层：灰黑色土，厚约 8～18 厘米。土质疏松，颗粒较大，富含植物根茎、腐殖质。出土绳纹陶片，为耕土层。

第二层：黄褐色土，厚约 10～35 厘米。土质细密疏松，颗粒较小，全探方分布。出土绳纹陶片。第二层下开口的遗迹有西周时期的 H29、H70、H87、H92、H93、H111，东周时期的 H74。

第二层以下为生土，为棕红色蒜瓣土，纯净坚硬，不含任何包含物。

T127～129 南壁（图三，3）。

第一层：灰黄色土，厚约 10～22 厘米。土质疏松，颗粒较大，富含植物根茎、腐殖质。出土少量绳纹陶片、釉陶和白瓷片。为耕土层。

第二a层：黄褐色土，厚约 12～40 厘米。土质较松软，颗粒较小。出土较多绳纹陶片及少量瓷片。为现代扰土层。此层下开口的遗迹有东周时期的 G6，近现代的 G4、G7、M20。

第二b层：黄色沙质土，厚约 0～15 厘米。土质较松软，出土少量绳纹陶片及瓷片等。该层仅分布于 T129 局部。为近现代扰土层。此层下开口的遗迹有夏时期的 H142。

第二b层以下为生土，系棕红色蒜瓣状土，纯净坚硬，不含任何包含物。

此外，T11 中还发现了范围很小的第三层堆积，为黄色沙土，厚 0～10 厘米。土质较细腻、松软，颗粒较小，出土蛋形瓮残片。

根据层位关系及文化内涵的差别，2006 年南放水遗址发掘所获得的材料可划分夏、西周和东周三个时期。

需要说明的是，有 7 座灰坑（H15、H55、H107、H125、H128、H162、H172）没有出土任何陶片，且在层位上亦无法判断其年代；另有 3 座灰坑（H32、H37、H50）为现代坑，近现代墓葬 8 座（M7、M14～M20），近现代灰沟 5 条（G1、G2、G4、G5、G7）。

第二章　夏时期遗存

夏时期文化遗存仅发现 1 座完整的灰坑，出土可复原陶器有夹砂灰陶细绳纹敛口瓮、侈口束颈鼓腹罐和 6 把形制完全相同的弯月形石镰。此外，个别探方的早期堆积中也发现有这一时期的陶片，可辨器形有蛋形瓮、深腹豆、蘑菇状器钮和锥状实足根等。

一　遗　迹

夏时期文化遗迹包括 1 座完整的灰坑（H142）以及 T11③层。

H142 位于 T129 西南部，开口于探方第②b 层下，被 H141 打破，打破第③层。坑口、坑底平面均呈圆形，坑壁较直未发现加工痕迹，为一圆形筒状灰坑。坑口径、底径均为 1.26 米，坑口距地表深 0.95 米，坑深 0.40 米。坑内堆积分两层，第①层厚 34 厘米左右，为灰褐色土，较松软，夹杂有黑色炭粒，出土陶器有夹砂灰陶细绳纹敛口瓮、侈口束颈鼓腹罐、陶罐底和足根。在坑内东部出土有 6 把石镰，且两两相叠摆放，刃均朝北。第②层厚约 6 厘米，为灰黑色土，质地松软，颗粒较细，无包含物（图五；图版一七，2）。

二　遗　物

夏时期的遗物数量较少。包括少量的陶器和石器。

1. 陶器

陶器以夹砂陶为主，多为夹砂灰陶，还有少量的夹砂黑灰陶。可辨器形的器类有蛋形瓮、鼓腹罐、深腹豆、空三足器足根、蘑菇状器钮等。纹饰以细绳纹为主，每厘米的绳纹平均在 4 根以上（图六）。

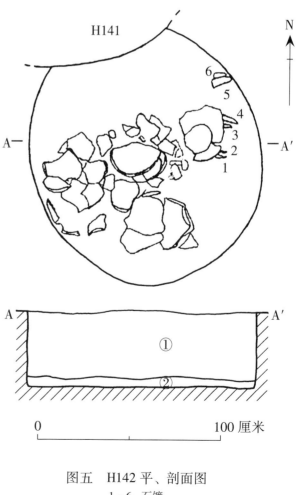

图五　H142 平、剖面图
1~6. 石镰

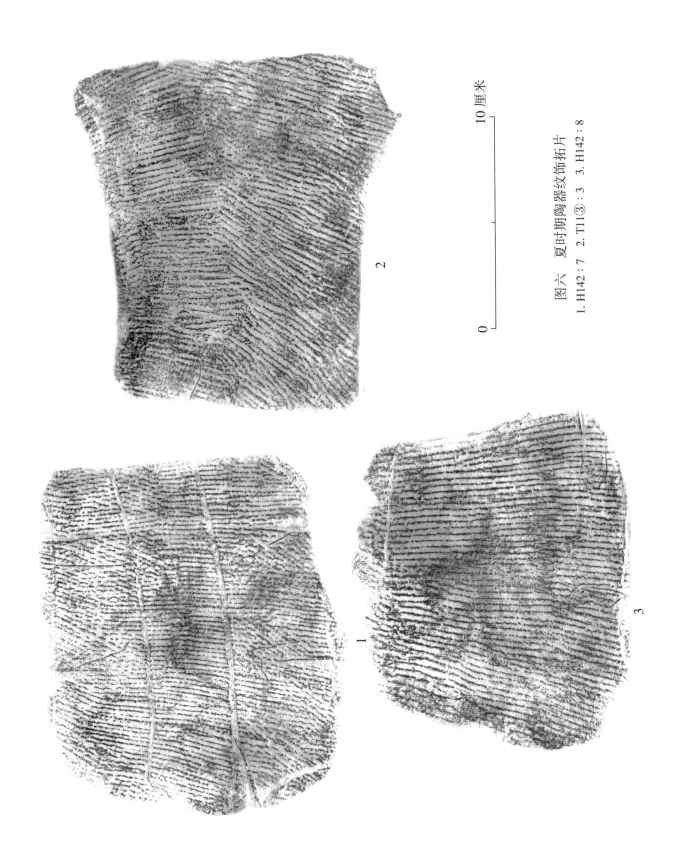

10 厘米

图六 夏时期陶器纹饰拓片
1. H142：7 2. T113③：3 3. H142：8

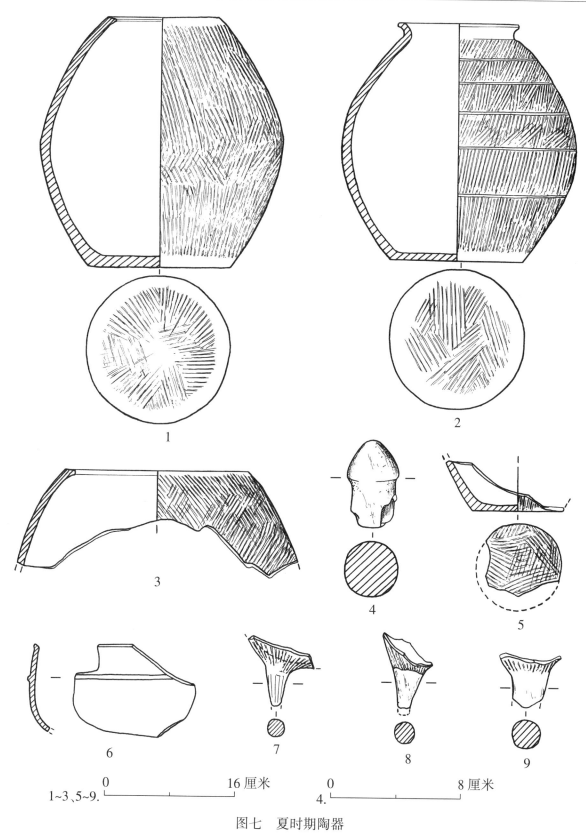

图七　夏时期陶器

1、3. 蛋形瓮（H142：8、T11③：1）　2. 鼓腹罐（H142：7）　4. 蘑菇状器钮（H135：1）
5. 器底（H142：9）　6. 深腹豆（T31②：1）　7~9. 空三足器足根（H142：11、H142：10、T11③：2）

蛋形瓮 2件。H142：8，夹砂灰陶，敛口，内折沿，沿面略内倾，鼓腹，平底。于最大腹径处有明显套接痕迹，底包帮的痕迹亦清楚，遍体饰绳纹。口径14、高30、底径17.4、最大腹径30、深28.5厘米（图七，1；图版二六，2）。T11③：1，夹砂黑灰陶，残。敛口，内折沿，鼓腹。残存腹部及沿面饰交错细绳纹。口径23、残高12厘米（图七，3）。

鼓腹罐 1件（H142：7）。夹砂灰陶。侈口，圆唇，束颈，圆鼓腹，平底。底包帮，通体饰较细绳纹并施五道弦纹。口径15.2、高28.4、底径16.5、腹径27、深27.8厘米（图七，2；图版二六，1）。

深腹豆 1件（T31②：1）。残，仅余部分豆及口部。敛口，圆唇，口沿内侧抹斜。弧鼓腹。素面，器表打磨光滑，近口沿处有一条突棱纹。残高11.6厘米（图七，6）。

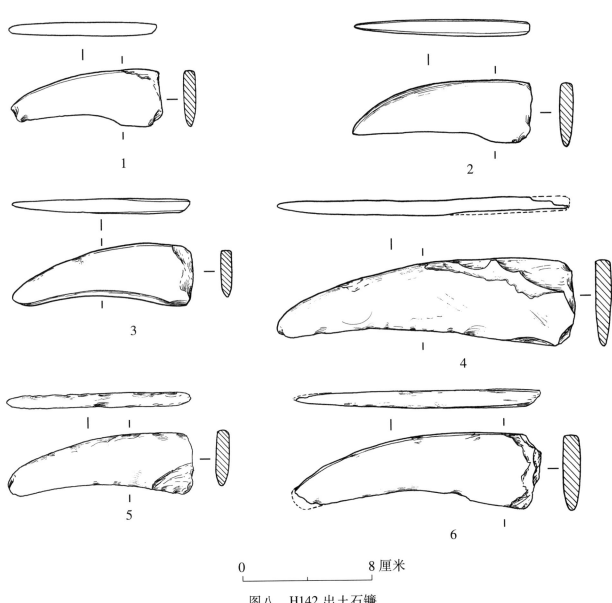

0   8厘米

图八　H142出土石镰

1~6. 石镰（H142：1、H142：4、H142：2、H142：5、H142：3、H142：6）

空三足器足根　3 件。H142：11，夹砂灰陶，锥状，足根上留有用于支撑捆绑的痕迹。残高 8.4 厘米（图七，7）。H142：10，夹砂灰陶，足尖残，近腹部饰细绳纹，足根大部绳纹被抹光，残高 9.2 厘米（图七，8）。T11③：2，夹砂灰陶，足尖残，足跟部抹光，残高 6.8 厘米（图七，9）。

蘑菇状器钮　1 件（H135：1）。残，夹砂黄褐陶，手制。磨光，顶部呈蘑菇状。残高 5.1 厘米（图七，4）。

器底　1 件（H142：9）。夹砂灰陶，腹饰细绳纹，底饰席纹，残高 6、底径约 10.8 厘米（图七，5）。

2. 石器

石镰　6 件。H142：1，黑灰色，磨制而成，器体扁平，前端略残，局部钝厚，拱背，弧刃，正锋。长 9.3、厚 0.6 厘米（图八，1；图版二六，4－6）。H142：2，黑灰色，磨制而成，器体扁平，前端尖圆，局部钝厚，拱背，弧刃，正锋。长 10.6、厚 0.7 厘米（图八，3；图版二六，4－5）。H142：3，磨制而成，器体扁平，前端尖圆，局部钝直，拱背有崩疤，弧刃，正锋，刃部有斜向使用痕迹。长 11.4、厚 0.7 厘米（图八，5；图版二六，4－4）。H142：4，使用夹带暗红、灰白纹理黑灰色石料制成，磨制精致，前端尖，局部钝厚，拱背，弧刃，正锋。长 11.5、厚 0.8 厘米（图八，2；图版二六，4－3）。H142：5，黑灰色，磨制而成，器体扁平，前端尖圆，局部钝直，拱背，弧刃，正锋。长 18.2、厚 0.7 厘米（图八，4；图版二六，4－2）。H142：6，青灰色，磨制而成，器体扁平，前端及局部均残，拱背，弧刃，正锋，刃部有斜向使用痕迹。残长 17.6、厚 1.0 厘米（图八，6；图版二六，4－1）。

第三章 西周时期遗存

第一节 西周遗存概述

西周时期遗存、遗迹众多，有灰坑、灶址、墓葬等。其中以灰坑为主。共发现西周时期灰坑146座，墓葬12座，另外还发现2个灶址。西周时期遗物包括陶器、石器、骨器、角器和铜器，陶系主要有夹砂灰陶和红褐陶，其次为泥质灰陶，还有少量的黑皮陶。纹饰以中绳纹和粗绳纹[①]为主，纹理较深，拍印清晰。器形有鬲、罐、盆、甑、簋、豆、钵等。另外，还发现有数量较多的陶饼和陶纺轮。石器有斧、锛、刀、杵、饼等；骨、角器有锥、笄、穿孔条形器等；铜器仅发现有镞和锥。

一 遗 迹

1. 灰坑

南放水遗址发现西周时期灰坑146座。按照灰坑形态分类，坑口形状有圆形、椭圆形、长方形和不规则形等；坑体结构有直壁筒形、倒梯形、袋状、锅底形等；坑底形态有平底和二层台等样式。灰坑的深度大致集中在50厘米以下、50~90厘米和90厘米以上三个区域范围之内（附表一）。

（1）圆形坑 105座。坑口形状为圆形，坑剖面形态有直筒、袋状、倒梯形、锅底状四类。

圆形直筒坑 72座。坑口径、底径相等，坑壁剖面为直壁，呈直壁筒形。底部形态分平底和二层台两类。

平底67座。深度在50厘米以下的34座，包括H2、H4、H20、H26、H42、H47、H51、H53、H54、H56、H63、H64、H70、H73、H75、H83、H86、H94、H100、H106、H112、H129、H130、H131、H132、H137、H139、H140、H147、H153、H160、H171、H174、H176；深度为50~90厘米的26座，包括H28、H33、H45、H68、H72、H80、H81、H82、H84、H87、H88、H90、H93、H99、H105、H109、H111、H118、H119、H120、H123、H126、H127、H136、H158、H177；深度在90厘米以上的7座，包括H13、H30、H40、H57、H96、H135、H164。

底部带有二层台的5座。深度在50~90厘米的1座（H141）；深度在90厘米以上的4座，包括

---

① 本文所指的绳纹分类，是以器物表面每厘米饰绳纹的数量为标准：每厘米1.5根绳纹以下为"特粗绳纹"，每厘米2~2.5根为"粗绳纹"，每厘米3根左右为"中绳纹"，每厘米4根以上为细绳纹。

H22、H41、H133、H151。

圆形袋状坑　11 座。坑口小底大，剖面似袋状。底部形态有平底和二层台两类。

平底 9 座。深度在 50～90 厘米的 8 座，包括 H46、H60、H61、H91、H97、H103、H116、H170；深度在 90 厘米以上的 1 座（H79）。

底部带有二层台的 2 座。深度在 50～90 厘米的 1 座（H146）；深度在 90 厘米以上的 1 座（H71）。

圆形倒梯形坑　10 座。坑口大底小，剖面似倒置的梯形。底部均为平底。其中，深度在 50 厘米以下的 8 座，包括 H9、H16、H21、H29、H39、H66、H78、H134；深度在 50～90 厘米的 2 座，包括 H10、H18。

圆形锅底状坑　12 座。坑剖面呈圆弧形，底部似圆形锅底。其中，深度在 50 厘米以下的 11 座，包括 H3、H8、H12、H14、H17、H52、H104、H138、H143、H154、H167；深度在 50～90 厘米的 1 座（H23）。

（2）椭圆形坑　23 座。坑口呈椭圆形，坑剖面形状有直筒、倒梯形、袋形三类。

椭圆形直筒坑　18 座。口、底径相等，坑壁剖面为直壁，呈直壁筒形。底部均平底。深度在 50 厘米以下的 12 座，包括 H11、H36、H38、H48、H58、H59、H65、H89、H95、H122、H124、H168；深度在 50～90 厘米的 4 座，包括 H24、H43、H155、H157；深度在 90 厘米以上的 2 座，H19、H77。

椭圆形倒梯形坑　3 座，包括 H34、H69、H163。坑口大底小，剖面似倒置的梯形。底部为平底。深度在 50 厘米以下。

椭圆形袋状坑　2 座（H62、H98）。坑剖面呈圆弧形，底部似圆形锅底。深度均为 50～90 厘米。

（3）长方形坑　3 座。坑口形状为长方形，坑剖面形状有直壁（H166）和倒梯形（H44、H113）两类。深度均在 50 厘米以下。

（4）不规则形坑　5 座。坑口形状不规则。坑剖面有直壁（H85、H92）、倒梯形（H108）、锅底形（H1、H67）等类。其中，不规则直壁、袋形、倒梯形坑的深度在 50～90 厘米。不规则锅底形坑的深度均不足 50 厘米。

（5）坑口形状不明　10 座。其中，7 座剖面为直壁，坑深在 50 厘米以下的 6 座，包括 H114、H144、H152、H161、H175、H179；坑深 50～90 厘米的 1 座（H169）。剖面为袋形 1 座（H182），剖面为锅底形的 1 座（H187），坑深均为 50～90 厘米。1 座剖面形状不明（H121），坑深度不足 50 厘米，平底。

2. 灶坑

发现灶坑 2 处（Z1、Z2），分别位于 T24 和 T90 中部偏东北。仅存灶底和部分灶壁，呈椭圆形，周围是经拍打的硬黄土，烧烤面平整、光滑。从剖面看是用泥抹面又经火烧。

3. 墓葬

墓葬 12 座（M1～6、M8～13）。位于发掘区的西北部，基本呈东北—西南向，大致可分为五排（图八）。所有墓葬均为土坑竖穴。有 6 座墓有二层台（M1～6），除 M2、M6 外，皆有腰坑。从残存的棺板灰痕迹来看，一椁一棺者 2 座（M4、M9），4 座有棺无椁（M1～3、M5），其余无法判断是否有葬具，个别葬具和人骨上发现有残留的红色漆皮。葬式均为单人仰身直肢，人骨保存较差。经现场鉴定年龄在 25～40 岁之间，均属正常死亡。墓葬中殉狗的现象普遍，主要见于腰坑（M1、M4、M5、

M9~13），个别见于填土（M3）。随葬品主要有陶器，一般置于墓穴的西北侧或二层台上。其他随葬品，如陶圆饼、石牌饰、海贝等，多散见于人骨周围（附表四）。

4. 灰沟

发现灰沟1个（G3）。位于T17、T18、T19。开口于第②层下，打破H40。为东南—西北走向。沟口距地面深0.3米，沟深0.75米。沟剖面为倒梯形。沟口宽2.85米，沟底宽0.75米，位于发掘区内的仅为该沟的一部分，沟被揭露的部分长约15米。沟内堆积为红黄混杂的花土，土质发黏，较软。沟内出土绳纹陶片、兽骨等。

二 遗 物

西周时期出土遗物丰富，以陶器为大宗，按用途又可分为陶容器和陶制品，另外有少量石、骨角和青铜制品。

1. 陶容器

陶容器可分夹砂、泥质两大类。根据典型单位（H30、43、57、61、97）的统计，夹砂陶占80%，泥质陶次之。

大多数夹砂陶的羼和料颗粒均匀，色调以灰色为主。部分因烧制火候不均，局部呈现褐色。亦有一定数量的夹砂红褐陶和少量的黑皮陶，夹砂陶器几乎都饰有绳纹，质地较粗，多为鬲、甗等炊器类。

泥质陶陶土一般经淘洗，色调以灰色和浅灰为主，烧制火候均匀，并有少量的黑皮陶。泥质陶器质地较细腻，壁略厚，大型器如短领鼓腹罐、盆等器表饰绳纹，小型器如折肩罐、簋、豆等器表一般磨光。

纹饰以绳纹为大宗，据典型单位陶片统计，绳纹陶片占90%以上。绳纹按每平方厘米分布的密度又可分为细（4根以上）（图九，1、2）、中（3根左右）（图九，3~7）、粗（2~2.5根）（图一○，1~3）和特粗（1.5根左右）（图一○，4）四种。其中粗绳纹最多，中绳纹次之，细绳纹和特粗绳纹最少。中、粗绳纹，纹理致密，清晰，印痕较深，细绳纹均施纹较浅，细密规整。另外，还见有少量的附加堆纹、云雷纹、弦纹、内填绳纹的刻划三角纹、刻划符号等（图一一）。

陶器有三足器、平底器、圈足器等，三足器数量较多，平底器次之，圈足器最少。器类有鬲、罐、盆、壶、簋、甗、豆等。下面按照器物种类及同类不同形态器形的分类逐一介绍。

鬲 137件。均为夹砂陶。根据鬲裆部形态的不同，有分裆鬲、联裆鬲、弧裆鬲三种。

分裆鬲 31件。袋足，三足间分界明显。陶色有灰陶、褐陶、红褐陶、灰褐陶、黑灰陶等。按照整体形态可分为两型。

A型 20件。器形整体近正方体。依据腹、足和裆部的变化可分为三式。

Ⅰ式 5件。腹壁近直，足底略尖，裆较低。标本H70：2，口径25.2、高19.2厘米（图一二，1；图版二七，3）。

Ⅱ式 11件。腹壁略斜，足底浑圆，低裆。标本H105：1，口径23、高16.8厘米（图一二，3；图版二八，6）。

Ⅲ式 4件。斜腹，足底浑圆，裆近平。标本H57：14，口径28、高20厘米（图一二，5；图版

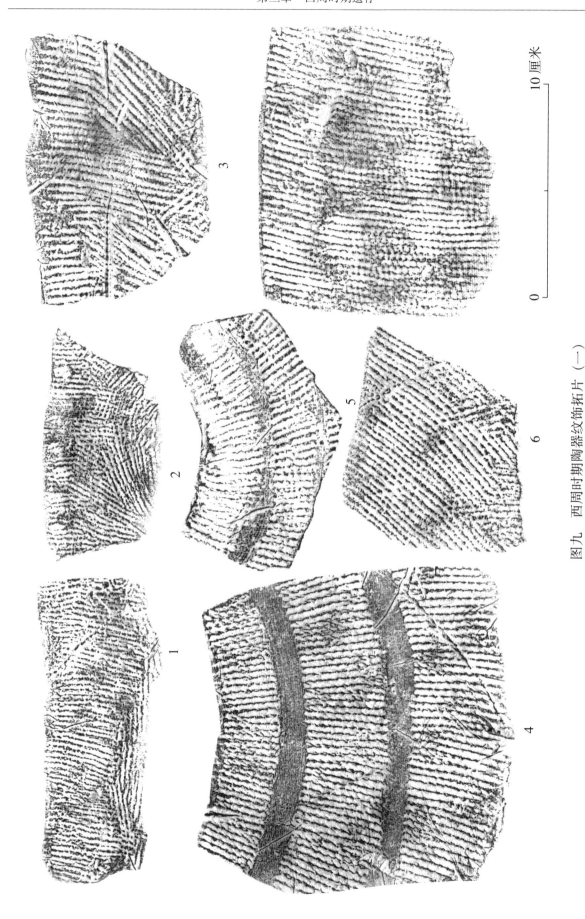

图九　西周时期陶器纹饰拓片（一）

1、2. 细绳纹（M6：4，M1：9）　3~7. 中绳纹（H19：9，H30：18，H30：42，H22：8，H119：1）

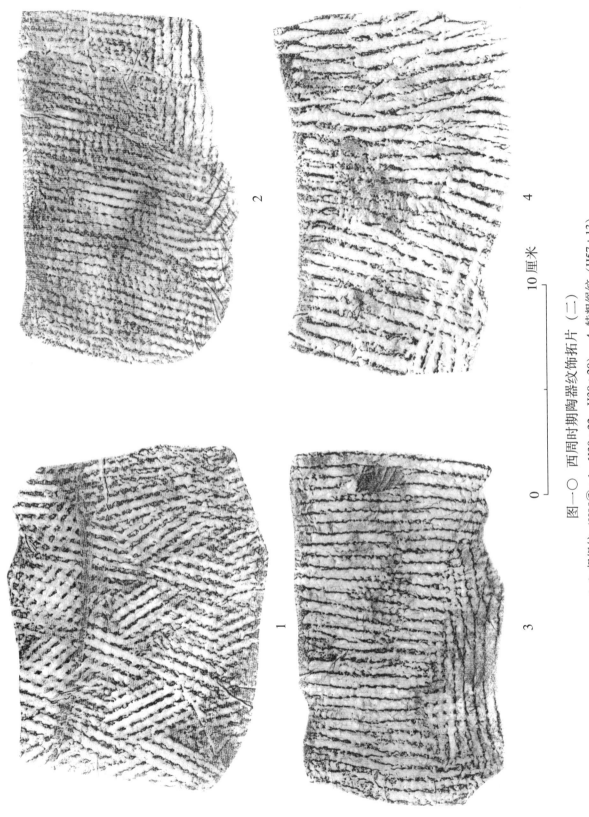

图一〇　西周时期陶器纹饰拓片（二）

1~3. 粗绳纹（H90②：1，H30：22，H30：20）　4. 特粗绳纹（H57：13）

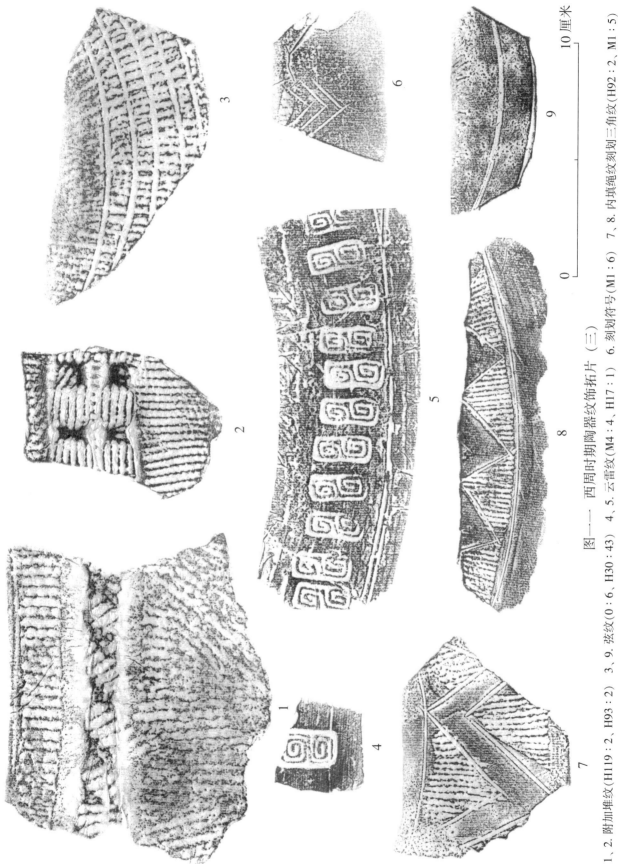

图一一　西周时期陶器纹饰拓片（三）

1、2. 附加堆纹（H119：2，H93：2）　3、9. 弦纹（0：6，H30：43）　4、5. 云雷纹（M4：4，H17：1）　6. 刻划符号（M1：6）　7、8. 内填绳纹刻划三角纹（H92：2，M1：5）

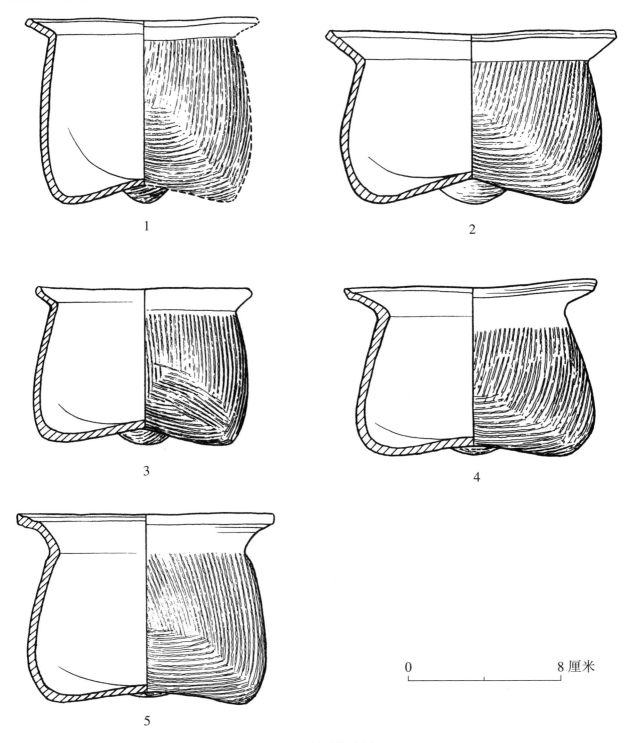

图一二 西周时期分裆鬲
1. A 型 I 式（H70∶2）　 2. B 型 I 式（H30∶22）　 3. A 型 II 式（H105∶1）
4. B 型 II 式（H57∶13）　 5. A 型 III 式（H57∶14）

0　　　　　　　　　　　　8 厘米

三〇，3）。

　　B 型　9 件。器形整体呈扁方体。依足、裆部变化可分为二式。

　　I 式　3 件。足底较尖，裆较高。标本 H30∶22，口径 31.4、高 18.5 厘米（图一二，2；图版三

○，4）。

Ⅱ式　6件。足底浑圆，低裆近平。标本 H57：13，口径 27、高 17.6 厘米（图一二，4；图版三一，1）。

还有袋状鬲足 2 件。

联裆鬲　17 件。柱足，平裆，三足分界不明显。陶色有灰陶、褐陶、灰褐陶、红褐陶、黑灰陶。按照其是否带扉棱可分为两型。

A 型　5 件。无扉棱。依据腹、裆、足部的变化可分为三式。

Ⅰ式　2 件。足腔略深，分裆较浅，柱足较高。标本 H166：1，口径 18.5、高 11.5 厘米（图一三，1）。

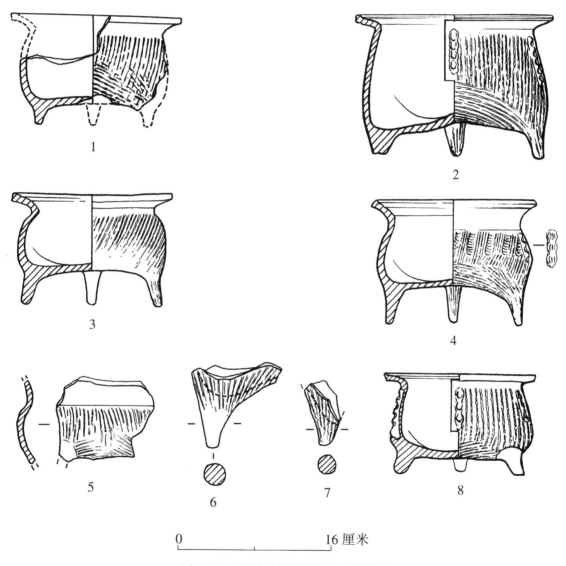

图一三　西周时期联裆鬲、弧裆鬲

1. A 型Ⅰ式联裆鬲（H166：1）　　2. B 型Ⅰ式联裆鬲（H30：6）　　3. A 型Ⅱ式联裆鬲（H70：1）　　4. B 型Ⅱ式联裆鬲（0：1）　　5. A 型Ⅲ式联裆鬲（M1：8）　　6. 弧裆鬲（H58：3）　　7. 弧裆鬲（H34：2）　　8. B 型Ⅲ式联裆鬲（M12：1）

Ⅱ式　1件（H70∶1）。浅足腔，裆近平，柱足较高。口径17.2、高12、深3.6厘米（图一三，3；图版三二，3）。

Ⅲ式　2件。浅鼓腹，裆略下弧。柱足外撇。标本M1∶8，残高8.8厘米（图一三，5）。

B型　3件。带扉棱。根据裆部的变化可分三式。

Ⅰ式　1件（H30∶6）。斜腹，分裆较浅，柱足较高，柱足与袋足结合分界明显。口径21.5、高15厘米（图一三，2；图版三二，2）。

Ⅱ式　1件（0∶1）。浅腹腔，裆近平，柱足较高略外撇，柱足与腹腔结合部有分界。口径17.5、高13厘米（图一三，4；图版三二，4）。

Ⅲ式　1件（M12∶1）。浅鼓腹，裆下弧，柱足与腹腔结合部无明显分界。口径16.6、高10.4厘米（图一三，8；图版三二，6）。

另有柱状鬲足9件。

弧裆鬲　7件。锥状足，裆部弧曲。陶色有灰陶、红褐陶。标本H58∶3，残高8.4厘米（图一三，6）。标本H34∶2，残高6厘米（图一三，7）。标本0∶2，口径16.4、高13.2厘米（图版三二，5）。

另有82件残缺陶鬲标本不能划分型式，包括鬲口腹残片36件，鬲口沿46件。

罐　75件。泥质陶较多，夹砂陶次之。根据最大腹径位置的不同以及有无耳的区别，有鼓腹罐、折肩罐、单耳罐等形态。

鼓腹罐　38件。最大腹径居中，呈鼓腹状。陶系有泥质灰陶、黄褐陶、褐陶，夹砂红陶、红褐陶、灰陶。依口、颈部变化可分为二式。

Ⅰ式　21件。平折沿，短直颈。标本H90①∶1，口径19、高34、底径14、腹径35、深33.2厘米（图一四，1；图版三三，2）。

Ⅱ式　15件。卷沿，束颈。标本H57∶21，口径18、残高13.6厘米（图一四，2）。

另有鼓腹罐底2件。

折肩罐　33件。最大腹径位于肩部，下腹部内收。有泥质和夹砂陶。按照纹饰的不同可分为二型。

A型　15件。表面饰绳纹。陶系有泥质灰陶、褐陶、黑灰陶，夹砂灰陶、红褐陶。依照口沿可分为二亚型。

Aa型　11件。卷沿。依颈部变化可分为二式。

Ⅰ式　6件。束颈，敞口较大，肩部较圆。标本H151∶1，口径12.6、底径8、残高15.6厘米（图一四，3；图版三四，1）。

Ⅱ式　5件。斜直颈，口较小，折肩明显。标本M5∶1，口径12.5、高14、腹径18、底径7.2、深12.2厘米（图一四，5；图版三四，4）。

Ab型　4件。方唇，平沿。标本M6∶1，口径12.6、底径9、高16.6、腹径16.4厘米（图一四，7；图版三四，5）。

B型　13件。饰弦纹或素面。有泥质陶和夹砂陶。陶色有灰陶和黑皮陶。依口沿和颈部变化可分为二亚型。

Ba型　8件。平沿。依颈部变化可分为二式。

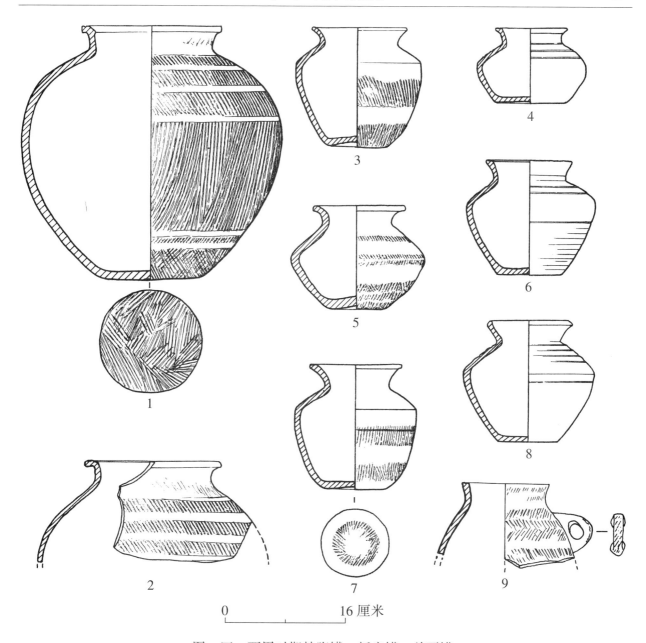

图一四　西周时期鼓腹罐、折肩罐、单耳罐

1. Ⅰ式鼓腹罐（H90①∶1）　2. Ⅱ式鼓腹罐（H57∶21）　3. Aa 型Ⅰ式折肩罐（H151∶1）　4. Ba 型Ⅰ式折肩罐
（M9∶1）　5. Aa 型Ⅱ式折肩罐（M5∶1）　6. Ba 型Ⅱ式折肩罐（M10∶1）　7. Ab 型折肩罐（M6∶1）　8. Bb 型折
肩罐（0∶4）　9. 单耳罐（H41∶3）

　　Ⅰ式　3件。直颈，肩部较圆。标本 M9∶1，口径 10、底径 10、高 10、腹径 14.5、深 8.5 厘米
（图一四，4；图版三五，1）。

　　Ⅱ式　5件。斜直颈，折肩明显。标本 M10∶1，口径 12、底径 9、高 15.2、腹径 17.2、深 14.4 厘
米（图一四，6；图版三五，3）。

　　Bb 型　5件。斜平沿或卷沿。标本 0∶4，口径 11.6、高 16、腹径 18、底径 8.4、深 5.4 厘米（图
一四，8；图版三五，6）。

　　另有 5 件折肩罐，口、颈部残失，不能划分式别。

单耳罐　1件（H41∶3）。口径12、残高11.2厘米（图一四，9）。

另有3件罐残缺严重，仅余颈、腹或底部，不能辨认类别。

盆　36件。陶质有泥质和夹砂陶，泥质陶较多。按照唇部特征可分为二型。

A型　28件。方唇。有泥质灰陶、褐陶、黄褐陶、黑皮陶，夹砂灰陶、褐陶。按照口沿特征可分为三亚型。

Aa型　24件。折沿。标本H84∶1，口径24、高10.4厘米（图一五，1；图版三六，3）。标本H30∶39，残高7.2厘米（图一五，3）。

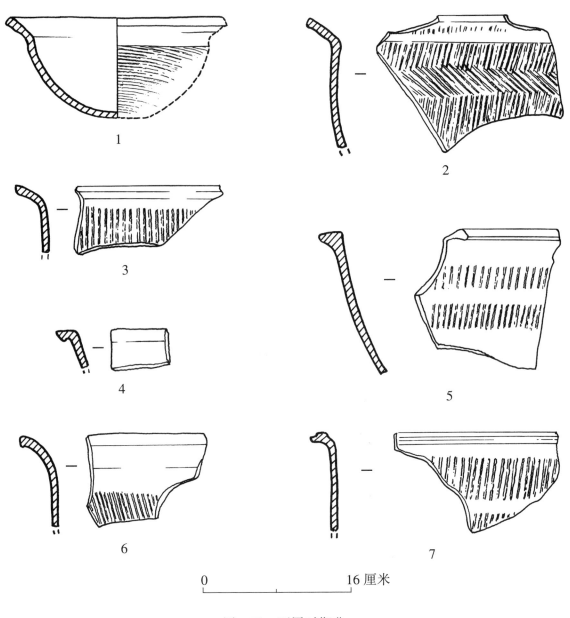

0　　　　　　　　　　16厘米

图一五　西周时期盆

1. Aa 型（H84∶1）　2. Ba 型（H60∶6）　3. Aa 型（H30∶39）　4. Ab 型（H57∶44）　5. Bb 型（H36∶1）
6. Ac 型（H61∶12）　7. Bc 型（H113∶1）

Ab 型　2 件。平沿。标本 H57：44，残高 3.5 厘米（图一五，4）。

Ac 型　2 件。卷沿。标本 H61：12，口径 34～38、残高 8.8 厘米（图一五，6）。

B 型　7 件。圆唇。有泥质灰陶、褐陶，夹砂灰陶、红褐陶。根据口沿特征可分为三亚型。

Ba 型　3 件。折沿。标本 H60：6，残高 14.8 厘米（图一五，2）。

Bb 型　3 件。平沿。标本 H36：1，口径约 32～36、残高 15.2 厘米（图一五，5）。

Bc 型　1 件。卷沿。标本 H113：1，口径约 34、残高 10.4 厘米（图一五，7）。

壶　9 件。泥质陶较多，夹砂陶次之，有泥质灰陶、褐陶，夹砂灰陶、褐陶。依据领部特征可分二型。

A 型　6 件。方唇。标本 H90①：2，口径 12、腹径 28、残底径 22、残高 27 厘米（图一六，1；图版三六，1）。

B 型　3 件。圆唇。标本 H84：8，口径约 12.4、残高 5 厘米（图一六，3）。

簋　17 件。均残。有泥质灰陶、褐陶，夹砂黑皮陶。按照唇部形态可分为二型。

A 型　1 件（H17：1）。方唇。口径 20.8、底径 8.4、残高 11 厘米（图一六，5；图版三六，5）。

B 型　4 件。圆唇。标本 H82：13，口径 26、残高 8.8 厘米（图一六，6）。

另有残簋底部和圈足 12 件。可分二型。

A 型　4 件。喇叭状圈足。标本 H96：3，底径 14、残高 6.4 厘米（图一六，8）。

B 型　7 件。直筒状圈足。标本 H30：50，底径 12、残高 6.8 厘米（图一六，9）。

甑　3 件。为夹砂灰陶、夹砂红褐陶和泥质浅灰陶。标本 H119：1，口径 32.8～34.5、高 26.6、底径 14、箅孔径 5.5 厘米（图一六，4；图版三六，2）。

豆　6 件。为泥质灰陶和夹砂灰陶。标本 H60：1，口径 13.6、高 10 厘米（图一六，2；图版三六，6）。标本 H97：3，豆座，残高 10 厘米（图一六，7）。

此外，还有 9 件标本不能辨别器类。

2. 陶制品

出土的陶制品可分夹砂、泥质两大类。泥质陶较多。器类有陶垫、陶纺轮、陶圆饼、陶范和糙面陶器等。下面按照器物种类介绍。

陶拍　1 件（H112：1）。泥质灰陶。直径 7.4、高 6 厘米（图一七，1；图版三七，1 上）。

陶垫　1 件（H57：7）。夹砂红陶。残长 6.4 厘米（图版三七，1 下）。

陶纺轮　10 件。均为泥质陶，陶色有灰陶、黑灰陶、红陶、红褐陶。按照整体形状可分为二型。

A 型　7 件。圆饼形。标本 H46：8，直径 5.5～5.9 厘米（图一七，3；图版三七，3 下左 3）。

B 型　1 件（H1：1）。算珠状。最大径 4.6、高 2.5 厘米（图一七，4；图版三七，3 下左 2）。

另有 2 件陶纺轮半成品。

陶圆饼　53 件。有夹砂灰陶、红陶、黑灰陶、褐陶，泥质灰陶。均系陶片改制而成，一面有绳纹。直径 2.7～7.2 厘米。标本 H30：5，直径 3.2 厘米（图一七，5）。

陶范　2 件。均为夹砂红陶。标本 H92：1，残长 5.5、厚 1.8 厘米（图一七，2）。

糙面陶器　2 件。均为夹砂陶。标本 G3：4，残宽 3.5、残长 5 厘米（图一七，6）。

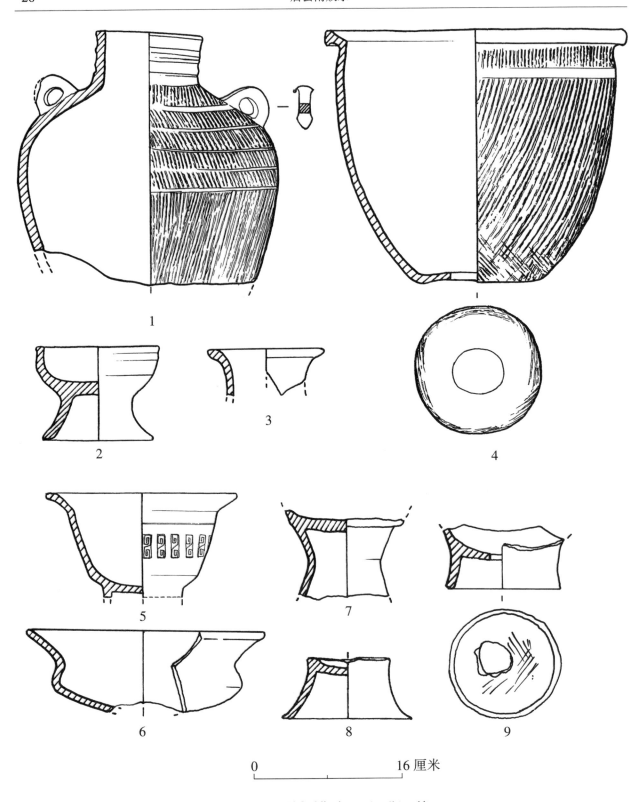

0 ————————————— 16 厘米

图一六　西周时期壶、豆、甗、簋

1. A 型壶（H90①：2）　2. 豆（H60：1）　3. B 型壶（H84：8）　4. 甗（H119：1）　5. A 型簋（H17：1）

6. B 型簋（H82：13）　7. 豆（H97：3）　8. A 型簋圈足（H96：3）　9. B 型簋圈足（H30：50）

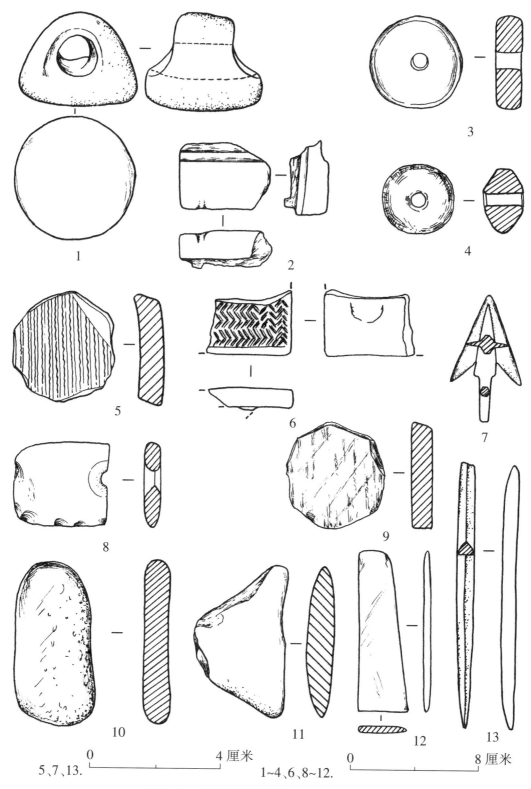

图一七　西周时期陶制品、石器、铜器

1. 陶垫（H112∶1）　 2. 陶范（H92∶1）　 3. A 型陶纺轮（H46∶8）　 4. B 型陶纺轮（H1∶1）
5. 陶圆饼（H30∶5）　 6. 糙面陶器（G3∶4）　 7. 铜镞（H44∶1）　 8. 石刀（H82∶6）
9. 石饼（H82∶3）　 10. 石研磨器（H61∶1）　 11. 石铲（H46∶4）　 12. 石牌饰（M6∶3）
13. 铜锥（H57∶5）

3. 石器

器类有石刀、石铲、石饼、石研磨器、石牌饰、石料等。

石刀　4件。标本H82：6，暗褐色，磨制扁平，长方形，直背略弧，平刃，正锋，中部有一对钻圆孔，刃部有崩疤。残长6、宽5、厚1.2厘米（图一七，8）。

石铲　1件（H46：4）。残，灰色，扁平，边缘浑圆，磨制。残宽9、厚1.6厘米（图一七，11）。

石饼　3件。标本H82：3，浅灰色，不规整圆形，器体扁平，边缘打制。直径6.2、厚1.3厘米（图一七，9）。

石研磨器　4件。标本H61：1，灰褐色。长椭圆形，边缘浑圆，有研磨面。长9.3、宽5、厚1.5厘米（图一七，10）。

石牌饰　1件（M6：3）。白色，上窄下宽，呈长方形，边缘切削整齐，通体磨制。上宽2、下宽3.2、长9.7、厚0.5厘米（图一七，12；图版三九，2）。

4. 骨角器、海贝

从器表保留痕迹看，其制作方法有截切、刮、削、磨钻，主要器类有骨锥、角锥、骨笄、骨镞、骨刀、穿孔骨饰、骨圆锥状器及穿孔海贝等。

骨锥　4件。标本H30：15，利用大型哺乳动物肢骨磨制而成，一端磨尖，关节一端为柄。长11厘米（图一八，1）。标本H33：7，利用动物肢骨制成，关节一端修整成柄，另一端磨尖。长12.2厘米（图一八，2；图版三九，1左3）。

角锥　1件（H19：11）。系鹿角磨削而成，通体光滑，有明显使用痕迹。长18厘米（图一八，6；图版三八，1中）。

骨笄　6件。标本H57：3，平顶，笄身细长，尖部圆钝，器身磨光。长16.2厘米（图一八，7；图版三九，1左5）。

骨镞　3件。标本H43：9，前锋圆钝，镞身横断面呈圆形，圆锥状铤，铤身分界明显。长4.5厘米（图一八，3；图版三九，1左1）。

骨刀　1件（H57：8）。利用动物关节裂骨制成，直背，弧刃，正锋。残长3厘米（图一八，9）。

穿孔骨器　3件。标本H30：2，利用动物肢骨磨制而成，通体磨光，于中段钻孔两个。长8.6厘米（图一八，4）。标本H19：10，系大型动物肢骨，一端有截切痕迹，有一穿孔。长13.5厘米（图一八，8；图版三八，1下）。

穿孔骨饰　2件。标本H30：16，椭圆形，中穿一孔，通体磨光。直径2.3~2.6、厚0.7厘米（图一八，5）。

海贝　70余枚。大部分有穿孔（图版三八，2）。

5. 青铜器

均为小型青铜器。有铜镞和铜锥。

铜镞　3件。标本H44：1，镞体扁平，三角形，双翼，有铤。长3.9厘米（图一七，7；图版三九，3左4）。

铜锥　1件（H57：5）。三棱体，一端尖，另一端略扁圆。长8.4厘米（图一七，13；图版三九，3左1）。

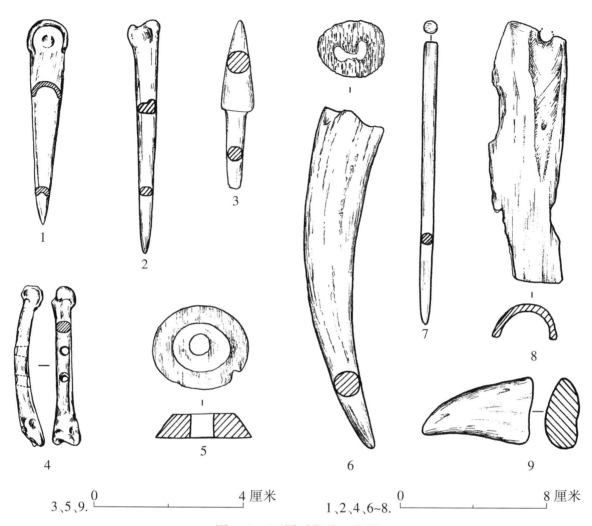

图一八 西周时期骨、角器

1. 骨锥（H30∶15）　2. 骨锥（H33∶7）　3. 骨镞（H43∶9）　4. 穿孔骨器（H30∶2）　5. 穿孔骨饰（H30∶16）　6. 角锥（H19∶11）　7. 骨笄（H57∶3）　8. 穿孔骨器（H19∶10）　9. 骨刀（H57∶8）

第二节　西周遗存详述

1. 灰坑

H1　位于 T4 东部。开口于第②层下，打破生土。坑口形状为不规则形，坑壁剖面为锅底形。坑口长 2.7、宽 1.5 米，距地表深 0.25 米，坑深 0.4 米。坑内填土为灰黑色，内含有少量炭粒，土质疏松，颗粒较小。出土一定数量的绳纹夹砂灰陶片，以及少量骨头、石块等（图一九）。

H1 出土陶器 4 件。

分裆鬲　A 型Ⅲ式 1 件（H1∶2）。夹砂灰陶，圆唇，宽折沿，沿缘上翘，沿面内有二周凹弦纹，束颈，斜弧腹，足底浑圆，裆近平。颈以下通体饰中绳纹。口径 25、高 17 厘米（图二〇，1；图版二九，6）。

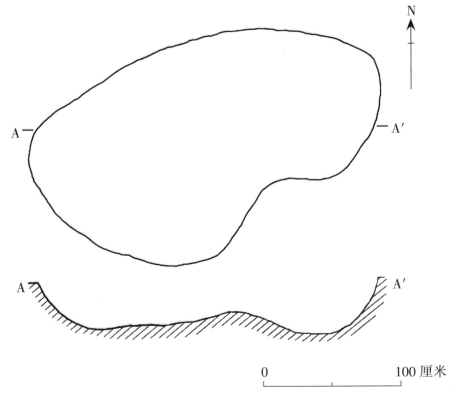

图一九　H1 平、剖面图

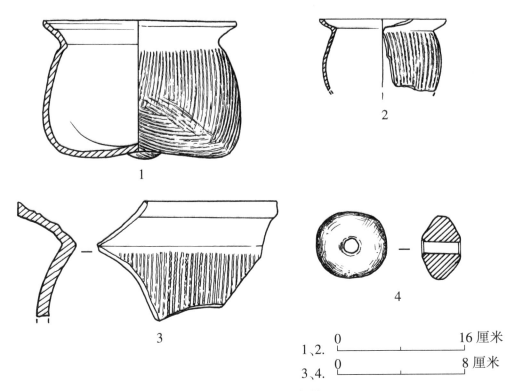

图二〇　H1 出土陶器

1. A 型Ⅲ式分裆鬲（H1：2）　2. 鬲口腹残片（H1：7）　3. 鬲口沿（H1：6）
4. B 型陶纺轮（H1：1）

鬲口腹残片　1件（H1∶7）。夹砂灰陶，圆唇，折沿，沿面内凹，鼓腹，颈以下饰细绳纹。口颈16、残高8.4厘米（图二〇，2）。

鬲口沿　1件（H1∶6）。夹砂灰陶，尖圆唇，宽折沿，沿面有五道凹弦纹，颈以下饰细绳纹。残高7.6厘米（图二〇，3）。

陶纺轮　B型1件（H1∶1）。泥质红褐陶，算珠形。最大径4.6、高2.5厘米（图二〇，4；图版三七，3下中）。

H3　位于T24中部。开口于第②层下，打破生土。坑口形状为圆形，坑壁剖面为锅底形，坑口直径1.3米，距地表深0.45米，坑深0.26米。坑内填土为夹杂有灰土及黄土的棕红色土，土质较硬（图二一；图版七，1）。

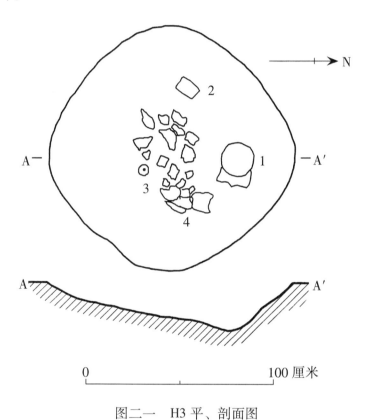

图二一　H3平、剖面图
1. 陶鬲 H3∶1　2. 石器 H3∶2　3. 陶纺轮 H3∶3　4. 陶鬲 H3∶4

H3出土陶器3件，石器1件。

分裆鬲　A型Ⅱ式2件。H3∶1，夹砂深灰陶，口沿残，斜弧腹，足底略尖，裆较低，器表饰粗绳纹。残口径21.6、残高17.5厘米（图二二，3；图版二八，2）。H3∶4，夹砂灰陶，局部呈褐色。方唇，宽折沿，沿面一道凹弦纹，斜弧腹壁，足底浑圆，裆较低，颈以下通体饰粗绳纹。口径26、高18厘米（图二二，1；图版二八，1）。

陶纺轮　A型1件（H3∶3）。泥质灰陶，圆形，折缘，中穿孔。直径5.5厘米（图二二，2；图版三七，3上左1）。

石器　1件（H3∶2）。暗褐色，呈长方形，扁平，边缘经研磨。上宽7、下宽5、长10、厚1.3厘米（图二二，4）。

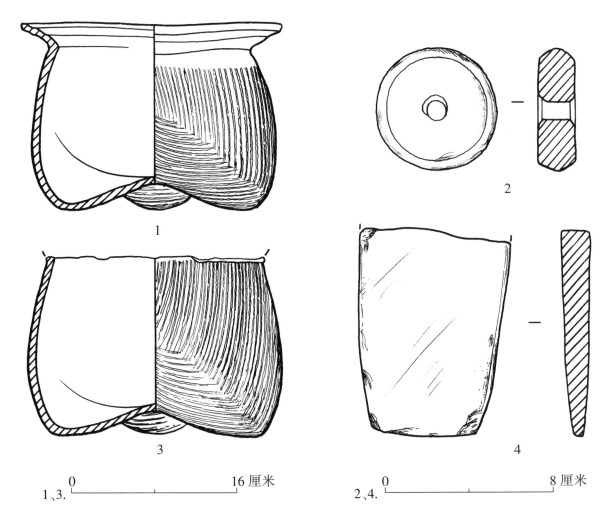

图二二　H3 出土陶器、陶制品、石器
1、3. A 型Ⅱ式分裆鬲（H3∶4、H3∶1）　2. 陶纺轮（H3∶3）　4. 石器（H3∶2）

　　H10　位于 T23 东部。开口于第②层下，打破生土。坑口形状近圆形，坑壁剖面为直筒形，坑口直径 1.7 米，距地表深 0.4 米，坑深 0.82 米。坑内填土为灰土，颗粒较大，土质较疏松、柔软。坑内出土陶片以夹砂陶为主，少量泥质陶。红褐色占多数，另有灰陶等，多施绳纹（图二三）。

　　H10 出土陶器 2 件，石器 1 件。

　　折肩罐口沿　Aa 型Ⅰ式 1 件（H10∶3）。泥质浅灰陶，方唇，折沿，直口，竖颈，折肩，沿面内有一不明显的凹面。肩饰细绳纹。残高 5.4 厘米（图二四，1）。

　　瓿底　1 件（H10∶2）。泥质浅灰陶，底有一孔，已残。残高约 3.2 厘米（图二四，3）。

　　石刀　1 件（H10∶5）。青灰色，磨制，扁平长方形，直背，平刃，偏锋，中部置一对钻圆孔。残长 6、宽 5、厚 0.9 厘米（图二四，2）。

　　H13　位于 T2 北半部。开口于第②层下，被现代沟 G5 打破，打破 H24。坑口形状为圆形，坑壁剖面为直筒形，坑口直径 1.8 米，距地表深 0.2 米，坑深 1.4 米。坑内填土分三层：第①层，厚约 1.3 米，黑黄色土，土质细密、疏松；第②层，厚约 0.1 米，灰色土，土质细密、疏松；第③层，位于坑底，为灰黑色垫土取平后踩踏成的硬面，垫土中杂夹砂绳纹灰陶片（图二五；图版七，2）。

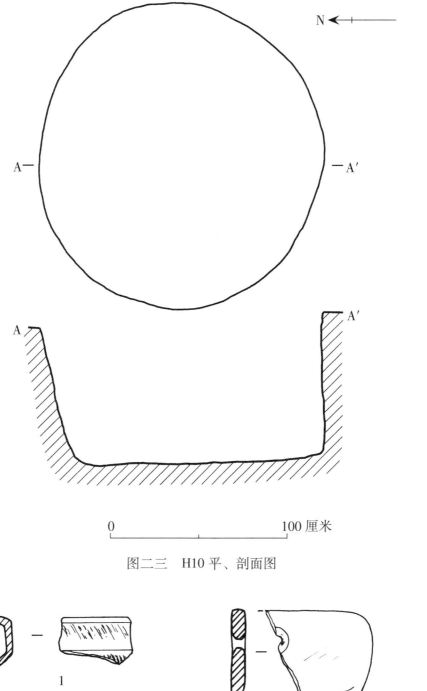

0　　　　　　　　　　100 厘米

图二三　H10 平、剖面图

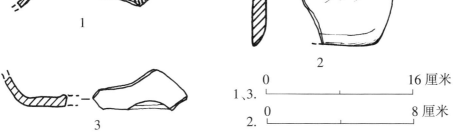

1

2

3

1、3. 0　　　　　　　　　16 厘米

2. 0　　　　　　　　　8 厘米

图二四　H10 出土陶器、石器
1. Aa 型 I 式折肩罐口沿（H10∶3）　　2. 石刀（H10∶5）　　3. 甑底（H10∶2）

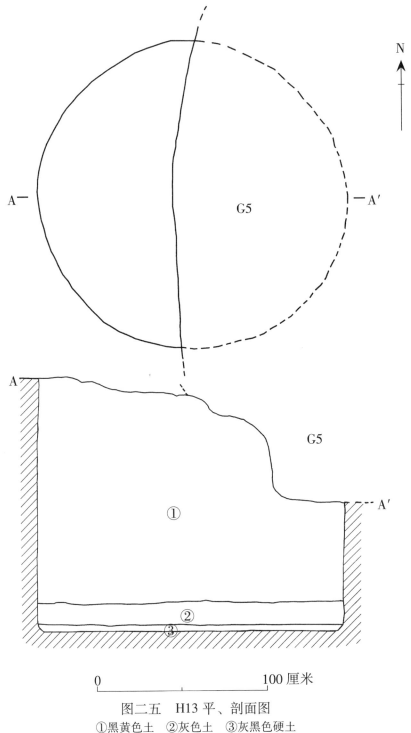

图二五 H13 平、剖面图
①黑黄色土 ②灰色土 ③灰黑色硬土

H13 出土陶器 5 件，骨器 1 件。

联裆鬲柱足 1 件（H13①: 5）。夹砂深灰陶，柱足，剖面呈圆形，足底饰细绳纹，裆部饰细绳纹。残高 7.1 厘米（图二六，6）。

鬲口腹残片 2 件。H13①: 4，夹砂深灰陶，方唇，折沿，侈口，鼓腹，腹饰细绳纹，沿面有两道不明显凹弦纹。口径 24、残高 12 厘米（图二六，2）。H13①: 6，夹砂灰陶，方唇，宽折沿，沿面内凹，鼓腹，腹饰细绳纹。口径 25、残高 6 厘米（图二六，1）。

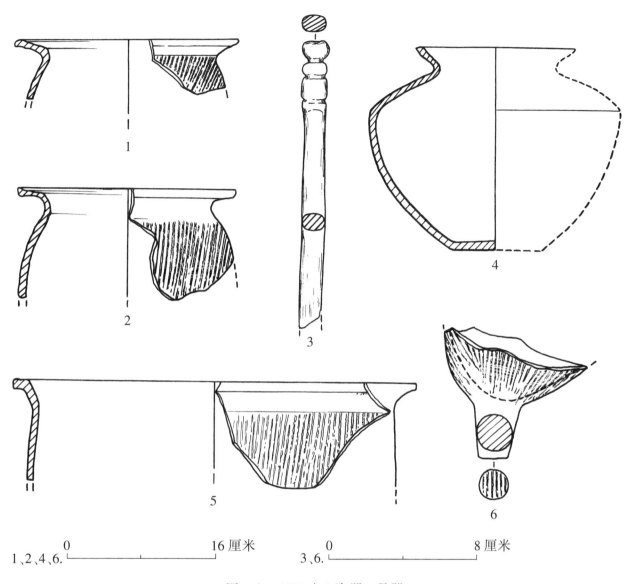

图二六　H13 出土陶器、骨器

1、2. 鬲口腹残片（H13①：6、H13①：4）　　3. 骨笄（H13①：1）　　4. Ba 型 Ⅱ 式折肩罐（H13①：3）　　5. Aa 型盆
（H13①：8）　　6. 联裆鬲柱足（H13①：5）

折肩罐　Ba 型 Ⅱ 式 1 件（H13①：3）。夹砂深灰陶，与其他罐相比体积较大，宽沿，尖唇，矮颈，广肩，斜弧腹，平底，器表为素面经打磨。口径 17、高 21.4、腹径 26、底径 10 厘米（图二六，4；图版三五，5）。

盆　Aa 型 1 件（H13①：8）。盆口沿，泥质浅灰陶，方唇，折沿，侈口，直腹，腹饰中粗绳纹。口径 44 厘米（图二六，5）。

骨笄　1 件（H13①：1）。笄首切割三周凹槽，尖部残，通体磨制，残长 7.6 厘米（图二六，3）。

H17　位于 T9 东部、T10 西北部。开口于第②层下，被 G6 打破，打破 H98。坑口形状为圆形，坑壁剖面为锅底形，坑口直径 1 米，距地表深 0.6 米，坑深 0.54 米。坑内堆积为灰黑色土，土质疏松，夹杂炭粒和红烧土粒。出土陶器、陶片及大量兽骨（图二七）。

H17 出土陶器 7 件。

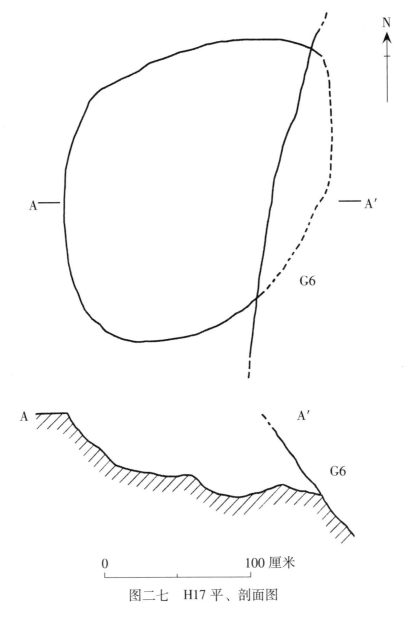

图二七　H17 平、剖面图

高口沿　2件。H17：5，夹砂灰陶，局部呈褐色，方唇，折沿，沿面有一道凹弦纹，颈部一道凹弦纹，颈部以下饰细绳纹。残高 10 厘米（图二八，1）。H17：7，夹砂黑灰陶，局部火候不均呈红褐色。方唇，唇上一道不明显凹弦纹，折沿，沿面两道凹弦纹，侈口，斜直腹，腹饰细绳纹。残高 10 厘米（图二八，2）。

折肩罐口沿　1件（H17：8）。泥质浅灰陶，圆唇，折沿，敛口，颈部以下饰细绳纹。残高 3 厘米（图二八，4）。

簋　A型1件（H17：1）。残，仅余簋盘。泥质灰陶，敞口，方唇，深折腹，圈足，素面，腹部有一周压印竖饰的雷纹，折腹下隐约可见绳纹。口径 20.8、残高 11、底径 8.4 厘米（图二八，3；图版三六，5）。

B型1件（H17：6）。口沿，细泥浅灰陶。圆唇，敞口，下腹部一道弦纹。残高 8 厘米（图二八，5）。

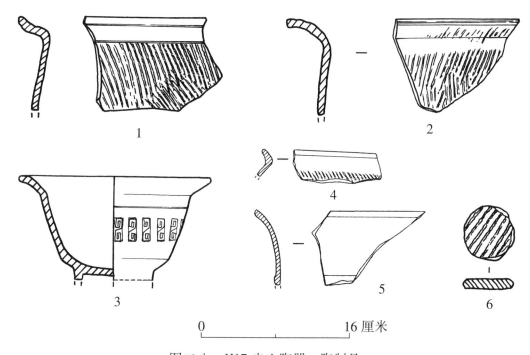

图二八　H17 出土陶器、陶制品

1、2. 鬲口沿（H17：5、H17：7）　3. A 型簋（H17：1）　4. 折肩罐口沿（H17：8）
5. B 型簋口沿（H17：6）　6. 陶圆饼（H17：2）

陶圆饼　2 件。H17：2，绳纹夹砂灰陶，系陶片磨制。直径 5.2 厘米（图二八，6）。

H19　位于 T18。被 H40 打破，打破生土。坑口形状为椭圆形，方向为北偏东 74°，坑壁剖面为直筒形。坑口长径 2.7、短径 2.25 米。坑口距地表深 0.25 米，坑深 1.6 米。坑内填土为灰色，土质松软，填土中夹杂有炭粒、烧土块等。坑内出土陶器、绳纹陶片以及大量兽骨（图二九）。

H19 出土陶器 15 件，石器 1 件，骨器 2 件。

弧裆鬲　袋足 1 件（H19：20）。鬲足，夹砂褐陶，足体较大。足根剖面呈长方形。遍饰中粗绳纹。残高 12 厘米（图三〇，11）。

鬲口沿　3 件。H19：13，夹砂灰陶，局部呈红褐色，方唇，折沿，沿面内两道凹弦纹，鼓腹，腹饰中粗绳纹。口径 25.6、残高 5.8 厘米（图三〇，3）。H19：14，夹砂深灰陶，方唇，折沿，沿面两道凹弦纹，鼓腹，腹部饰细绳纹。残高 14.4 厘米（图三〇，1）。H19：17，夹砂深灰陶，方唇，折沿，沿面微内凹，鼓腹，腹部饰细绳纹，上腹饰附加堆纹，有扉棱。残高 9.6 厘米（图三〇，2）。

鬲口腹残片　1 件（H19：26）。夹砂深灰陶，方唇，折沿，沿面两道凹弦纹，鼓腹，腹饰中粗绳纹。口径 22.5、残高 11.2 厘米（图三〇，4）。

鼓腹罐　I 式 2 件。H19：16，口沿，泥质灰陶，方唇，折沿，直口，鼓腹，肩部以下饰抹断细绳纹。残高 8.4 厘米（图三〇，6）。H19：28，口沿，泥质灰陶，圆唇，折沿，沿面内凹。斜直腹，腹饰细绳纹，局部有交错。残高 6.4、口径 17.6 厘米（图三〇，7）。

折肩罐腹片 1 件（H19：19）。夹砂深灰陶，鼓腹，腹饰细绳纹。残高 8.2 厘米（图三〇，5）。

陶圆饼　7 件。标本 H19：2，夹砂黑灰陶，圆柄形，边缘研磨，一面有中绳纹，系陶片加工而成。直径 2.7 厘米（图三〇，9）。标本 H19：4，夹砂黑灰陶，圆饼形，边缘研磨不规整，一面有中绳纹，

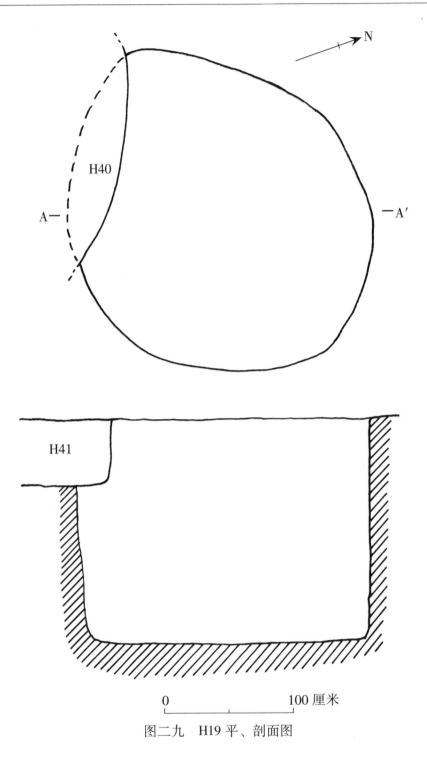

图二九　H19 平、剖面图

系陶片加工而成。直径 6 厘米（图三〇，10）。

　　石刀　1 件（H19∶6）。暗褐色，磨制，直背，弧刃，偏锋。残长 4.4 厘米（图三〇，8）。

　　角锥　2 件。H19∶11，系鹿角磨削而成。通体光滑，有明显使用痕迹。长 18 厘米（图三〇，13；图版三八，1 中）。H19∶33 马鹿角磨制（图版三八，1 上）。

　　穿孔骨器　1 件（H19∶10）。系大型动物肢骨，一端有截切痕迹。长 13.5 厘米（图三〇，12；图版三八，1 下）。

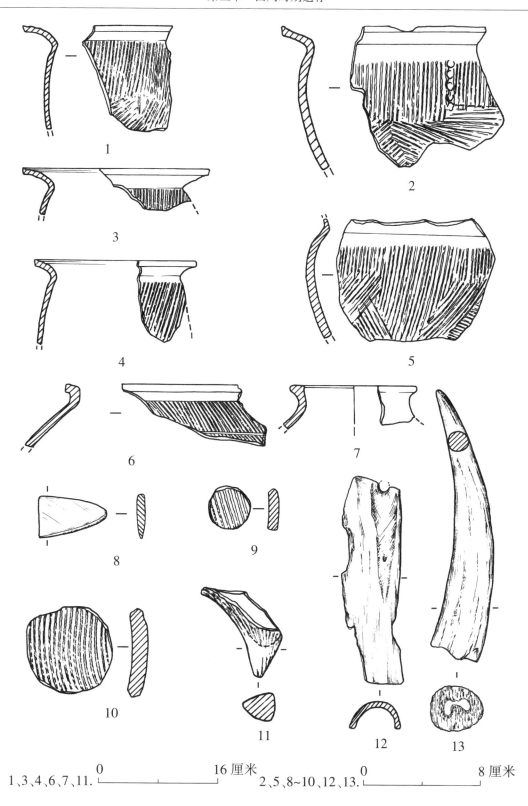

图三〇　H19 出土陶器、石器、骨角器

1～3. 鬲口沿（H19：14、H19：17、H19：13）　4. 鬲口腹残片（H19：26）

5. 折肩罐残片（H19：19）　6、7. Ⅰ式鼓腹罐口沿（H19：16、H19：28）

8. 石刀（H19：6）　9、10. 陶圆饼（H19：2、H19：4）　11. 弧裆鬲（H19：20）

12. 穿孔骨器（H19：10）　13. 角锥（H19：11）

　　H22　位于 T33 东部。开口于第②层下，打破生土。坑口椭圆形，坑壁较直，底部带有两级二层台。坑口长径 2.25、短径 1.9 米，距地表深 0.17 米，坑深 1.53 米。距坑口 0.5 米处为第一级二层台，0.8 米处为第二级二层台，均呈半月形。在土台上发现有 3 个直径 7～10 厘米的灰土圈，疑似柱洞，深约 10 厘米。在坑底北侧出土一件完整陶鬲。坑内填土为灰色沙质土，颗粒较大，包含有大量炭粒、草木灰烬、腐殖质、红烧土块、石子等。出土有夹砂绳纹灰陶片、动物骨骼等（图三一；图版八，1）。

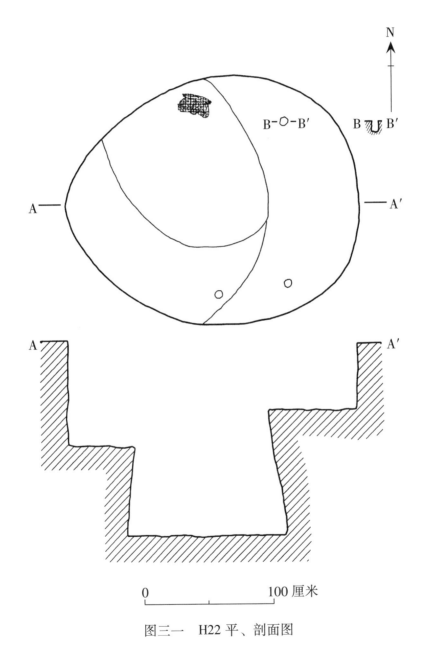

图三一　H22 平、剖面图

　　H22 出土陶器 7 件。

　　分裆鬲　A 型 Ⅱ 式 3 件。H22：1，夹砂深灰陶，方圆唇，宽折沿，腹壁略斜，足底浑圆，低裆。口沿以下饰特粗绳纹。口径 27、高 16 厘米（图三二，1；图版二八，3）。H22：2，夹砂灰陶，方唇，宽折沿，沿面微内凹，腹壁略斜，足底微尖，口沿以下通体饰粗绳纹。口径 26、高 18.2 厘米（图三二，2；图版二八，4）。H22：5，夹砂灰陶，方唇，宽折沿，沿面微内凹，腹壁略斜，足底略尖，裆较低，口沿以下通体饰粗绳纹。口径25、高18厘米（图三二，3；图版二八，5）。

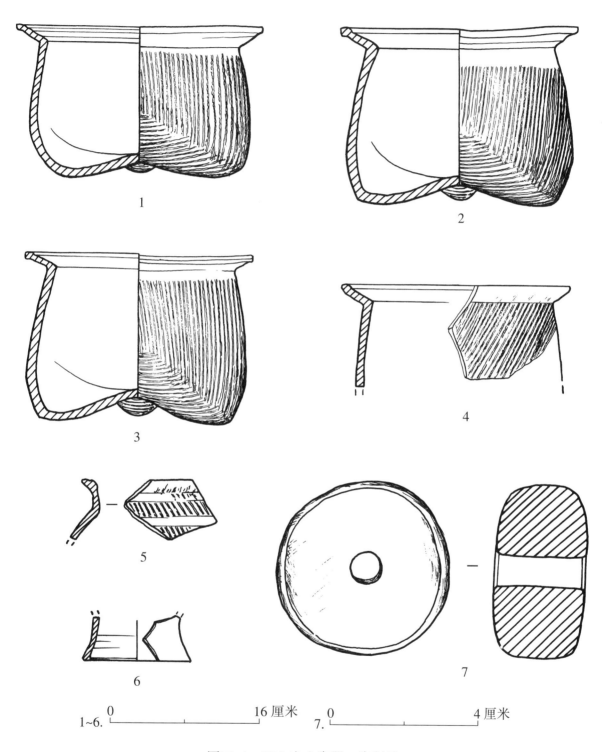

图三二　H22 出土陶器、陶制品

1~3. A 型Ⅱ式分裆鬲（H22：1、H22：2、H22：5）　4. 鬲口沿（H22：8）

5. Ⅰ式鼓腹罐口沿（H22：9）　6. A 型簋圈足（H22：10）　7. A 型陶纺轮（H22：6）

鬲口沿　1件（H22：8）。夹砂深灰陶，圆唇，宽折沿，沿面内凹，腹壁略斜，口沿以下饰中绳纹。口径25、残高11厘米（图三二，4）。

鼓腹罐　Ⅰ式1件（H22：9）。口沿，泥质浅灰陶，尖唇，折沿，沿面一道凹弦纹，竖颈，折肩，肩饰弦断细绳纹。残高6.4厘米（图三二，9）。

簋圈足　A型1件（H22：10）。泥质灰陶，喇叭状，器表有轮修弦纹。口径12、高4.8厘米（图三二，6）。

陶纺轮　A型1件（H22：6）。泥质红陶，圆形，直缘，厚体，中钻穿孔。直径4.6、厚2.5厘米（图三二，7）。

H24　位于T2。被H13、H21打破，打破生土。坑口形状为椭圆形，方向315°，坑壁剖面为直筒形。坑口长径为2.2、短径为1.6米，距地表深0.2米，坑深0.66米。坑内填土为灰黑色夹砂土，土质疏松。出土陶器、绳纹陶片（图三三）。

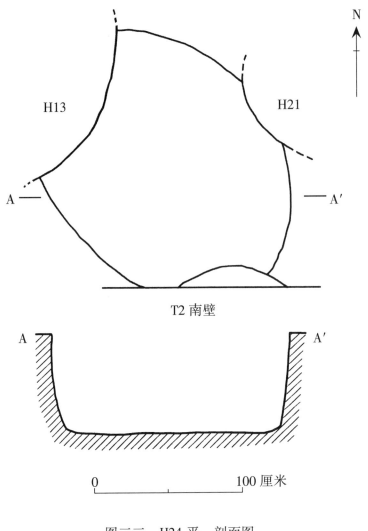

图三三　H24 平、剖面图

H24 出土陶器 1 件。

鬲口沿　1 件（H24∶1）。夹砂红褐陶，方唇，折沿，沿面饰有两道不明显的抹凹弦纹。斜直腹，腹饰细绳纹。残高 14.4 厘米（图三六，1）。

H28　位于 T25。被 G4 打破，打破生土。坑口形状为圆形，坑壁剖面为直筒形。坑口直径为 1.58 米，距地表深 0.2 米，坑深 0.51 米。灰坑内填土为灰色花土，土质较硬，含有大量的红烧土块及灰烬。坑内出土陶器、绳纹陶片以及一定数量的兽骨（图三四）。

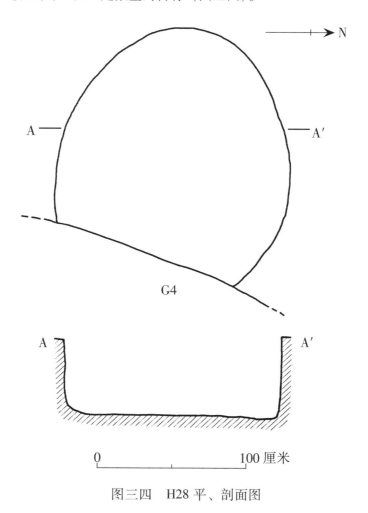

图三四　H28 平、剖面图

H28 出土陶器 1 件。

鬲口沿　1 件（H28∶1）。夹砂灰陶，圆唇，折沿，沿面饰有两道凹弦纹，斜直腹，腹饰中粗绳纹。残高 7.6 厘米（图三六，2）。

H29　位于 T86 东北部。开口于第②层下，打破生土。坑口形状为圆形，坑壁剖面为倒梯形，坑口直径为 1.6 米，距地表深 0.25 米。坑底直径为 1.4 米，坑深 0.1 米。坑内填土为黑灰色夹砂土，土质疏松。出土陶器、绳纹陶片（图三五）。

H29 出土陶器 1 件。

盆　Aa 型 1 件（H29∶1）。泥质灰陶，方唇，敞口，斜腹，腹身饰细绳纹。口径 33、残高 9.5 厘米（图三六，3）。

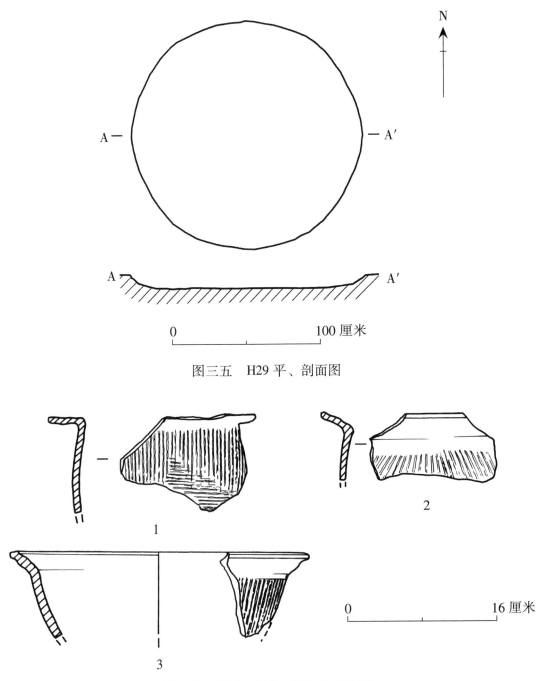

图三五　H29 平、剖面图

图三六　H24、H28、H29 出土陶器
1. 鬲口沿（H24∶1）　2. 鬲口沿（H28∶1）　3. Aa 型盆（H29∶1）

　　H30　位于 T85 南部、T69 北部。开口于第②层下，被 M6 打破，打破生土。坑口形状为圆形，坑壁为直筒形。坑口直径为 1.6 米，距地表深 0.2 米。坑底直径为 2.5 米，坑深 2.4 米。坑内堆积分 5 层：第①层，灰黑色杂土，土质疏松，夹杂红烧土粒、炭粒，厚约 55～95 厘米，出土烧制火候不均的夹砂绳纹灰陶、褐陶、红陶，包括陶鬲等，另有少量骨器（图版八，2）。第②层，红褐色土，土质较硬，厚约 5～65 厘米。第③层，灰色土，土质较疏松，出土少量陶片，以绳纹灰陶为主，厚约 10～25 厘米。第④层，黄色土，土质较硬，厚约 15～40 厘米。第⑤层，灰黄土，土质疏松，夹杂炭粒、红烧

土块等。出土大量陶片，以绳纹夹砂陶为主，有灰陶、红陶、褐陶等，烧制火候不均，器物有鬲、鼓腹罐、豆柄、簋座等。厚约 70~100 厘米（图三七；图版九，1）。

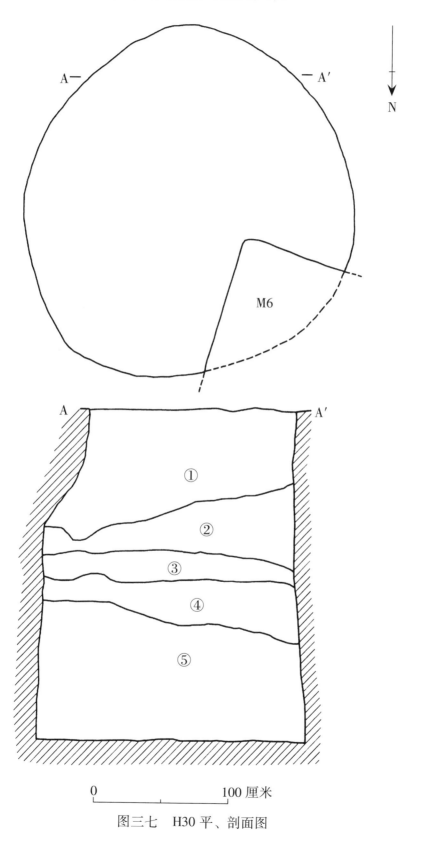

图三七　H30 平、剖面图

H30 出土陶器 34 件，骨器 5 件。

分裆鬲　A 型 I 式 2 件。H30：9，夹砂深灰陶，方圆唇，宽折沿，沿面内有一道弦纹，束颈，腹壁近直，足底略尖，较低。口沿下饰粗绳纹。口径 24.8、高 16 ~ 16.8 厘米（图三八，3；图版二七，1）。H30：20，夹砂深灰陶，方唇，宽折沿，沿面微内凹，腹壁近直，足底略尖，裆较低。口沿以下饰粗绳纹。口径 26、高 17.5 厘米（图三八，5；图版二七，2）。

A 型 II 式 3 件。H30：1，夹砂灰陶，方唇，宽折沿，沿面微内凹，斜腹壁，足底浑圆，低裆。口沿下通体饰绳纹。口径 27.5、高 18 厘米（图三八，4；图版二九，2）。H30：11，夹砂深灰陶，圆唇，宽折沿，沿面微内凹，腹壁略斜，足底浑圆，低裆。口沿下通体饰粗绳纹。口径 24.5、高 15 厘米（图三八，2；图版二九，3）。H30：21，鬲，夹砂褐陶，圆唇，宽折沿，沿面微内凹，斜直腹壁，足底较尖，低裆。口沿以下通体饰粗绳纹。口径 25.5、高 18 厘米（图三八，6；图版二九，4）。

B 型 I 式 1 件（H30：22）。夹砂红褐陶，方唇，宽折沿，沿面饰有二道弦纹，腹壁略斜，足底较尖，裆较高。口沿以下通体饰粗绳纹。口径 31.4、高 18.5 厘米（图三八，1；图版三〇，4）。

联裆鬲　A I 式 1 件（H30：19）。夹砂深灰陶，圆唇，宽折沿，沿面略内凹饰有二道弦纹，弧腹，分裆较浅，柱足外撇，柱足与袋足结合部有分界。器表饰中绳纹。口径 17.6、高 13.6 厘米（图三八，8；图版三二，1）。

B 型 I 式 1 件（H30：6）。夹砂深灰陶，方唇，宽折沿，沿面饰弦纹，斜腹，分裆较浅，柱足较高，柱足与袋足之间无明显分界。器表饰中绳纹，三款足及足间饰有扉棱。口径 21.5、高 15 厘米（图三八，7；图版三二，2）。

鬲口腹残片　10 件。H30：23，夹砂黑灰陶，圆唇，唇缘有弦纹，宽折沿，沿面内凹，弧腹，腹饰中粗绳纹。口径 24、残高 12.8 厘米（图三九，1）。H30：24，夹砂深灰陶，方唇，唇缘有弦纹，宽折沿，沿面略内凹，腹壁斜直，腹饰粗绳纹。口径 25.6、残高 10.4 厘米（图三九，7）。H30：25，夹砂深灰陶，圆方唇，唇缘略内凹，宽折沿，沿面见清晰弦纹，束颈，弧腹，腹饰整齐中粗绳纹。残高 16 厘米（图三九，3）。H30：29，夹砂灰陶，方唇，唇缘有弦纹，宽折沿，沿面有弦纹，腹壁较直。腹饰中粗绳纹。残高 12.5 厘米（图三九，6）。H30：32，夹砂深灰陶，方唇，唇缘有弦纹，唇略上翘，束颈，斜弧腹壁。腹饰中粗绳纹。口径 24、残高 10 厘米（图三九，20）。H30：35，夹砂灰陶，方唇，唇缘下垂，宽折沿，沿面饰清晰弦纹，直腹壁。腹饰中粗绳纹。残高 13.5 厘米（图三九，8）。H30：37，夹砂深灰陶，方唇，唇缘下垂，宽折沿，沿面饰弦纹，束颈，腹壁斜直。腹饰中粗绳纹。残高 14 厘米（图三九，12）。H30：41，夹砂灰陶，方唇，唇缘有弦纹，宽折沿，沿面略内凹，微束颈。腹饰中粗绳纹。口径 22.4、残高 16.5 厘米（图三九，4）。H30：44，夹砂红褐陶，圆唇，宽折沿，沿面内凹，腹壁斜直。腹饰中粗绳纹。残高 15.5 厘米（图三九，5）。H30：45，夹砂灰褐陶，圆唇，宽折沿，沿面略内凹，弧腹。腹饰中粗绳纹。口径 24、残高 11 厘米（图三九，2）。

鬲口沿　3 件。H30：46，夹砂褐陶，方唇，唇面有陷纹，折沿，沿缘略上翘。弧腹，腹饰细绳纹和条形附加堆纹。残高 7.5 厘米（图三九，9）。H30：48，夹砂褐陶，圆唇，宽折沿，沿面见有弦纹，腹壁斜直。腹部饰细绳纹和竖向条形附加堆纹，口沿下施有等距离的指压窝纹。残高 7 厘米（图三九，10）。H30：58，尖唇，唇缘上翘，沿内有凸棱，弧腹，腹饰中粗绳纹。残高 7 厘米（图三九，16）。

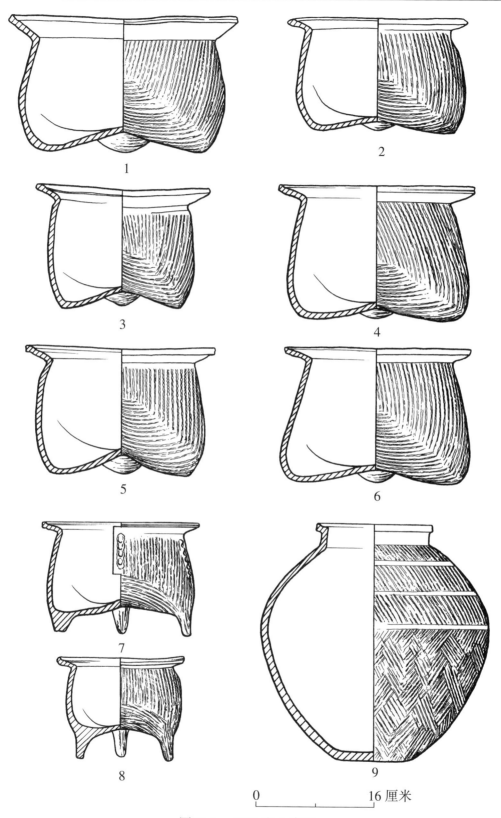

图三八　H30 出土陶器

1. B 型 I 式分裆鬲（H30∶22）　　2、4、6. A 型 II 式分裆鬲（H30∶11、H30∶1、H30∶21）

3、5. A 型 I 式分裆鬲（H30∶9、H30∶20）　　7. B 型 I 式联裆鬲（H30∶6）

8. A 型 I 式联裆鬲（H30∶19）　　9. I 式鼓腹罐（H30∶18）

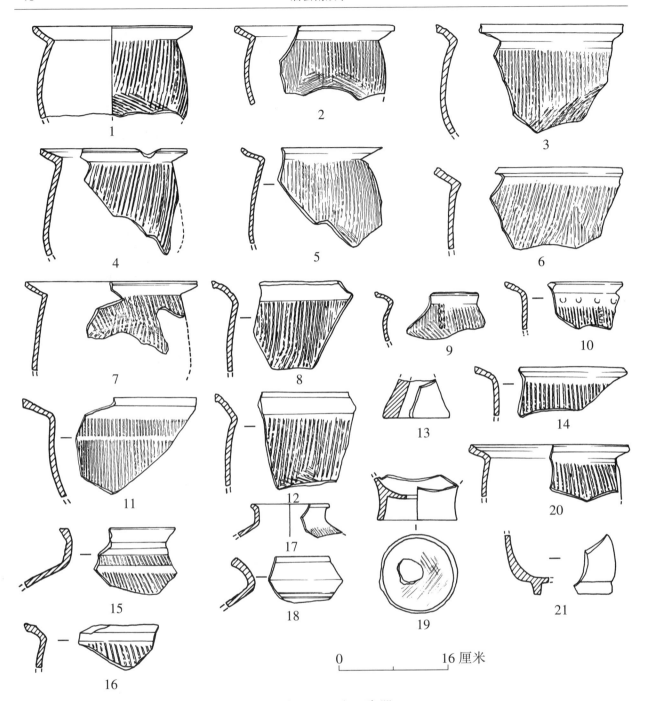

图三九　H30 出土陶器

1~8、12、20. 鬲口腹残片（H30：23、H30：45、H30：25、H30：41、H30：44、H30：29、H30：24、H30：35、H30：
37、H30：32）　　9、10、16. 鬲口沿（H30：46、H30：48、H30：58）　　11、14. Aa 型盆（H30：47、H30：39）
13. 豆座（H30：60）　　15. A 型壶（H30：42）　　17. I 式鼓腹罐口沿（H30：61）　　18. Ba 型 II 式折肩罐口沿
（H30：43）　　19、21. B 型簋圈足（H30：50、H30：59）

　　鼓腹罐　I 式 2 件。H30：18，泥质灰陶，方唇，平折沿，短直颈，圆肩，鼓腹，平底。肩、腹饰
中绳纹及数道抹压纹。口径 16、高 32、腹径 32、底径 10、深 30.5 厘米（图三八，9；图版三三，1）。
H30：61，略残，夹砂红褐陶。圆唇，抹斜口沿，直颈，颈部以下残部饰中绳纹。口径 12、残高 4.8
厘米（图三九，17）。

折肩罐 Ba 型 II 式 1 件（H30：43）。罐口沿，泥质灰陶，圆唇，侈口，短颈，斜肩，素面磨光。肩饰弦纹。残高 6.5 厘米（图三九，18）。

盆 Aa 型 2 件。H30：39，口沿残片。泥质深灰陶，方唇，宽折沿，腹壁较直，腹饰中粗绳纹。残高 7.5 厘米（图三九，14）。H30：47，泥质灰陶，厚方唇，宽折沿，沿面有弦纹，弧腹，腹饰中粗抹压弦断绳纹。残高 14 厘米（图三九，11）。

壶 A 型 1 件（H30：42）。口沿残片。泥质褐陶，尖唇，侈口，平沿，短颈，圆肩，颈部有修整折棱痕迹，肩部饰抹压弦断绳纹。残高 9 厘米（图三九，15）。

簋圈足 B 型 2 件。H30：50，泥质灰陶，圜底，圈足，底饰细绳纹。底径 11、残高 6.4 厘米（图三九，19）。H30：59，泥质浅灰陶，折弧腹，圈足，器表经压抹修整。残高 8.8 厘米（图三九，21）。

豆座 1 件（H30：60）。夹砂红褐陶，残存部分呈喇叭状，厚胎，烧制火候较低。底径 10、残高 6 厘米（图三九，13）。

陶纺轮 A 型 1 件（H30：17）。泥质黑灰陶，圆形，圆鼓缘，厚体，中穿一孔，器表饰细绳纹。直径 6、厚 2.3 厘米（图四〇，9）。

陶圆饼 3 件。H30：5，泥质灰陶，边缘打制，一面有细绳纹，系陶片改制而成，直径 3.2 厘米（图四〇，6）。H30：10，夹砂褐陶，边缘打制。一面有中绳纹，陶片改制而成，直径 5 厘米（图四〇，5）。H30：13，夹砂灰陶，一面饰中粗绳纹，系陶片改制而成。直径 5 厘米（图四〇，8）。

骨锥 2 件。H30：8，利用动物肢骨磨制而成，柄部残，尖锐。残长 10.6 厘米（图四〇，4）。H30：15，利用大型哺乳动物肢骨磨制而成，一端磨尖，关节一端为柄。长 11 厘米（图四〇，1）。

骨笄 1 件（H30：14）。平顶，呈钉帽状，尖端残，通体磨光。残长 11.4 厘米（图四〇，3）。

穿孔骨器 1 件（H30：2）。利用动物肢骨磨制而成，通体磨光，于中段钻孔两个。长 8.6 厘米（图四〇，2）。

穿孔骨饰 1 件（H30：16）。椭圆形，中穿一孔，通体磨光。直径 2.3～2.6、厚 0.7 厘米（图四〇，7）。

H33 位于 T84 中部。开口于第②层下，打破生土。坑口形状为圆形，坑壁剖面为直筒形，坑口直径为 1.76 米，距地表深 0.4 米，坑深 0.5 米。灰坑内堆积共分 3 层：第①层，灰色土，土质较疏松，夹杂少量炭粒；第②层，灰黑色土，土质松软，夹杂较多炭粒；第③层，灰色土，土质稍硬。出土陶器多为夹砂红褐陶，还有少量泥质灰陶，器表饰绳纹。另有少量动物骨骼（图四一；图版九，2）。

H33 出土陶器标本 6 件，骨器 1 件。

鬲口沿 1 件（H33：6）。夹砂灰褐陶，圆唇，折沿，上沿面内凹，腹饰中粗绳纹。残高 3.8 厘米（图四二，1）。

鼓腹罐 1 件（H33：4）。罐底，泥质灰陶，平底，中间略显内凹。鼓腹，腹饰交错细绳纹，间有抹断痕迹。底亦饰有细绳纹，在底与腹之间有一圈 7～10 毫米宽的抹断痕，器内表间有刻划痕。底径 7.8、残高 8.2 厘米（图四二，3）。

簋圈足 B 型 1 件（H33：3）。泥质灰陶，因火候不均局部略呈褐色。方唇，略显亚腰形，上接圜底。底径 8、残高 6 厘米（图四二，2）。

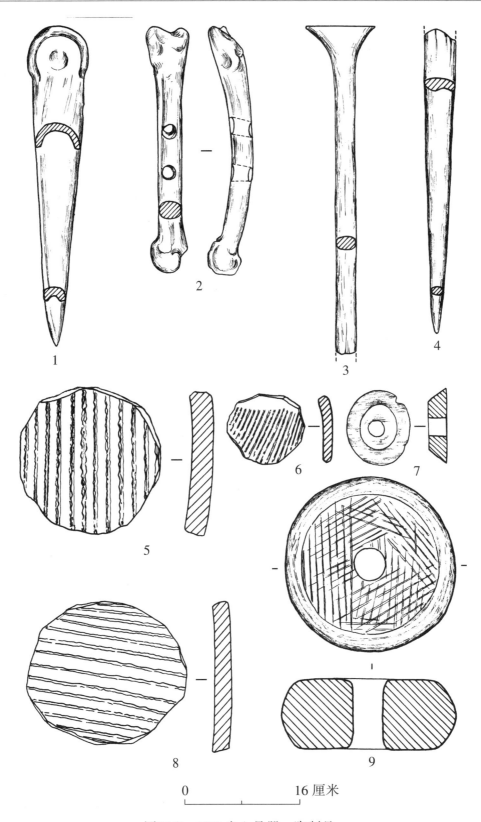

图四〇　H30 出土骨器、陶制品
1、4. 骨锥（H30：15、H30：8）　2. 穿孔骨器（H30：2）　3. 骨笄（H30：14）
5、6、8. 陶圆饼（H30：10、H30：5、H30：13）　7. 穿孔骨饰（H30：16）
9. A 型陶纺轮（H30：17）

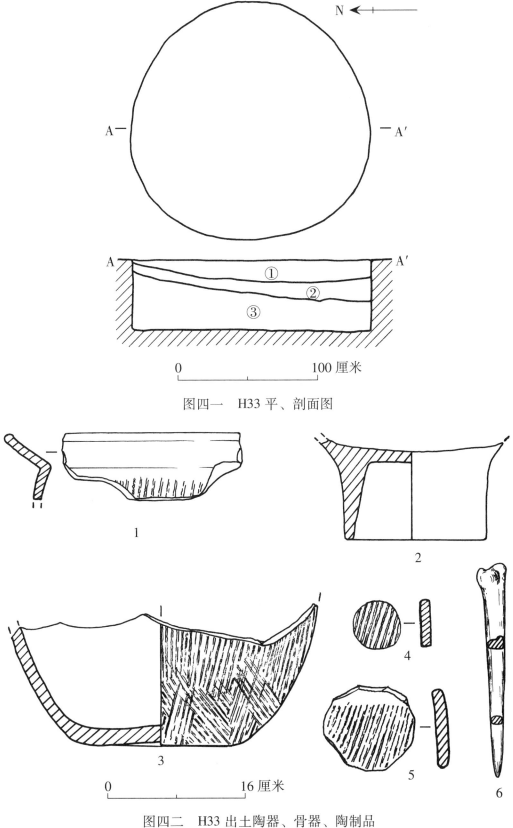

图四一　H33 平、剖面图

图四二　H33 出土陶器、骨器、陶制品
1. 鬲口沿（H33∶6）　2. B 型簋圈足（H33∶3）　3. 鼓腹罐底（H33∶4）
4、5. 陶圆饼（H33∶1、H33∶2）　6. 骨锥（H33∶7）

陶圆饼　3件。H33：1，使用夹砂绳纹黄褐陶磨制，直径2.8厘米（图四二，4）。H33：2，夹砂灰陶，饰中绳纹，边缘打制。直径5厘米（图四二，5）。

骨锥　1件（H33：7）。利用动物肢骨制成，关节修整成柄，另一端磨尖。长12.2厘米（图四二，6；图版三九，1左3）。

H34　位于T66东部。开口于第②层下，被M4打破，打破生土。坑口形状为椭圆形，方向73°，坑壁剖面为倒梯形。坑口长径为2、短径1.5、坑底长径为1.9、短径1.4米。坑口距地表深0.28米，坑深0.2米。坑内土色黄灰，土质松软，颗粒较大，夹杂有炭粒、烧骨、石块等，坑底南部有硬土面。出土有夹砂绳纹褐陶、灰陶、泥质绳纹灰陶片等（图四三）。

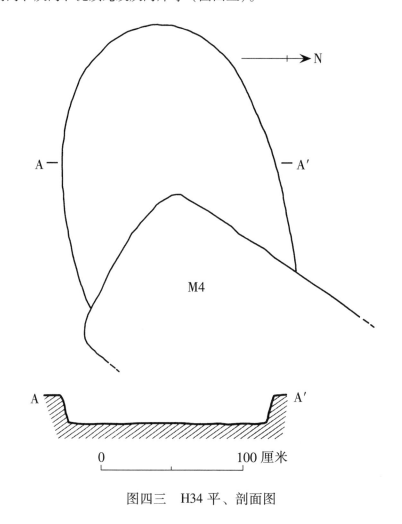

图四三　H34平、剖面图

H34出土陶器2件。

弧裆鬲足　1件（H34：2）。夹砂灰陶，锥状足，饰绳纹。残高6厘米（图四五，2）。

折肩罐　Ab型Ⅱ式1件（H34：1）。罐口沿，泥质灰陶，尖圆唇，折沿，沿面微凹，侈口，折肩，颈部隐约可见细绳纹。残高5厘米（图四五，1）。

H36　位于T40中部偏东。开口于第②层下，打破生土。坑口形状为圆形，坑壁剖面为直筒形。坑口直径为1.6米，距地表深0.45米，坑深0.3米。灰坑内填土为黑土，土质疏松且较细腻，含有较多的炭粒以及少量的红烧土。出土绳纹陶片及碎猪骨（图四四）。

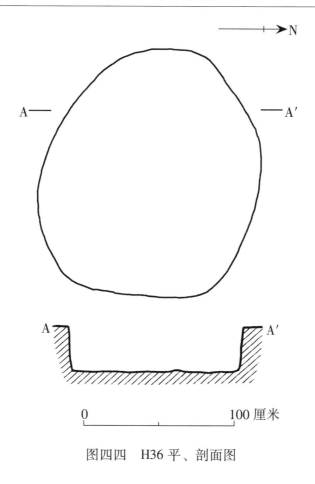

图四四　H36 平、剖面图

H36 出土陶器 1 件。

盆　Bb 型 1 件（H36：1）。口沿残片。泥质褐陶，尖圆唇，敞口，斜直腹。腹饰抹断细绳纹。残高 15.2、口径约 32～36 厘米（图四五，3）。

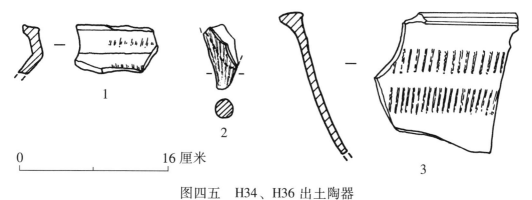

图四五　H34、H36 出土陶器
1. Ab 型 II 式折肩罐口沿（H34：1）　2. 弧裆鬲足（H34：2）　3. Bb 型盆（H36：1）

H40　位于 T18 南部。被 G3 打破，打破生土。坑口形状为圆形，坑壁剖面为直筒形，坑口直径为 2.5 米，距地表深 0.25 米，坑深 1.35 米。灰坑内填土分为四层：第①层厚约 60 厘米，为土质疏松的灰土；第②层厚约 30 厘米，土质发红，稍硬；第③层为厚约 8 厘米的炭层；第④层厚约 35 厘米，为土质稍软的灰土。坑内出土绳纹陶片及兽骨等（图四六）。

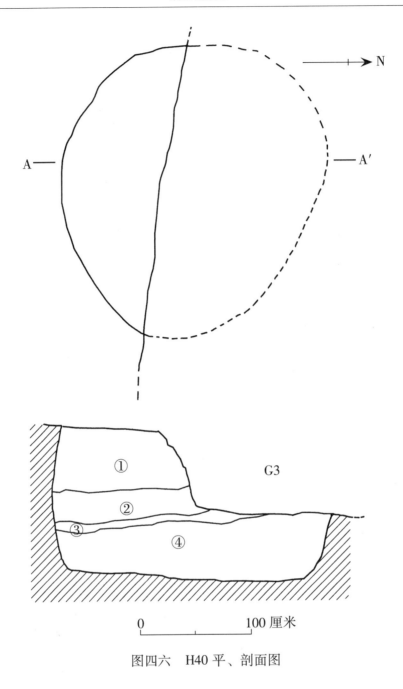

图四六　H40 平、剖面图

H40 出土陶器 3 件。

鬲口沿　2 件。H40:2，夹砂黄褐陶，方唇，卷沿，沿面上有两道凹弦纹，腹部不明，颈以下饰细绳纹。口径 26、残高 7 厘米（图四七，1）。H40:3，夹砂红褐陶，方唇，唇上一道弦纹，折沿，鼓腹，腹饰细绳纹。口径约 25~29、残高 6 厘米（图四七，3）。

陶圆饼　1 件（H40:1）。夹砂中绳纹灰陶，边缘磨制，系陶片改制而成。直径 3.3 厘米（图四七，8）。

H41　位于 T34 中部。开口于第②层下，打破生土。坑口形状为圆形，坑壁剖面为直筒形，坑口直径为 1.95 米，距地表深 0.25 米，坑深 1.9 米。坑底西部留有生土二层台，台上有两个柱洞。坑内堆积大致可分 8 层：第①层厚约 20 厘米，灰黑色土，出土陶器标本大量绳纹陶片及骨头。第②层厚约

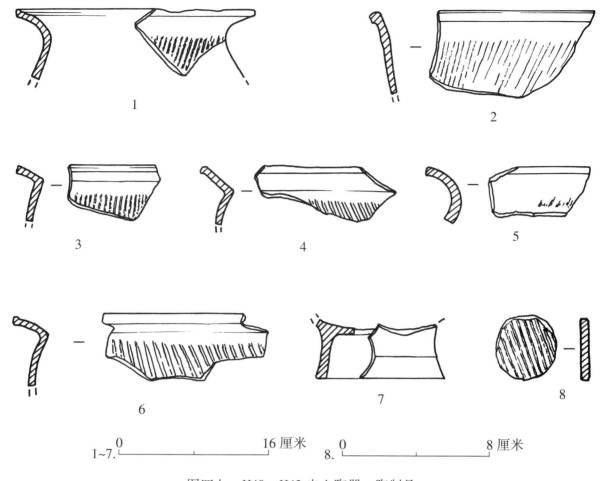

图四七　H40、H42 出土陶器、陶制品
1、3. 鬲口沿（H40∶2、H40∶3）　2. Ac 型盆（H42∶2）　4、6. 鬲口沿（H42∶3、H42∶1）
5. Aa 型Ⅱ式折肩罐（H42∶5）　7. B 型簋圈足（H42∶4）　8. 陶圆饼（H40∶1）

20～25 厘米，呈红褐色，土质相对较硬，其中夹杂少量炭粒及红烧土块。第③层厚约 10～15 厘米，土质相对较疏松，呈灰褐色，炭粒增多。出土绳纹陶片及一个陶饼，另出土一些小骨头及牙齿。第④层为一条灰土带，土质很疏松，厚约 3～5 厘米，基本不出陶片。第⑤层为灰色土，炭粒增多，土质疏松，夹杂大量炭粒。出土少量绳纹陶片，厚约 22～25 厘米。第⑥层为灰褐色土，土质很松软，夹杂较多炭粒，出土较多绳纹陶片，另有鱼骨碎片若干，厚约 20～50 厘米。第⑦层为灰色沙质土，出土少量绳纹陶片，厚约 20～40 厘米。第⑧层为棕红色沙质土，土质疏松，出土少量绳纹陶片，厚约 25～30 厘米（图四八；图版一〇，2）。

H41 出土陶器标本 10 件。

分裆鬲足　1 件（H41∶7）。夹砂红褐陶，袋形足，足体饰细绳纹。残高 4.8 厘米（图四九，6）。

联裆鬲足　1 件（H41∶12）。夹砂红褐陶，柱状足根，足略微倾斜，底面呈圆形，饰有细绳纹，足根近裆部及其以下饰细绳纹。残高 4.5 厘米（图四九，10）。

鬲口沿　2 件。H41∶8，夹砂黄褐陶，方唇，唇上一道凹弦纹，沿下亦有一道凹弦纹，斜直腹，腹部饰中绳纹。口径 28、残高 7.5 厘米（图四九，3）。H41∶4，夹砂灰褐陶，方唇，唇上一圈凹弦

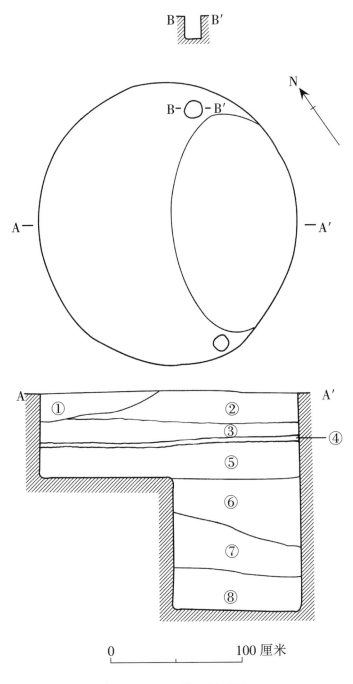

图四八　H41 平、剖面图

纹，折沿，沿面上一道凹纹，斜直腹，腹饰中绳纹。口径 26、残高 10 厘米（图四九，1）。

鼓腹罐　Ⅱ式 1 件（H41：2）。罐口腹残片，泥质灰陶，方唇，折沿，直口，竖颈，鼓腹，腹饰抹断细绳纹，内腹有较明显的捏制痕迹。口径 17、残高 12.4 厘米（图四九，4）。

折肩罐　Aa 型Ⅱ式 1 件（H41：14）。罐口沿，夹砂深灰陶，圆唇，卷沿，直口。口径约 18~22、残高 3.2 厘米（图四九，7）。

单耳罐　1 件（H41：3）。残，仅余口腹部。泥质灰陶，方唇，侈口，溜肩圆腹，腹饰交错细绳

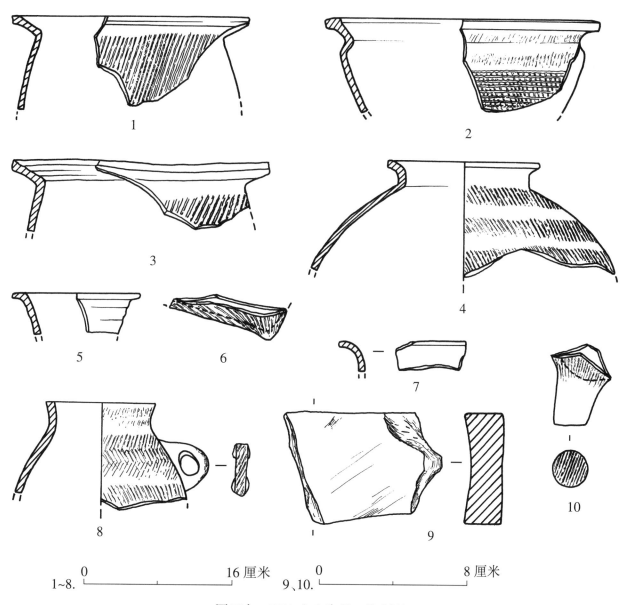

图四九　H41 出土陶器、陶制品

1、3. 鬲口沿（H41：4、H41：8）　2. Aa 型盆（H41：11）　4. II 式鼓腹罐（H41：2）　5. B 型壶（H41：13）
6. 分裆鬲足（H41：7）　7. Aa 型 II 式折肩罐（H41：14）　8. 单耳罐（H41：3）　9. 陶范（H41：5）
10. 联裆鬲足（H41：12）

纹，腹中部有抹断弦纹，肩腹之间有一竖耳。口径 12、残高 11.2 厘米（图四九，8）。

　　盆　Aa 型 1 件（H41：11）。口沿，泥质灰陶，方唇，折沿，侈口，束颈，折肩，斜直腹，腹饰竖、横细绳纹。口径 31、残高 10 厘米（图四九，2）。

　　壶　B 型 1 件（H41：13）。口沿，夹砂褐陶，局部呈黑灰色，圆唇，折沿，敞口，颈部外表有两道凹弦纹。口径 14、残高 4.4 厘米（图四九，5）。

　　陶范　1 件（H41：5）。长方形，夹砂红陶，残。外表光滑，铸面呈灰色，有使用痕迹。残长 8.6、宽 6、厚 2.3 厘米（图四九，9；图版三七，2）。

　　H42　位于 T37、T53。开口于第②层下，打破生土。坑口形状为圆形，坑壁剖面为直筒形。坑口直径为2.1米，距地表深0.4米，坑深0.45米。坑底有厚约2厘米的黄色硬土层，坑内堆积为土质，黑灰，较硬。坑内出土夹砂绳纹陶片和动物骨骼残段（图五〇；图版一一，1）。

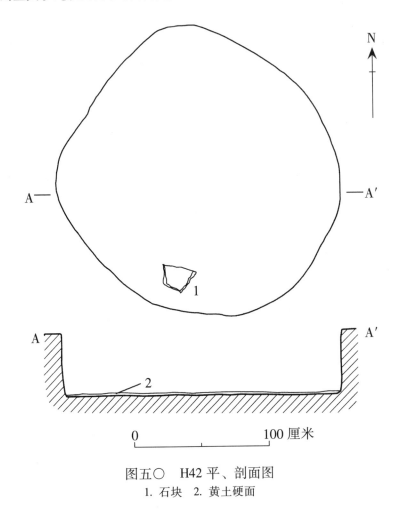

图五〇　H42平、剖面图
1. 石块　2. 黄土硬面

H42出土陶器5件。

鬲口沿　2件。H42：1，夹砂灰陶，方唇，宽折沿，沿面一道凹弦纹，鼓腹，腹饰中绳纹，残高8厘米（图四七，6）。H42：3，夹砂灰陶，方唇，折沿，近沿下表唇略突出，鼓腹，腹饰粗绳纹。残高6.4厘米（图四七，4）。

折肩罐　Aa型Ⅱ式1件（H42：5）。罐口沿，夹砂灰陶，方唇，唇上一道凹弦纹，卷沿，敛口，溜肩，肩以下饰细绳纹，口径约32～36、残高5.5厘米（图四七，5）。

盆　Ac型1件（H42：2）。盆口沿，泥质灰陶，方唇，卷沿，敞口，斜直腹，上腹有一道凹弦纹，腹饰细绳纹。残高9.6厘米（图四七，2）。

簋圈足　B型　1件（H42：4）。泥质浅灰陶，圆唇，亚腰形，腰上饰一弦纹，上接圜底，底径14、残高6.4厘米（图四七，7）。

H43　位于T25北部、T24东部。开口于第②层下，打破生土。坑口形状为椭圆形，方向90°。坑壁剖面为直筒形，坑口长径为1.38、短径0.9米，距地表深0.47米，坑深0.88米。坑内堆积为灰色花土，土质较软，含有大量的红烧土块及灰烬，出土绳纹陶片和一定数量的兽骨（图五一）。

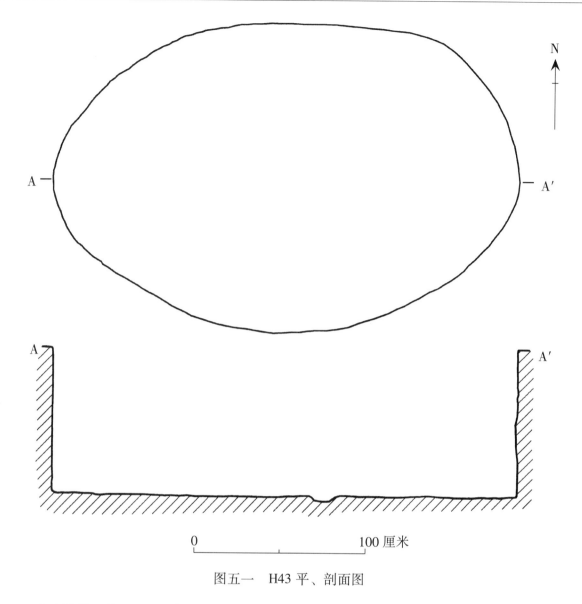

图五一 H43 平、剖面图

H43 出土陶器 6 件，骨器 1 件。

鬲口沿 2 件。H43：6，夹砂灰陶，方唇，折沿，沿面两道凹弦纹，鼓腹，腹饰粗绳纹。残高 6.8 厘米（图五三，1）。H43：8 鬲 夹砂深灰陶，方唇，折沿，沿面稍内凹，斜直腹，腹饰中粗绳纹，器内表及断面暴露大量直径约 0.7 厘米的石英岩石子。残高 9.6 厘米（图五三，3）。

鼓腹罐 Ⅰ式 1 件（H43：12）。罐口沿，泥质黄褐陶，方唇，折沿，竖颈，口微敛，鼓腹，腹部饰细绳纹。口径 20、残高 7 厘米（图五三，2）。

折肩罐 Aa 型 Ⅰ式 1 件（H43：10）。罐口沿，夹砂深灰陶 尖圆唇，卷沿，沿面上有两道凹弦纹，口微侈，折肩，肩部饰细绳纹。残高 9.2 厘米（图五三，7）。

盆 Aa 型 2 件。H43：5，口沿，泥质褐陶，方唇，敞口，直腹，腹身饰绳纹、菱形纹，纹饰已磨光，器表显光滑。残高 9 厘米（图五三，6）。H43：15，口沿，泥质灰陶，方唇，折沿，沿面一道凹弦纹，敛口，斜直腹，腹饰细绳纹，器壁较厚。口径约 21～23、残高 9 厘米（图五三，4）。

骨镞 1 件（H43：9）。前锋圆钝，镞身横断面呈圆形，圆锥状铤，铤身分界明显。长 4.5 厘米

（图五三，9；图版三九，1左1）。

H44　位于T40中部。开口于第②层下，被H36打破，打破生土。坑口形状为长方形，方向135°。坑壁剖面为倒梯形，坑口长2、宽1.2米，坑底长1.9、宽1.15米。坑口距地表深0.45米，坑深0.2米。坑内堆积为较疏松的灰黄杂花土，质地松软，含有少量炭粒。出土绳纹陶片以及动物骨骼（图五二）。

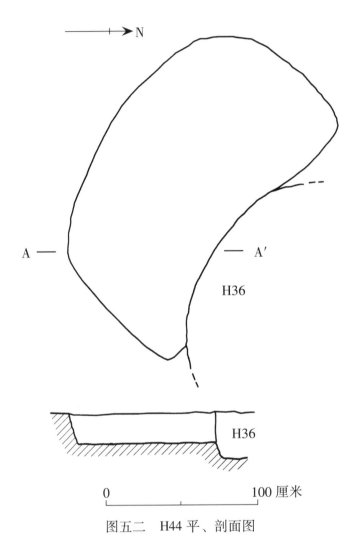

图五二　H44平、剖面图

H44出土陶器1件，铜器1件。

鼓腹罐　Ⅰ式1件（H44：2）。罐口沿，泥质浅灰陶，方唇，折沿，沿面一道凹弦纹，竖颈，口微敛，折肩，肩饰中绳纹。残高7.5厘米（图五三，5）。

铜镞　1件（H44：1）。镞体扁平，三角形，双翼，有铤。长3.9厘米（图五三，8）。

H46　位于T52中部。开口于第②层下，打破H47。坑口形状为圆形，坑壁剖面为袋状，坑口直径1.65米，坑底直径1.95米。坑口距地表深0.3米，坑深0.9米。坑底平整，有青黄色硬土，填土为青灰色，土质松软。坑内有一北高南低的灰烬层，厚约5～15厘米，北侧暴露在坑口，南侧距坑口60厘米。出土遗物多集中在该层的南部，包含细绳纹夹砂灰褐陶、素面抹光黑陶、石器残段、鹿角及动物骨骼（图五四）。

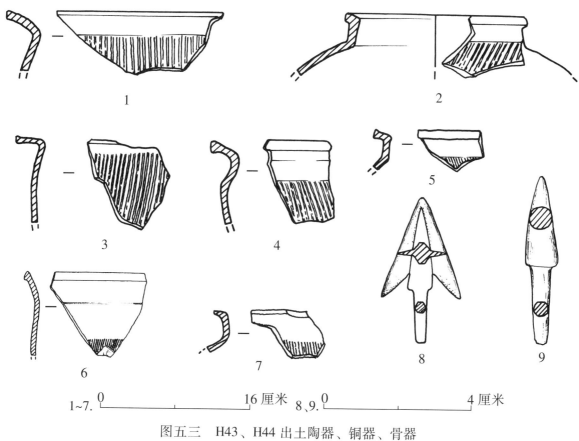

图五三　H43、H44 出土陶器、铜器、骨器
1、3. 鬲口沿（H43∶6、H43∶8）　2、5. Ⅰ式鼓腹罐（H43∶12、H44∶2）
4、6. Aa 型盆（H43∶15、H43∶5）　7. Aa 型Ⅰ式折肩罐（H43∶10）
8. 铜镞（H44∶1）　9. 骨镞（H43∶9）

H46 出土陶器 9 件，石器 1 件。

分裆鬲　B 型Ⅱ式 1 件（H46∶12）。夹砂褐陶，方唇，折沿，沿面上两道凹弦纹，鼓腹，袋足，矮裆，腹部以下饰细绳纹。残高 16.4 厘米（图五五，1）。

鬲口腹残片　1 件（H46∶9）。夹砂褐陶，方唇，唇上一道凹弦纹，折沿，沿面上两道凹弦纹，鼓腹，腹饰粗绳纹。残高 13.5 厘米（图五五，2）。

折肩罐　Aa 型Ⅰ式 1 件（H46∶13）。罐口沿，泥质灰陶，方唇，折沿，敛口，竖颈，折肩，颈部两道凹弦纹，器表磨光。残高 7.2 厘米（图五五，3）。

壶　B 型　1 件（H46∶14）。夹砂深灰陶，沿已残，似卷沿，口略侈，竖颈，口径约 12～14、残高 6.4 厘米（图五五，4）。

盆　Aa 型 1 件（H46∶11）。口沿，泥质灰陶，方唇，折沿处有一圈凹弦纹，敞口，斜直腹，腹饰抹断细绳纹，器壁较厚重。残高 13.6 厘米（图五五，5）。

陶纺轮　A 型 1 件（H46∶8）。泥质灰陶，圆饼形，直缘、磨光，中穿孔，直径 5.5～5.9 厘米（图五五，9；图版三七，3 下左 3）。

陶圆饼　3 件。H46∶1，夹砂灰陶中绳纹，边缘打制。直径 4 厘米（图五五，6）。H46∶2，夹砂灰褐陶，绳纹，边缘磨制。直径 4.6 厘米（图五五，7）。

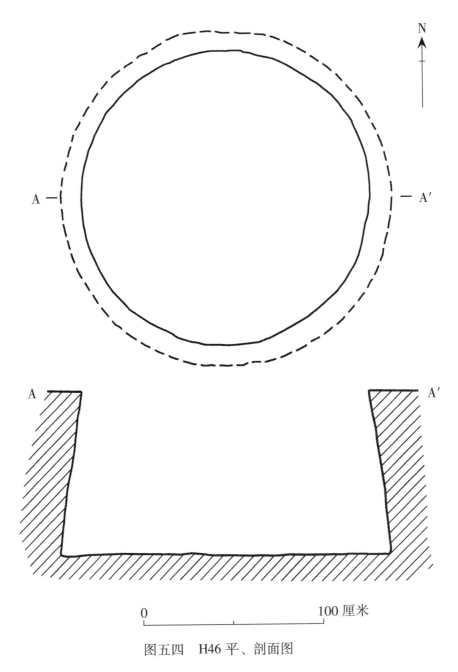

图五四　H46 平、剖面图

石铲　1 件（H46：4）。残，灰色，扁平，边缘浑圆，磨制。残宽 9、厚 1.6 厘米（图五五，8）。

H48　位于 T84 东部，被 H33 打破。坑口形状为椭圆形，方向 90°。坑壁剖面为直筒形，坑口长径 0.55、短径 0.4 米，坑口距地表深 0.35 米，坑深 0.26 米。坑底平整，有青黄色硬土。灰坑内堆积为灰黑色土，土质疏松，颗粒较大。出土陶片有夹砂和泥质陶等，颜色以红褐和灰色为主，多施绳纹（图五六；图版一〇，1）。

H48 出土陶器 2 件。

鬲口沿　1 件（H48：2）。夹砂红褐陶，圆唇，折沿，沿面内凹，直腹，腹饰中绳纹。残高 3.4 厘米（图五八，1）。

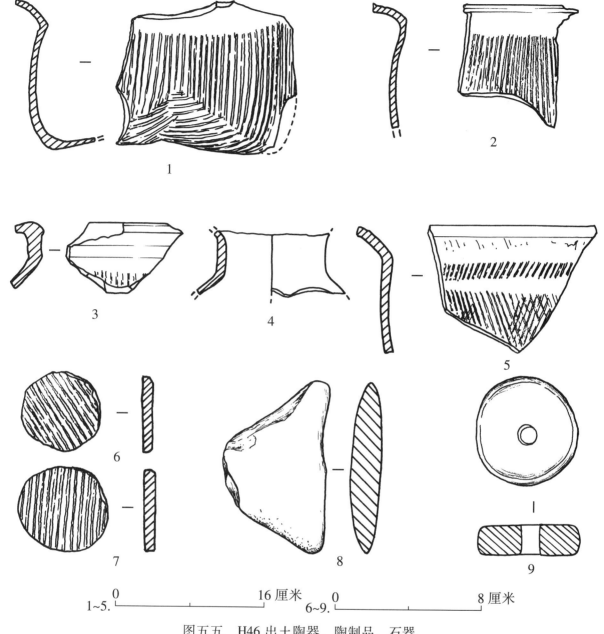

图五五 H46 出土陶器、陶制品、石器

1. B 型 II 式分裆鬲（H46：12） 2. 鬲口腹残片（H46：9） 3. Aa 型 I 式折肩罐（H46：13）
4. B 型壶（H46：14） 5. Aa 型盆（H46：11） 6、7. 陶圆饼（H46：1、H46：2）
8. 石铲（H46：4） 9. A 型陶纺轮（H46：8）

陶圆饼 1 件（H48：1）。夹砂粗绳纹灰陶，边缘打制，系陶片改制。直径 6 厘米（图五八，2）。

H51 位于 T51、T52，开口于第②层下，打破 M2。坑口形状为圆形，坑壁剖面为直筒形，坑口直径 1.8 米，距地表深 0.2 米，坑深 0.45 米。坑内堆积为疏松的浅灰色土，出土夹砂绳纹灰陶片、夹砂绳纹红陶片及动物骨骼碎片（图五七）。

H51 出土骨器 1 件。

骨笄 1 件（H51：1）。笄身细长，横断面呈圆形，顶部残，尖部圆钝，残长 19 厘米（图五八，3）。

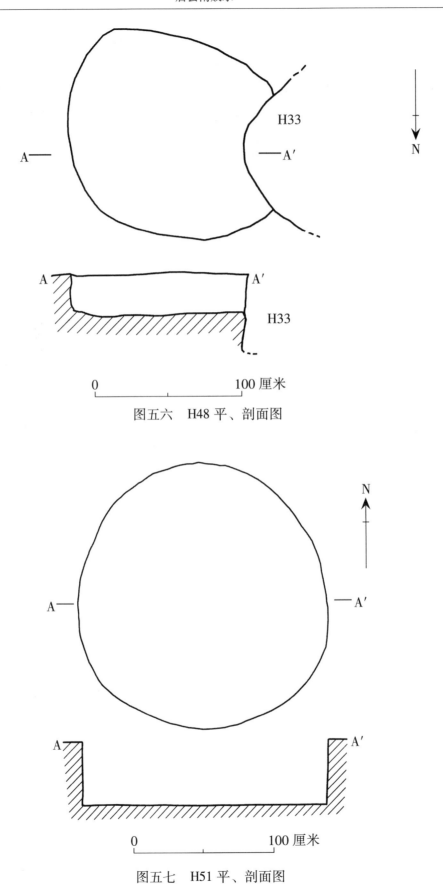

图五六　H48 平、剖面图

图五七　H51 平、剖面图

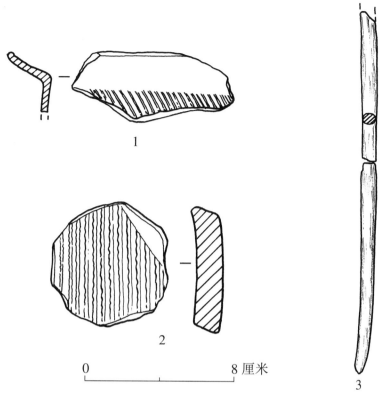

图五八 H48、H51 出土陶器、陶制品、骨器
1. 鬲口沿（H48：2） 2. 陶圆饼（H48：1） 3. 骨笄（H51：1）

H57 位于 T35、T19、T18，开口于第②层下，打破 M2。坑口形状为圆形，坑壁剖面为直筒形，坑口直径 1.9 米，距地表深 0.32 米，坑深 1.85 米。坑壁竖直，坑底平整。坑内堆积分为两层：第①层为浅灰色土，土质较疏松，夹杂炭粒及红烧土块。出土夹砂绳纹灰陶片、夹砂绳纹黑灰陶片、夹砂绳纹红陶片、素面泥质灰陶片，主要器形有陶鬲、陶罐，动物骨骼碎片。另外，该层还出土骨器及小型青铜器。第②层为灰色土，局部分布浅黄色土，土质疏松，该层出土夹砂绳纹灰陶片、夹砂绳纹灰黑陶片、夹砂绳纹红陶片及动物骨骼（图五九；图版一一，2；图版一二）。

H57 出土陶器 28 件，骨器 2 件，铜器 2 件。

分裆鬲 A 型Ⅲ式 1 件（H57：14）。夹砂深灰陶，方唇，宽折沿，沿缘上翘，内有二道凹槽，束颈，斜直腹，足底浑圆，裆近平，颈以下饰粗绳纹。口径 28、残高 20 厘米（图六〇，1；图版三〇，3）。

B 型Ⅱ式 1 件（H57：13）。夹砂灰褐陶，方唇，宽折沿，沿缘上翘，束颈，袋足，外撇沿，腹壁斜直，足底浑圆，裆近平，颈以下通体饰特粗绳纹。口径 27、残高 17.6 厘米（图六〇，2；图版三一，1）。

联裆鬲柱足 1 件（H57：41）。饰中粗绳纹。残高 5 厘米（图六二，5）。

鬲口沿 7 件。H57：18，夹砂灰陶，方唇，唇缘上翘，宽折沿，沿面有弦纹，束颈，腹饰中粗绳纹。残高 12 厘米（图六〇，10）。H57：24，夹砂灰陶，方唇，宽沿，沿近平，束颈，腹饰中粗绳纹。残高 7.6 厘米（图六〇，12）。H57：26，夹砂灰陶，圆唇，宽折沿，沿位略内凹，腹饰中粗绳纹。残

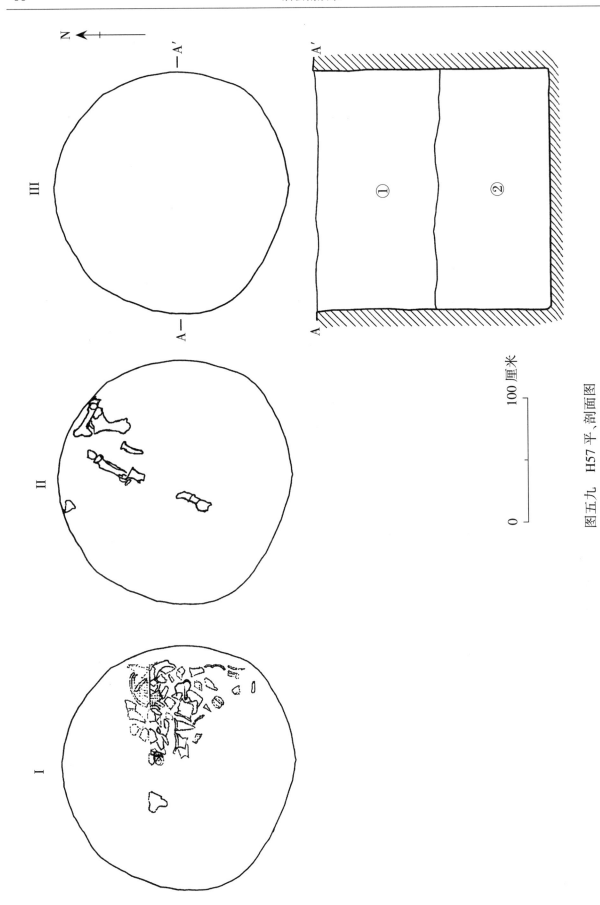

图五九　H57 平、剖面图

I . 第①层层面出土遗存情况　 II . 第②层层面出土遗存情况　 III . 坑底

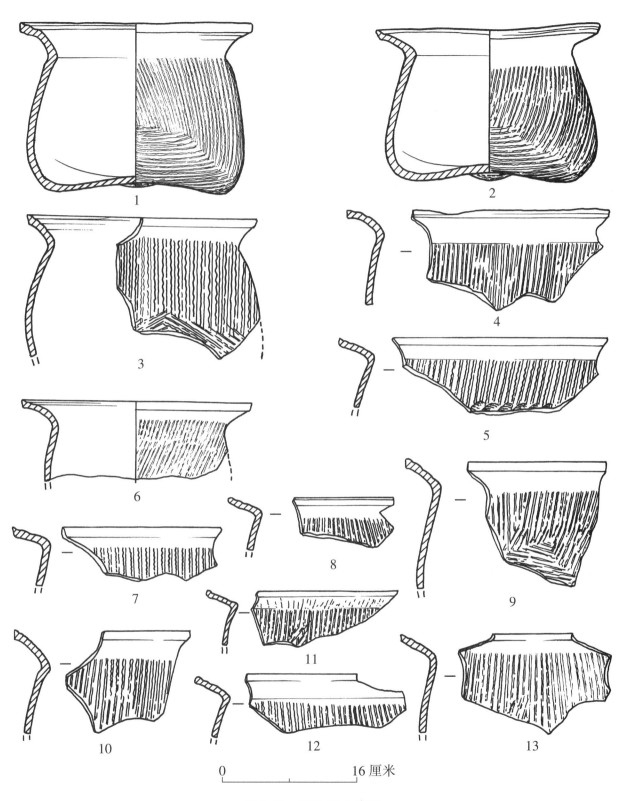

图六〇　H57 出土陶器

1. A 型Ⅲ式分裆鬲（H57∶14）　2. B 型Ⅱ式分裆鬲（H57∶13）　3、6、9、13. 鬲口腹残片（H57∶17、
H57∶16、H57∶22、H57∶20）　4、5、7、8、10～12. 鬲口沿（H57∶33、H57∶32、H57∶38、H57∶35、
H57∶18、H57∶26、H57∶24）

高8厘米（图六〇，11）。H57：32，夹砂深灰陶，方唇，宽折沿近平，沿面有弦纹，腹饰中粗绳纹和一周附加堆纹。残高9厘米（图六〇，5）。H57：33，夹砂灰陶，方唇，唇缘略有下垂，唇面有弦纹。卷沿，束颈，弧腹，腹饰中粗绳纹。口径24、残高15厘米（图六〇，4）。H57：35，夹砂黑皮陶，方圆唇，宽沿，沿近平，沿内有内纹，束颈，腹饰中粗绳纹。残高7.6厘米（图六〇，8）。H57：38，夹砂灰陶，方唇，缘上翘，宽折沿，沿面内有弦纹，腹饰中粗绳纹。残高6厘米（图六〇，7）。

敞口腹残片　4件。H57：16，夹砂灰陶，方唇，唇缘上翘，沿面内有弦纹，卷沿，弧腹，腹饰中粗绳纹。口径27.6、残高9.6厘米（图六〇，6）。H57：17，夹砂深灰陶，方唇，唇缘上翘，卷沿，沿面有弦纹，束颈，弧腹，腹饰中粗绳纹。口径27.2、残高17厘米（图六〇，3）。H57：20，夹砂灰陶，方唇，缘上翘，宽折沿，沿面有弦纹，腹饰中粗绳纹。残高15厘米（图六〇，13）。H57：22，夹砂灰陶，方唇，缘上翘，宽折沿，沿面有弦纹，卷折沿，弧腹，腹饰中粗绳纹。残高14.5厘米（图六〇，9）。

鼓腹罐　Ⅱ式5件。H57：21，夹砂灰陶，残。圆唇，沿外翻，沿面饰二道弦纹，圆肩，鼓腹，肩部饰抹压弦断中绳纹。口径18、残高13.6厘米（图六一，1）。H57：25，罐口沿，泥质灰陶，残，圆唇，侈口，展沿，束颈，颈部留有修整痕迹。口径18、残高6.2厘米（图六一，6）。H57：31，鼓腹罐口腹部，夹砂红陶，残。圆唇，卷沿，短直颈，圆肩，鼓腹，肩部饰抹压弦断中绳纹。口径15.6、残高15.5厘米（图六一，2）。H57：42，罐口沿，夹砂红褐陶，圆唇，沿稍卷，沿面有弦纹，侈口，束颈，口沿下饰绳纹。残高4.5厘米（图六一，5）。H57：43，罐口沿，夹砂红褐陶，圆唇，平沿，沿面有弦纹，侈口，短颈。残高5.1厘米（图六一，4）。

盆　Ab型2件。H57：44，口沿残片。泥质褐陶，方唇，斜平沿，敞口。残高3.5厘米（图六一，7）。H57：45，盆口沿，泥质灰陶，厚唇，斜平沿，敞口，腹部饰抹压弦断中粗绳纹。残高6厘米（图六一，8）。

Bb型1件（H57：19）。口沿残片。泥质灰陶，圆唇，斜平沿，敞口，腹部饰抹压弦断中粗绳纹。残高8.5厘米（图六一，3）。

簋圈足　B型1件（H57：40）。夹砂黑皮陶，平底，圈足，底饰交叉绳纹。底径12.7、残高6.5厘米（图六一，12）。

甑　1件（H57：34）。甑腹部残片，夹砂红褐陶，卷沿，深弧腹，腹饰绳纹，口沿下施附加堆纹一周。残高24厘米（图六一，9）。

器耳　2件。H57：28，夹砂浅灰陶，桥状，横截面呈半圆形，榫卯式与器壁结合（图六一，10）。H57：36，泥质灰陶，桥状，截面呈半圆形，与器壁榫卯式结合（图六一，11）。

陶垫　1件（H57：7）。夹砂红陶。已残，残存垫面光滑、中空。残长9.8厘米（图六二，6；图版三七，1下）。

陶纺轮　A型1件（H57：9）。泥质灰陶，圆形，弧缘，中穿孔。直径5厘米（图六二，7；图版三七，3上中）。

骨笄　1件（H57：3）。平顶，笄身细长，尖部圆钝，器身磨光。长16.2厘米（图六二，2；图版三九，1右1）。

骨刀　1件（H57：8）。利用动物关节裂骨制成，直背，弧刃，正锋。残长3厘米（图六二，4）。

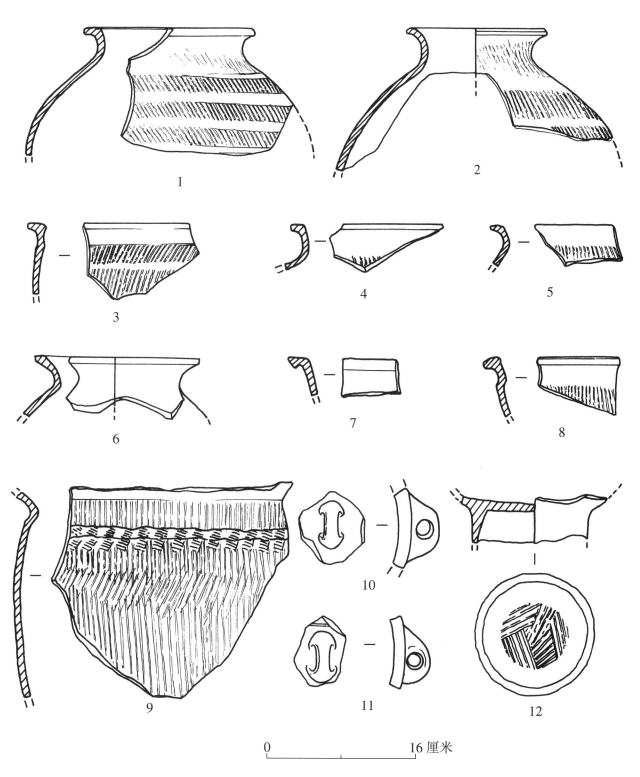

0   16 厘米

图六一 H57 出土陶器

1、2、4～6. Ⅱ式鼓腹罐（H57：21、H57：31、H57：43、H57：42、H57：25）

3. Bb 型盆（H57：19）   7、8. Ab 型盆（H57：44、H57：45）   9. 甑（H57：34）

10、11. 器耳（H57：28、H57：36）   12. B 型簋圈足（H57：40）

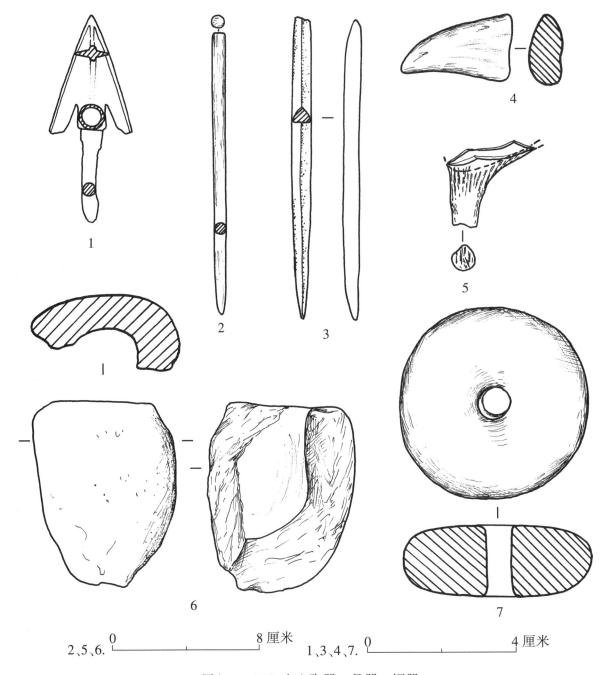

图六二　H57 出土陶器、骨器、铜器
1. 铜镞（H57：6）　2. 骨笄（H57：3）　3. 铜锥（H57：5）　4. 骨刀（H57：8）
5. 联裆鬲足（H57：41）　6. 陶垫（H57：7）　7. A 型陶纺轮（H57：9）

铜镞　1件（H57：6）。镞体扁平，三角形，双翼，有关，铜铤。长5.5厘米（图六二，1；图版三九，3左3）。

铜锥　1件（H57：5）。三棱体，一端尖，另一端略扁圆。长8.4厘米（图六二，3；图版三九，3左1）。

其他遗物还有龟甲、鹿角等。

H58　位于T57北部。开口于第②层下，打破生土。坑口形状为椭圆形，方向0°。坑壁剖面为直筒形。坑口长径 2.4 米，坑底短径 1.7 米，坑口距地表深 0.6 米，坑深 0.25 米。灰坑内填灰土，厚约 25 厘米，土质松软。坑内出土绳纹陶片及骨镞（图六三）。

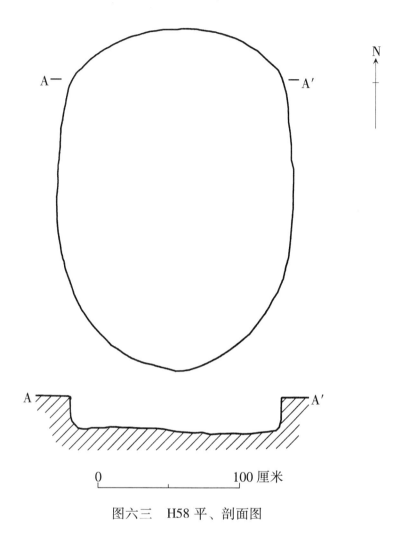

图六三　H58 平、剖面图

H58 出土陶器 3 件，骨器 1 件。

弧裆鬲　1 件（H58：3）。夹砂红褐陶，锥状柱足，足底有绳纹。残高 8.4 厘米（图六四，3）。

鬲口沿　1 件（H58：2）。夹砂红褐陶，方唇，折沿，沿缘上翘，沿面内凹，斜直腹，腹饰细绳纹。残高 7.2 厘米（图六四，1）。

折肩罐　Ab 型 1 件（H58：4）。罐口沿，泥质灰陶，方唇，折沿，沿面一道凹弦纹，侈口，短颈，折肩，肩饰细绳纹。残高 3.5 厘米（图六四，2）。

骨镞　1 件（H58：1）。前锋圆钝，镞身呈三角形，圆锥状铤，铤身有明显分界。长 4.2 厘米（图六四，4；图版三九，1 左 2）。

H60　位于 T37 南部、T21 北部，开口于第②层下，打破生土。坑口形状为圆形，坑壁剖面为袋形，坑口直径 1.85、坑底直径 2.05 米，坑口距地表深 0.4 米，坑深 0.9 米。坑底有厚约 2 厘米的黄色夯土层，坑底中部偏南有一层厚约 10 厘米的不规则炭层。坑内堆积土质松软的黑灰色土，出土夹砂绳纹灰陶片、夹砂绳纹红陶片、动物骨骼残片等（图六五；图版一三，1）。

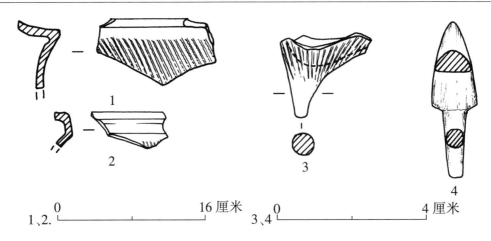

0　　　　　　　16 厘米
1、2.

0　　　　　　　4 厘米
3、4.

图六四　H58 出土陶器、骨器

1. 鬲口沿（H58：2）　2. Ab 型折肩罐（H58：4）　3. 弧裆鬲足（H58：3）
4. 骨镞（H58：1）

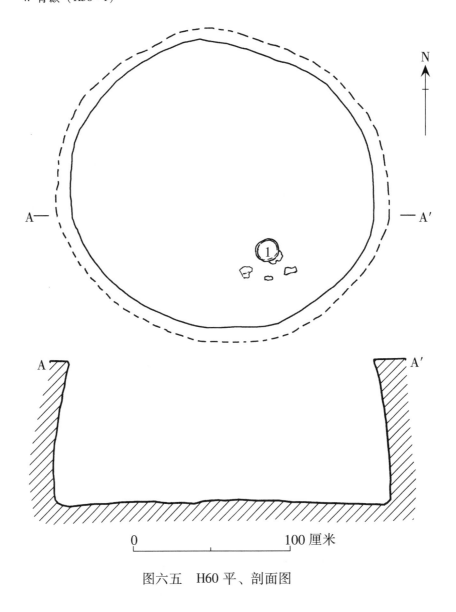

0　　　　　　　100 厘米

图六五　H60 平、剖面图

H60 出土陶器 8 件。

联裆鬲柱足　1 件（H60：10）。夹砂灰陶，柱状，足底饰细绳纹，火候较高，陶质较硬，残高 4 厘米（图六六，5）。

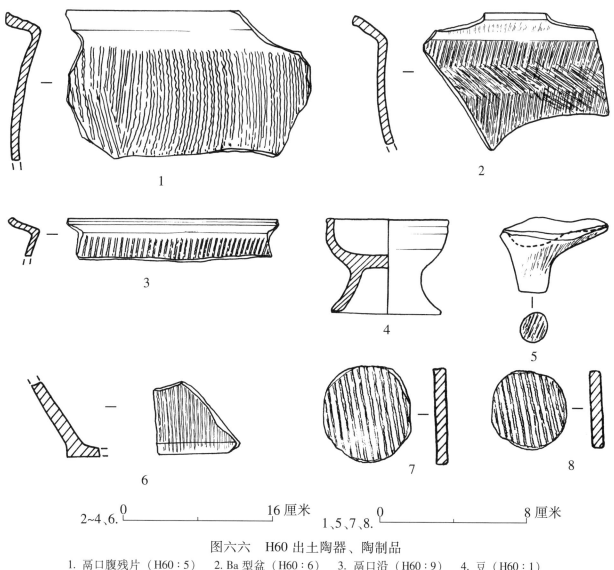

1. 鬲口腹残片（H60：5）　2. Ba 型盆（H60：6）　3. 鬲口沿（H60：9）　4. 豆（H60：1）
5. 联裆鬲足（H60：10）　6. 罐底（H60：11）　7、8. 陶圆饼（H60：2、H60：3）

图六六　H60 出土陶器、陶制品

鬲口腹残片　1 件（H60：5）。夹砂褐陶，方唇，折沿，沿缘上翘，沿面有两道凹弦纹，有颈，腹略斜，腹饰细绳纹。残高 8 厘米（图六六，1）。

鬲口沿　1 件（H60：9）。夹砂黄褐陶，局部呈灰色，圆唇，折沿，沿缘略微上翘，沿面内凹，腹略斜，腹饰细绳纹，口径 26 ~ 29、残高 4.4 厘米（图六六，3）。

罐底　1 件（H60：11）。夹砂红褐陶，平底，斜腹，底似假圈足，腹、底均饰中粗绳纹。制作比较粗糙，器形较厚重。残高 7.8 厘米（图六六，6）。

盆　Ba 型 1 件（H60：6）。，口沿残片。泥质灰陶，圆唇，折沿，沿面轮修痕迹明显。敞口，斜直腹，腹饰横竖交错的细绳纹，从残片观察，估计口径较大。残高 14.8 厘米（图六六，2）。

豆　1件（H60：1）。夹砂浅灰陶，圆唇，盘呈钵状，座为喇叭形，口沿下有一道凹槽。素面，器表经打磨。口径13.6、高10厘米（图六六，4；图版三六，6）。

陶圆饼　2件。H60：2，夹砂中绳纹灰陶，边缘磨制。直径4.8厘米（图六六，7）。H60：3，夹砂中绳纹灰陶。直径4厘米（图六六，8）。二者均系陶片改制。

H61　位于T70东部。开口于第②层下，打破生土。坑口形状为圆形，坑壁剖面为袋形，坑口直径1.7、坑底直径2.02米，坑口距地表深0.5米，坑深0.6米。坑内填土为夹有大量红烧土块的黑灰土，质地疏松，出土陶器、石器及动物骨骼等（图六七）。

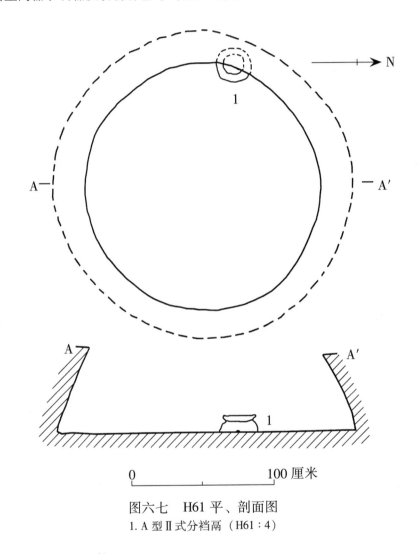

图六七　H61平、剖面图
1. A型Ⅱ式分裆鬲（H61：4）

H61出土陶器11件，石器1件。

分裆鬲　A型Ⅱ式1件（H61：4）。夹砂灰陶，方唇，宽折沿，沿缘微内凹，斜直腹壁，足底浑圆，低裆，口沿下通体饰粗绳纹。口径22.5、高16厘米（图六八，2；图版二九，1）。

B型Ⅱ式2件。H61：2，夹砂红褐陶，方唇，宽折沿，沿面饰弦纹，沿缘略上翘，三款足外撇，腹壁斜直，足底浑圆，裆近平，口沿下通体饰粗绳纹。口径25、高13.6厘米（图六八，1；图版三一，2）。H61：3，夹砂灰陶，方唇，宽折平展沿，沿面有弦纹，斜弧腹，胎较薄。器表饰粗绳纹。口径25、残高12.5厘米（图六八，3）。

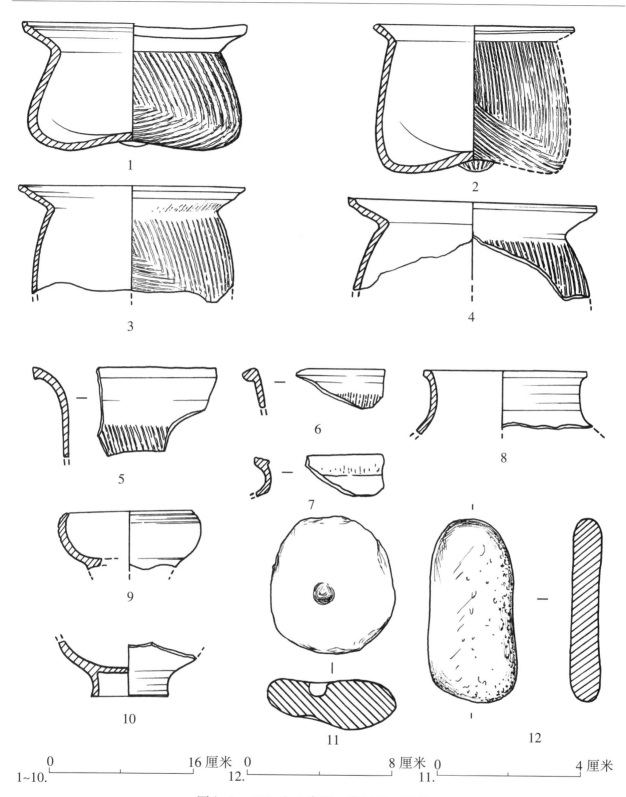

图六八　H61 出土陶器、陶制品、石器

1、3. B 型 Ⅱ 式分裆鬲（H61∶2、H61∶3）　2. A 型 Ⅱ 式分裆鬲（H61∶4）　4. 鬲口腹残片（H61∶8）

5. Ac 型盆（H61∶12）　6. Bb 型盆（H61∶10）　7. Bb 型折肩罐（H61∶11）　8. A 型壶（H61∶9）

9. 豆（H61∶6）　10. B 型簋圈足（H61∶7）　11. B 型陶纺轮（H61∶5）　12. 石研磨器（H61∶1）

鬲口腹残片　1件（H61：8）。夹砂深灰陶，方唇，唇缘饰一道不明显凹弦纹，折沿，沿面内凹，斜直腹，腹饰中粗绳纹。口径20、残高10.4厘米（图六八，4）。

折肩罐　Bb型1件（H61：11）。口沿，泥质灰陶，圆唇，卷沿，侈口，沿面一道凹弦纹，沿内钩，短颈，折肩。口径约21~24、残高4.4厘米（图六八，7）。

盆　Ac型1件（H61：12）。口沿残片。泥质黄褐陶，方唇，卷沿，口微敞，斜直腹，腹饰细绳纹，整件器表除饰绳纹以外磨光。口径34~38、残高8.8厘米（图六八，5）。

Bb型1件（H61：10）。口沿，泥质灰陶，尖圆唇，折沿，敞口，斜直腹，腹饰细绳纹。口径26~28、残高4.5厘米（图六八，6）。

壶　A型1件（H61：9）。口沿，泥质灰陶，方唇，平沿，口微侈，长直颈，溜肩，颈部有三道弦纹。口径11、残高6.4厘米（图六八，8）。

簋圈足　B型1件（H61：7）。泥质灰陶，圈足略显亚腰形。上接圜底弧腹，圈足表面抹光，饰三道弦纹。底径8、残高6厘米（图六八，10）。

豆　1件（H61：6）。豆盘，泥质灰陶，圆唇，敛口，弧腹，上腹近唇部分饰三道凹弦纹，整器轮修明显，制作规整。盘底近平。口径14、残高6.4厘米（图六八，9）。

陶纺轮半成品　B型1件（H61：5）。标本H61：5，泥质红陶，整体呈算珠形，中部对钻孔，但没有贯通。直径3.5~3.7厘米（图六八，11）。

石研磨器　1件（H61：1）。灰褐色。长椭圆形，边缘浑圆，有研磨面。长9.3、宽5、厚1.5厘米（图六八，12）。

H63　位于T9东北部。被H62打破，打破生土。坑口形状为椭圆形，方向约30°。坑壁剖面为直筒形，坑口直径4米，距地表深0.55米，坑深0.45米。坑内堆积主要为灰土，夹有炭粒，颗粒较大，质地疏松，出土遗物有夹砂、泥质绳纹陶片和动物骨骼等（图六九）。

H63出土陶器12件。

分裆鬲　B型Ⅰ式1件（H63：1）。夹砂灰陶，方唇，宽折沿，沿面内凹，沿缘上翘，束颈，三款足外撇，腹壁较斜，足底略尖，低裆近平。束颈下通体饰粗绳纹。口径24.5、高15.5厘米（图七○，1；图版三○，5）。

联裆鬲柱足　1件（H63：14）。夹砂红褐陶，袋状足根，足尖已残，饰交错中粗绳纹。残高8厘米。制作较粗糙（图七○，11）。

弧裆鬲足　1件（H63：13）。夹砂灰陶，柱状足根，剖面呈圆形，素面，底饰绳纹。残高5厘米（图七○，10）。

鬲口腹残片　2件。H63：5，夹砂灰陶，圆唇，折沿，沿缘上翘，沿面略内凹。斜直腹，腹饰细绳纹。口径18~22、残高9.5厘米（图七○，5）。H63：11，夹砂灰陶，圆唇，宽折沿，沿缘一道凹弦纹，有颈，斜直腹，腹饰细绳纹。残高9.6厘米（图七○，2）。

鼓腹罐　Ⅰ式1件（H63：8）。口沿，泥质灰陶，方唇，折沿，口微敛，有颈，折肩，肩部饰抹压断中粗绳纹。口径约24~26、残高6.4厘米（图七○，4）。

Ⅱ式1件（H63：3）。夹砂红褐陶，残。圆唇，卷沿，束颈，颈部以下残部饰中绳纹和弦纹。口径21、残高7.5厘米（图七○，7）。

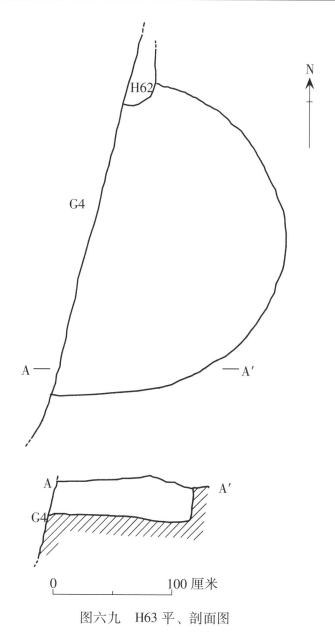

图六九　H63 平、剖面图

折肩罐　Ab 型 1 件（H63：4）。口沿，泥质灰陶，方唇，折沿，沿缘上翘，沿面两道凹弦纹，直口，长颈，折肩，鼓腹。肩、腹饰抹断细绳纹。口径约 18、残高 6.6 厘米（图七〇，9）。

Ba 型 Ⅱ 式 1 件（H63：7）。口沿，泥质灰陶，局部呈褐色。方唇，折沿，近沿缘处一道凹弦纹。口微侈，长颈，折肩。口径约 16～18、残高 4.8 厘米（图七〇，8）。

盆　Ba 型 1 件（H63：2）。口沿。夹砂灰陶，圆唇，折沿，沿缘微突，腹微斜直，腹壁较厚。残高 14.4 厘米（图七〇，3）。

壶　B 型 1 件（H63：9）。壶口沿，夹砂灰陶，方唇，折沿，沿面一道凹弦纹，侈口，溜肩。口径 12、残高 4.5 厘米（图七〇，6）。

簋圈足　B 型 1 件（H63：12）。泥质浅灰陶，底径不明，上接圜底。残高 3.6 厘米（图七〇，12）。

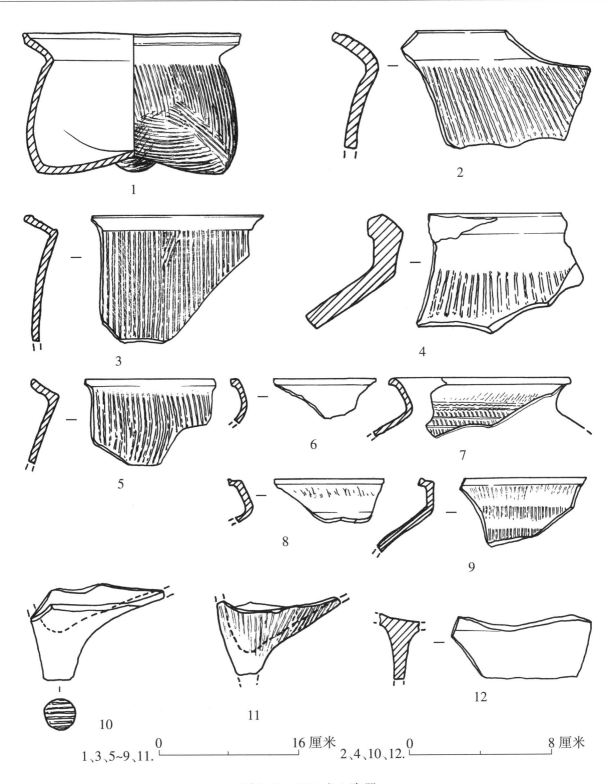

图七〇　H63 出土陶器

1. B 型 I 式分裆鬲（H63∶1）　　2、5. 鬲口腹残片（H63∶11、H63∶5）　　3. Ba 型盆（H63∶2）
4. I 式鼓腹罐（H63∶8）　　6. B 型壶（H63∶9）　　7. II 式鼓腹罐（H63∶3）
8. Ba 型 II 式折肩罐（H63∶7）　　9. Ab 型折肩罐（H63∶4）　　10. 弧裆鬲足（H63∶13）
11. 联裆鬲足（H63∶14）　　12. B 型簋圈足（H63∶12）

　　H64　位于 T9 南部。被 H63 打破，打破 H75。坑口形状为圆形，坑壁剖面为直筒形。坑口直径 3.1 米，距地表深 0.9 米，坑深 0.45 米。坑内堆积为灰黑土，含有炭粒，颗粒较大，质地疏松，出土遗物有夹砂绳纹灰陶片（图七一）。

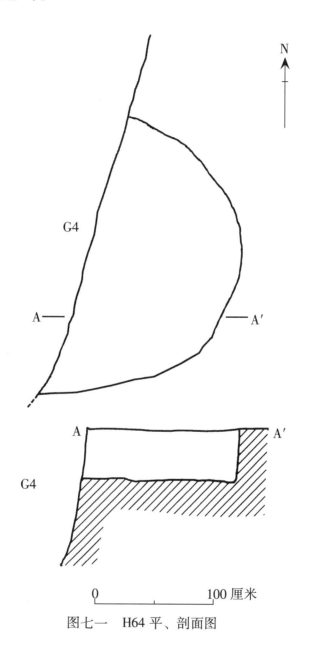

图七一　H64 平、剖面图

　　H64 出土陶器 3 件。

　　联裆鬲柱足　1 件（H64：3）。夹砂灰陶，柱状，剖面呈椭圆形。残高 4 厘米（图七三，5）。

　　鬲口沿　1 件（H64：2）。夹砂灰陶，圆唇，折沿，沿面内凹，腹部饰细绳纹。残高 8 厘米（图七三，2）。

　　簋圈足　B 型 1 件（H64：1）。泥质灰陶，圈足，弧腹，饰细绳纹，余通体磨光。残高 3.4 厘米（图七三，3）。

　　H70　位于 T88 北部。开口第②层下，打破生土。坑口形状为圆形，坑壁剖面为直筒形。坑口直径1.5米，距地表深0.4米，坑深0.45米。坑内填土为灰土，颗粒较粗，土质松软。填土中夹杂有炭粒、烧土块等，坑内遗物有绳纹陶器（图七二）。

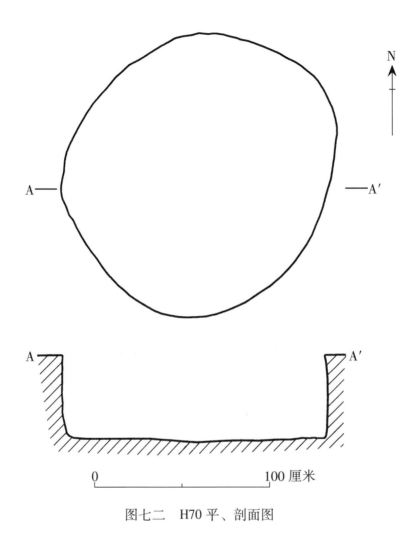

图七二　H70 平、剖面图

H70 出土陶器 2 件。

分裆鬲　A 型 I 式 1 件（H70∶2）。夹砂红褐陶，方唇，宽折沿，沿面内凹，腹壁近直，足底略尖，裆较低。口沿以下通体饰粗绳纹。口径 25.2、高 19.2 厘米（图七三，1；图版二七，3）。

联裆鬲　A 型 II 式 1 件（H70∶1）。夹砂灰陶，方唇，沿面有弦纹，束颈，浅足腔，裆近平。柱足较高，柱足与腹腔结合部分分界明显，器表饰中绳纹。口径 17.2、高 12、深 3.6 厘米（图七三，4；图版三二，3）。

H71　位于 T34 西南部。被 H54 打破，打破生土。坑口形状为圆形，坑壁剖面为袋形。坑口直径 1.55 米，距地表深 0.28 米，坑深 2 米。坑东部留有二层台生土，其上有柱洞 3 个，坑底有一层明黄色沙质垫土。坑内堆积为灰褐色沙质土，较松软，夹杂黑色炭粒。出土较多绳纹陶片，其中以夹砂红褐陶、夹砂灰陶为主，另出土有动物骨骼，部分动物骨骼上有经火烧烤过的痕迹（图七四；图版一三，2）。

H71 出土陶器 2 件。

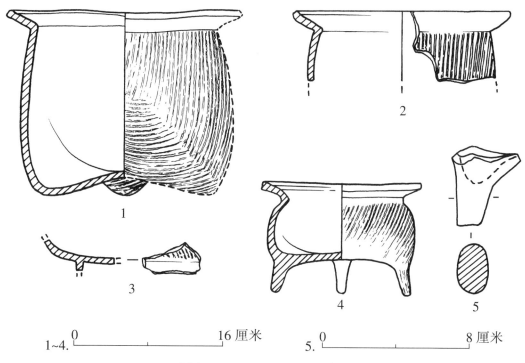

图七三　H64、H70 出土陶器

1. A 型 Ⅰ 式分裆鬲（H70∶2）　　2. 鬲口沿（H64∶2）　　3. B 型簋圈足（H64∶1）

4. A 型 Ⅱ 式联裆鬲（H70∶1）　　5. 联裆鬲足（H64∶3）

鬲口沿　1 件（H71∶1）。夹砂褐陶，方唇，折沿，沿面平整，斜直腹。腹饰细绳纹。口径约25～27、残高7.4厘米（图七六，1）。

器耳　1 件（H71∶2）。夹砂黑灰陶，竖耳。饰细绳纹，贴塑于器表（图七六，2）。

H72　位于 T67 南部偏东、T51 北部。被 H65、M1 打破，打破 H73。坑口形状为圆形，坑壁剖面为直筒形。坑口直径 1.75 米，距地表深 0.38 米，坑深 0.65 米。坑内堆积呈浅灰色、较松软，夹杂黑色炭粒。出土夹砂绳纹灰或黑陶片等（图七五）。

H72 出土陶器 2 件。

分裆鬲　A 型 Ⅲ 式 1 件（H72∶1）。夹砂深灰陶，方唇，宽折沿，沿面上翘，内饰凹弦纹。束颈，弧腹，足底浑圆，裆近平。颈部以下饰中绳纹。口径 20、高 12 厘米（图七六，3；图版三○，1）。

鼓腹罐　Ⅱ 式 1 件（H72∶2）。泥质灰陶，残。圆唇，侈口，卷沿，束颈，颈部以下残部饰中绳纹和压划折线纹。口径 20、残高 9.8 厘米（图七六，4）。

H79　位于 T68 西南。开口于第②层下，打破生土。坑口形状为圆形，坑壁剖面为袋状。坑口直径 2.2 米，距地表深 0.35 米，坑底直径 2.44 米，坑深 1.28 米。灰坑内堆积为灰黑色土，土质疏松，含有炭粒，夹杂红烧土块。出土陶片为夹砂和泥质陶两大类，颜色以红褐和灰色为主，多饰绳纹。另外，出土有器耳和柱状足等（图七七）。

H79 出土陶器 5 件。

联裆鬲柱足　1 件（H79∶7）。夹砂灰陶，圆柱状，近裆部饰细绳纹。残高 6.4 厘米（图八○，4）。

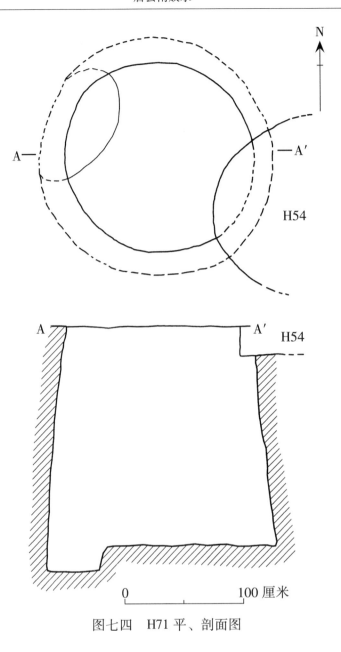

图七四　H71 平、剖面图

鬲口沿　2 件。H79：2，夹砂灰陶，方唇，卷沿，有颈，斜直腹。腹饰中粗绳纹。残高 7.2 厘米（图八〇，1）。H79：3，夹砂灰陶，圆唇，折沿，沿面内凹，腹略斜。沿下表留有细绳纹痕迹，腹饰细绳纹。残高 6.4 厘米（图八〇，2）。

器耳　1 件（H79：6）。夹砂灰陶，竖耳，耳上无纹饰，贴塑于器表，制作较粗糙（图八〇，3）。

陶纺轮　A 型 1 件（H79：1）。夹砂红陶，圆饼形，直缘，器表一面局部有绳纹，系陶片改制而成，中穿孔。直径 3.6 厘米（图八〇，5）。

H80　位于 T57 北部。被 H58 打破，打破生土。坑口形状为圆形，坑壁剖面为直筒形。坑口直径 1.54 米。坑口距地表深 0.6 米，坑深 0.62 米。灰坑内填土为灰土，厚约 62 厘米，夹有炭粒，土质松软。坑内出土陶片以绳纹居多，少量素面（图七八）。

H80 出土陶器标本 1 件，骨器 1 件。

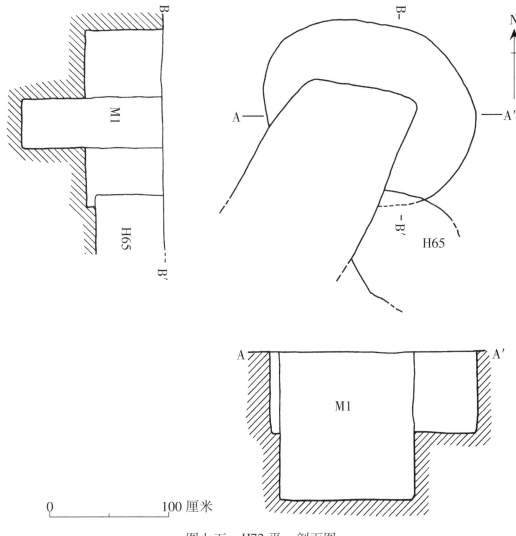

图七五　H72 平、剖面图

陶圆饼　1 件（H80：1）。泥质灰陶，圆饼形，边缘不整齐，一面有细绳纹，系陶片加工而成。直径 4.5 厘米（图八○，9）。

骨笄　1 件（H80：2）。笄首残，尖部圆钝，器体磨光。残长 5.4 厘米（图八○，8）。

H81　位于 T52 西南。开口于第②层下，打破 H84。坑口形状为圆形。坑壁剖面为直筒形。坑口直径 1.35 米，距地表深 0.3 米，坑深 0.6 米。坑内填灰土，夹杂黄色土粒，土质松软，含炭粒及少量陶片（图七九）。

H81 出土陶器标本 2 件。

器耳　1 件（H81：2）。泥质深灰陶，竖耳，耳上饰细绳纹，贴塑于器表，与器表接触部分有抹压痕迹（图八○，6）。

陶圆饼　1 件（H81：1）。夹砂细绳纹灰陶，边缘磨制。直径 2 厘米（图八○，7）。

H82　位于 T88 南部。开口于第②层下，打破 H88、H89。坑口形状为圆形，坑壁剖面为直筒形。坑口直径 2.2 米，距地表深 0.45 米，坑深 0.6 米。灰坑内填土为黄灰花土，土质松软。填土中夹杂有炭粒、烧土块等，坑内出土陶器标本有绳纹陶以及少量兽骨（图八一；图版一四，2）。

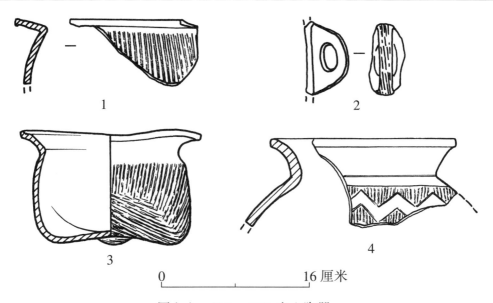

图七六　H71、H72 出土陶器

1. 鬲口沿（H71：1）　　2. 器耳（H71：2）

3. A 型Ⅲ式分裆鬲（H72：1）　　4. Ⅱ式鼓腹罐（H72：2）

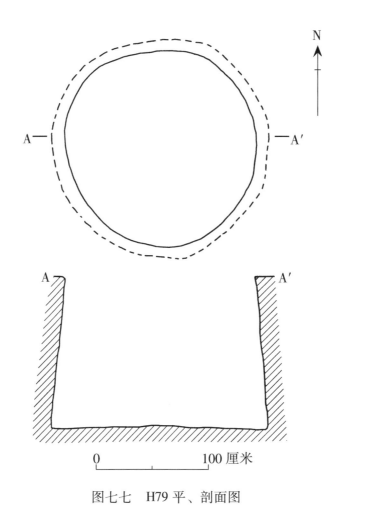

图七七　H79 平、剖面图

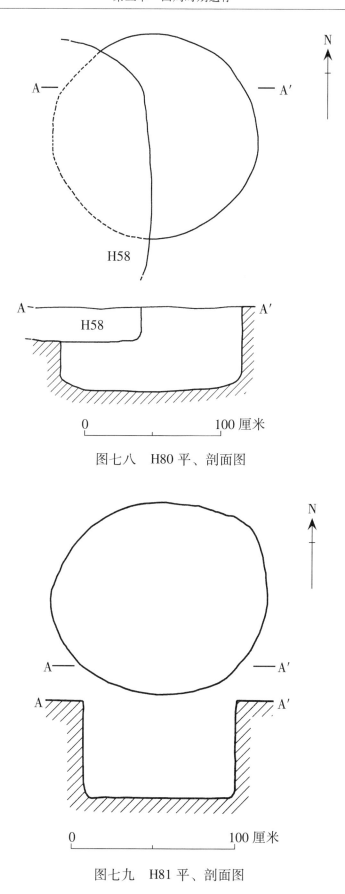

H58

H58

0　　　　　　　　　　100 厘米

图七八　H80 平、剖面图

0　　　　　　　　　　100 厘米

图七九　H81 平、剖面图

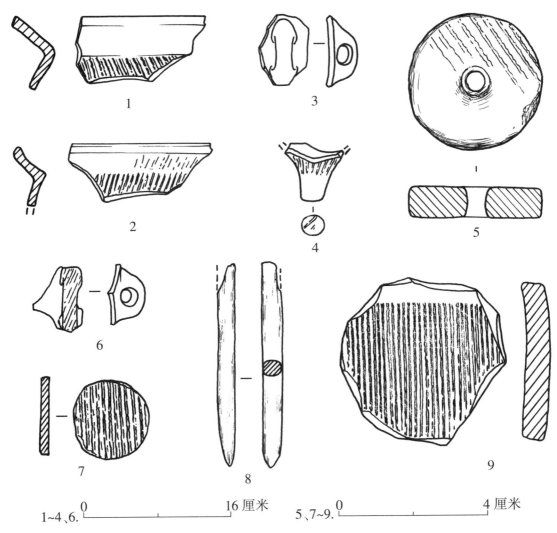

图八○　H79、H80、H81 出土陶器、陶制品、骨器

1、2. 鬲口沿（H79：2、H79：3）　3、6. 器耳（H79：6、H81：2）　4. 联裆鬲足（H79：7）

5. A 型陶纺轮（H79：1）　7、9. 陶圆饼（H81：1、H80：1）　8. 骨笄（H80：2）

H82 出土陶器标本 6 件，石器 2 件。

分裆鬲　A 型 I 式 1 件（H82：5）。夹砂灰陶，方唇，宽折沿，沿面内凹，束颈，腹壁近直，足底略尖，裆较低。口沿下通体饰粗绳纹。口径 26.5、高 19.5 厘米（图八二，1；图版二七，4）。

鬲口腹残片　1 件（H82：7）。夹砂灰陶，方唇，卷沿，沿缘上翘，沿面有两道凹弦纹，直腹，近裆部呈弧形，腹、裆部饰中粗绳纹。残高 12.8 厘米（图八二，3）。

鼓腹罐　II 式 1 件（H82：9）。罐口部，泥质褐陶，尖圆唇，卷沿，沿缘处有一道凹弦纹，竖颈。溜肩，鼓腹，肩饰交错细绳纹。口径 18、残高 8.8 厘米（图八二，4）。

盆　Aa 型 1 件（H82：8）。泥质灰陶，方唇，宽折沿，沿缘上翘，沿面近缘处一道凹弦纹，斜直腹，腹饰抹压断细绳纹。口径约 38～40、残高 8.4 厘米（图八二，2）。

簋　B 型 1 件（H82：13）。残，仅余簋盘。泥质褐陶，圆唇，敞口，折腹，下腹近平，圜底。口径 26、残高 8.8 厘米。器表无纹饰，可见轮修痕迹（图八二，5）。

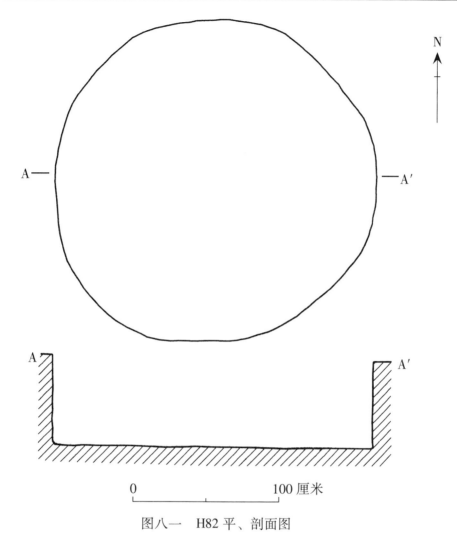

图八一　H82 平、剖面图

陶圆饼　1件（H82：2）。夹砂灰褐绳纹陶。边缘磨制，陶片打制。直径4.2厘米（图八二，7）。

石刀　1件（H82：6）。暗褐色，磨制扁平，长方形，直被略弧，平刃，正锋，中部有一对钻圆孔，刃部有崩疤。残长6、宽5、厚1.2厘米（图八二，8）。

石饼　1件（H82：3）。浅灰色，不规整圆形，器体扁平，边缘打制。直径6.2、厚1.3厘米（图八二，6）。

H84　位于T52东部、T36东北部。被H81打破，打破生土。坑口形状为圆形，坑壁剖面为直筒形。坑口直径2.2米，距地表深0.3米，坑深0.7米。填土为棕色灰土，土质偏硬，含有青黄色土粒、陶片及动物骨骼。在距离坑口约55厘米处有一层厚约8~10厘米的松软白灰层（图八三）。

H84出土陶器6件。

分裆鬲　B型Ⅰ式1件（H84：2）。夹砂黑灰陶，方唇，口沿内凹，腹壁略斜，裆较高，口沿以下通体饰中绳纹。口径22.2、高13.6厘米（图八五，1；图版三〇，6）。

联裆鬲柱足　1件（H84：3）。夹砂红褐陶，圆柱状，底饰细绳纹，近裆部及上饰细绳纹。残高6厘米（图八五，6）。

盆　Aa型2件。H84：1，夹砂浅灰陶，敞口，方唇，弧腹，圜底，口沿下有修整器形时形成的凸

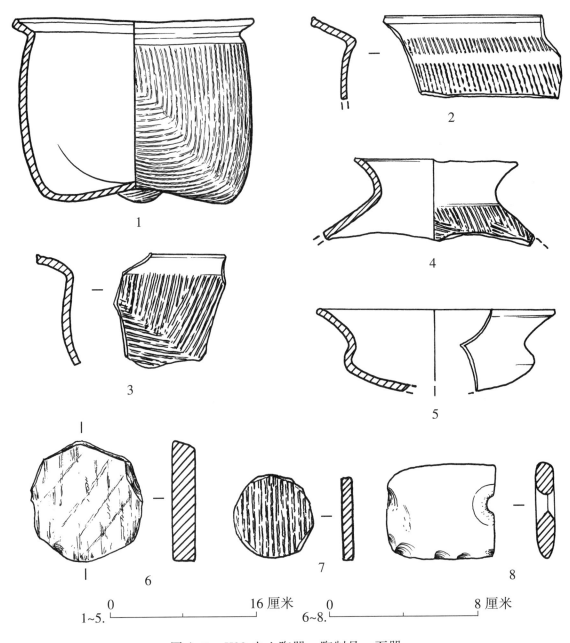

图八二　H82 出土陶器、陶制品、石器
1. A 型 I 式分裆鬲（H82：5）　2. Aa 型盆（H82：8）　3. 鬲口腹残片（H82：7）
4. II 式鼓腹罐（H82：9）　5. B 型簋（H82：13）　6. 石圆饼（H82：3）
7. 陶圆饼（H82：2）　8. 石刀（H82：6）

弦纹，器表饰细绳纹。口径 24、高 10.4 厘米（图八五，2；图版三六，3）。H84：7，口沿，泥质浅灰陶，方唇，折沿，沿面一道凹弦纹，敞口，斜直腹，腹饰细绳纹。口径 32～34、残高 6.4 厘米（图八五，3）。

　　壶　B 型 1 件（H84：8）。口部残片。泥质浅灰陶，素面。尖圆唇，平折沿，侈口，斜长颈。口径约 12.4、残高 5 厘米（图八五，5）。

　　陶圆饼　1 件（H84：4）。夹砂绳纹灰陶，边缘磨制，陶片改制。直径 4.6 厘米（图八五，7）。

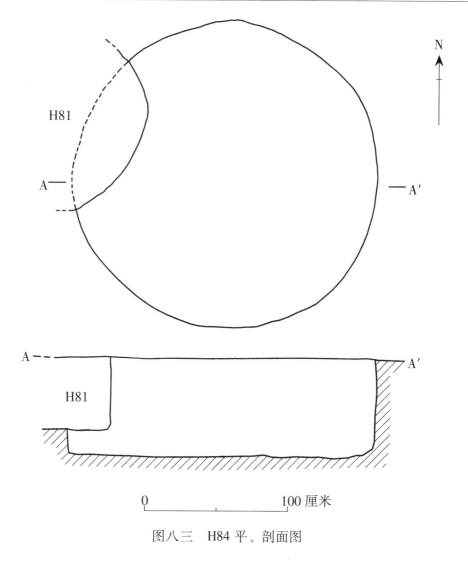

图八三　H84 平、剖面图

H85　位于 T68 东部。开口于第②层下，打破生土。坑口形状为不规则形，坑壁剖面为直壁。坑口距地表深 0.4 米，坑深 0.43 米。灰坑内堆积为灰色土，土质较硬。出土鹿角和陶圆饼等（图八四）。

H85 出土陶器 4 件。

鬲口沿　1 件（H85：4）。夹砂灰陶，方唇，折沿，沿缘上翘，近沿缘处一道凹弦纹，沿面呈凸形。直腹微斜，腹饰粗绳纹，残高 5.6 厘米（图八五，4）。

陶圆饼　3 件。H85：6，泥质浅灰陶，近圆形。边缘打击后稍有磨制加工痕迹。近中心位置采用对钻穿孔，但未穿透。陶片一面饰细绳纹。最大径 5 厘米（图八五，8）。

H87　位于 T87 西北角。被 H74 打破，打破 H111。坑口形状为圆形，坑壁剖面为直筒形。坑口直径 0.9 米，距地表深 0.4 米，坑深 0.9 米。灰坑内堆积分两层：第①层为黄色土，质地较松软，基本无遗物；第②层为灰土，土质松软，出土绳纹夹砂灰陶、绳纹夹砂红陶片、素面泥质黑陶片（图八六）。

H87 出土陶器 7 件。

弧裆鬲足　1 件（H87：7）。夹砂红褐陶，圆柱状，底饰细绳纹，剖面呈圆形。残高 7.6 厘米（图

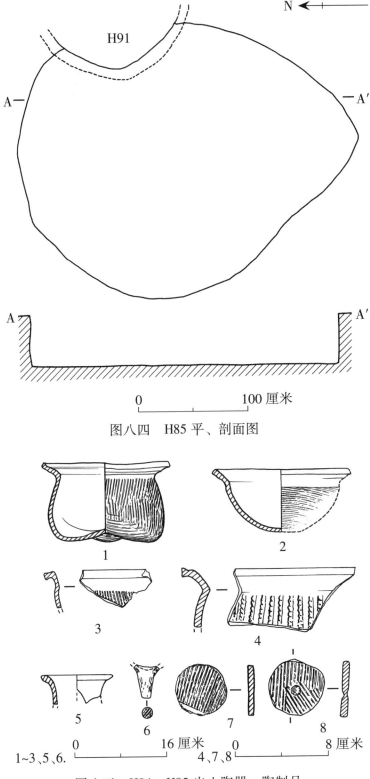

图八四　H85 平、剖面图

图八五　H84、H85 出土陶器、陶制品
1. B 型 I 式分裆鬲（H84：2）　　2. Aa 型盆（H84：1）　　3. Aa 型
盆口沿（H84：7）　4. 鬲口沿（H85：4）　5. B 型壶（H84：8）
6. 联裆鬲柱足（H84：3）　7、8. 陶圆饼（H84：4、H85：6）

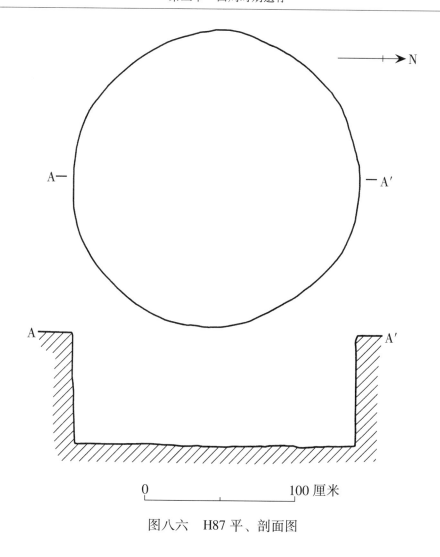

图八六　H87 平、剖面图

八八，7）。

　　鬲口沿　1件（H87：3）。夹砂灰陶，方唇，唇面略内凹，折沿，沿缘上翘，沿面略上凸，近沿缘处一道凹弦纹，有颈，腹饰中粗绳纹。残高5.6厘米（图八八，1）。

　　鼓腹罐　Ⅰ式2件。H87：6，罐口沿，泥质灰陶，方唇，近下缘处抹圆，折沿，沿缘上翘，沿内钩。口微侈，矮颈，折肩，肩饰细绳纹。残高4厘米（图八八，2）。H87：8，罐口沿，泥质深灰陶，方唇，折沿，直口，长颈，颈上略现细绳纹。残高3.6厘米（图八八，4）。

　　盆　Aa型1件（H87：1）。盆口沿，泥质灰陶，方唇，折沿，沿面一道凹弦纹，沿面略显内凹。敞口，斜直腹，腹饰细绳纹。残高约9厘米（图八八，3）。

　　豆　2件。H87：4，豆盘，泥质灰陶，敛口，器表磨光。残高约7.2厘米（图八八，8）。H87：5，豆盘，泥质深灰陶，圈足，残，直壁，上接圜底形器底，器表磨光。残底径8、残高3.2厘米（图八八，5）。

　　H88　位于T88西部。被H82打破，打破生土。坑口形状为圆形，坑壁剖面为直筒形。坑口直径1.96米，距地表深0.4米，坑深0.5米。坑内填灰土，颗粒较粗，土质松软，填土中夹杂有炭粒、烧土块等；坑内出土绳纹陶片和少量兽骨（图八七）。

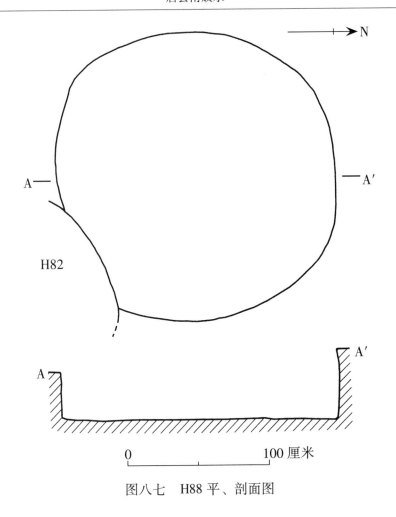

图八七 H88 平、剖面图

H88 出土陶器 7 件。

鬲口沿残片 1 件（H88：7）。夹砂灰陶，方唇，折沿，沿面两道凹弦纹，斜直腹，腹饰中粗绳纹。口径 28、残高 7.8 厘米（图八八，6）。

陶圆饼 6 件。H88：1，夹砂绳纹灰陶，边缘磨制，陶片改制。直径 4.3 厘米（图八八，9）。H88：3，夹砂中绳纹灰陶，边缘磨制，陶片改制。直径 5 厘米（图八八，10）。

H90 位于 T36 东隔梁南段、T20 北隔梁东段。开口于第②层下，打破生土。坑口形状为圆形，坑壁剖面为直筒形。坑口直径 1.76 米，距地表深 0.4 米，坑深 0.9 米。坑内堆积分 2 层：第①层为棕色土，厚约 60 厘米，土质较硬，含较大炭粒及较大动物肢骨。出土陶片集中平铺在坑口；第②层为灰土，厚约 30 厘米，土质松软，含少量小型动物肢骨。出土陶片集中平铺在坑底（图八九；图版一五，1）。

H90 出土陶器标本 12 件。

鬲口腹残片 3 件。H90①：4，夹砂灰陶，方唇，折沿，鼓腹，腹饰细绳纹。口径 13、残高 6.8 厘米（图九一，3）。H90①：8，夹砂灰陶，圆唇，唇缘一道凹弦纹，折沿，沿面两道凹弦纹，腹斜直，腹饰中粗绳纹。残高 12 厘米（图九一，2）。H90①：9，夹砂褐陶，方唇，唇缘上一道凹弦纹，折沿，沿面两道凹弦纹，斜直腹，腹饰中粗绳纹。口径 26、残高 13.2 厘米（图九一，1）。

鼓腹罐 I 式 4 件。H90①：1，泥质灰陶，方唇，平折沿，短直颈，圆肩，鼓腹，平底，肩、腹

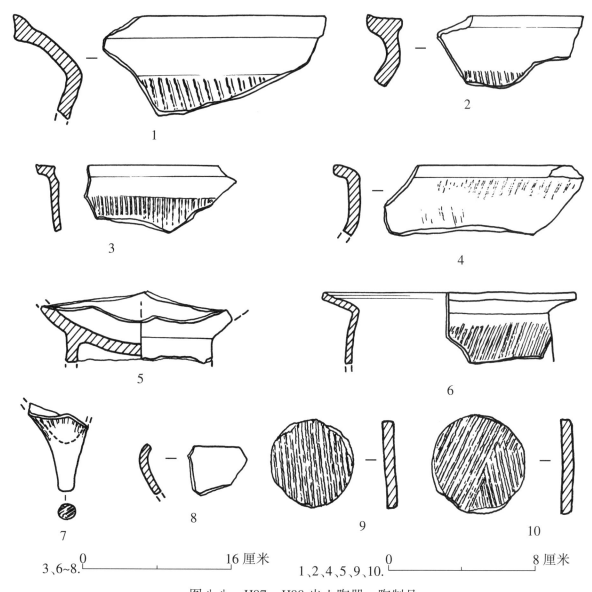

图八八　H87、H88 出土陶器、陶制品

1、6. 鬲口沿（H87∶3、H88∶7）　2、4. Ⅰ式鼓腹罐（H87∶6、H87∶8）　3. Aa 型盆（H87∶1）

5、8. 豆（H87∶5、H87∶4）　7. 弧裆鬲足（H87∶7）　9、10. 陶圆饼（H88∶1、H88∶3）

部饰中绳纹及数道抹压纹。器底亦饰绳纹。口径 19、高 34、底径 14、腹径 35、深 33.2 厘米（图九〇，3；图版三三，2）。H90①∶3，泥质灰陶，方唇，平折沿，短直颈，圆肩，鼓腹，平底内凹，肩、腹部饰中绳纹及数道抹压纹。器底亦饰绳纹。口径 16.5、高 29.3、底径 12、腹径 30.5、深 28 厘米（图九〇，1；图版三三，3）。H90②∶1，泥质灰陶，方唇，平折沿，短直颈，圆肩，鼓腹，平底内凹，肩、腹部饰粗绳纹及数道抹压纹，肩部施一周附加堆纹。口径 18.8、高 37、底径 15、腹径 36.6、深 34.8 厘米（图九〇，2；图版三三，4）。H90①∶6，口沿，夹砂灰陶，方唇，折沿，沿内钩，侈口，短直颈。肩饰细绳纹。残高 5.4 厘米（图九一，4）。

鼓腹罐底残片　1 件（H90②∶3）。泥质灰陶，鼓腹，小平底，底中央微内凹。腹饰交错绳纹。底径 10、残高 16.2 厘米（图九一，8）。

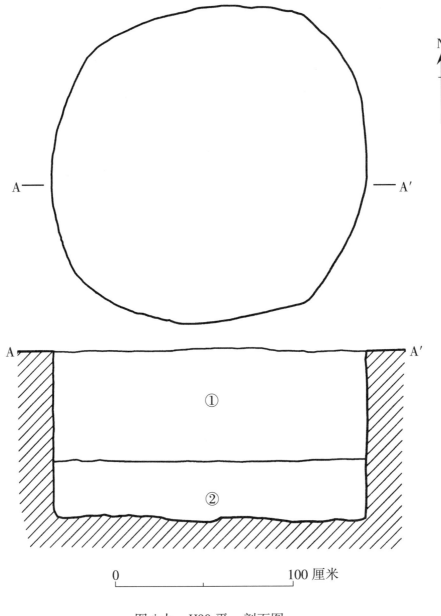

图八九　H90 平、剖面图

盆　Aa 型 2 件。H90①: 5，口沿，泥质灰陶，方唇，折沿，侈口，腹略微斜直，腹饰抹压断细绳纹。残高 5.4 厘米（图九一，5）。H90②: 2，盆口沿，泥质灰陶，方唇，宽折沿，斜直腹，腹饰抹压断中粗绳纹。残高 16.8 厘米（图九一，7）。

壶　A 型 1 件（H90①: 2）。残。夹砂灰陶，小口，直颈，平沿，广肩，肩部置对称环耳，深腹，底残，颈部有凸棱纹，器腹饰中绳纹和弦纹。口径 12、残高 27、腹径 28、残底径 22 厘米（图九〇，4；图版三六，1）。

器耳　1 件（H90①: 7）。泥质深灰陶，竖耳，贴塑于器表，近球状，耳上饰细绳纹（图九一，6）。

H91　位于 T68 东部及 T69 北隔梁。开口于第②层下，被一现代扰坑打破，打破 H85。坑口形状为

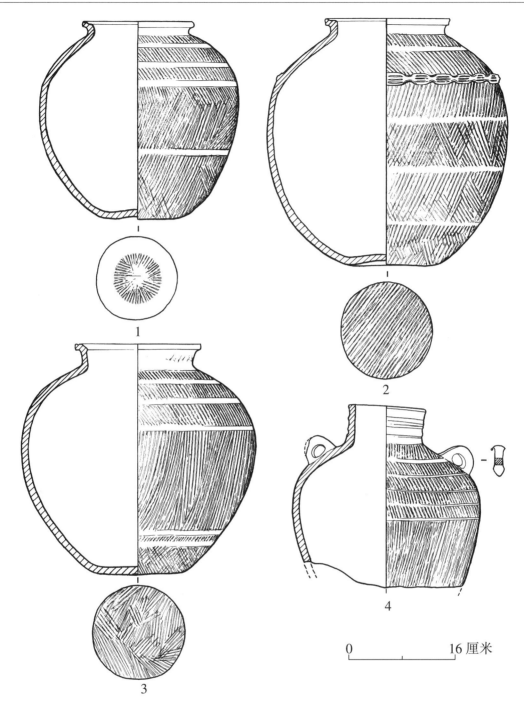

图九〇　H90 出土陶器

1~3. I 式鼓腹罐（H90①: 3、H90②: 1、H90①: 1）　　4. A 型壶（H90①: 2）

圆形，坑壁剖面为袋形。坑口直径 1.7 米，距地表深 0.45 米，坑底直径为 1.96 米，坑深 0.7 米。坑内堆积分两层：第①层，灰黑色土，土质疏松，夹杂炭粒、红烧土粒，出土陶片及骨锥，陶片以夹砂绳纹灰陶为主。第②层，青黄色，质地较硬，无包含物，应为垫土层（图九二）。

H91 出土骨器 1 件。

骨锥　1 件（H91:1）。利用动物肢骨制成，关节端截切为柄，另一端磨尖。长 12 厘米（图九五，4；图版三九，1 左 4）。

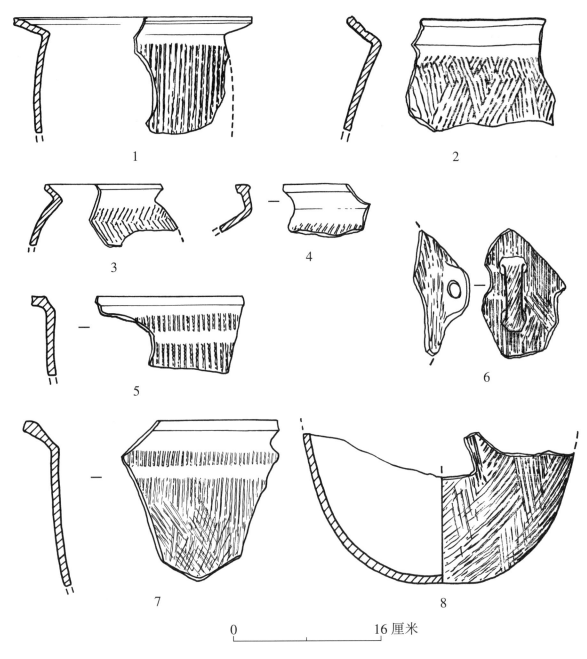

图九一　H90 出土陶器

1～3. 鬲口腹残片（H90①：9、H90①：8、H90①：4）　4. Ⅰ式鼓腹罐口沿（H90①：6）
5、7. Aa 型盆（H90①：5、H90②：2）　6. 器耳（H90①：7）　8. 鼓腹罐底（H90②：3）

　　H92　位于 T87 北部。被 H83 打破，打破 H93。坑口形状为不规则形，坑壁剖面为袋形。坑口距地表深 0.26 米，坑深 0.35 米。坑内堆积为灰红色填土，厚约 35 厘米，土质较软。坑内出土绳纹陶片及动物碎骨（图九三）。

　　H92 出土陶器 2 件。

　　盆　Aa 型 1 件（H92：2）。口沿，泥质灰陶，方唇，折沿，沿面有一道凹弦纹，沿微内钩，侈口，斜直腹。残高 5.6 厘米（图九五，1）。

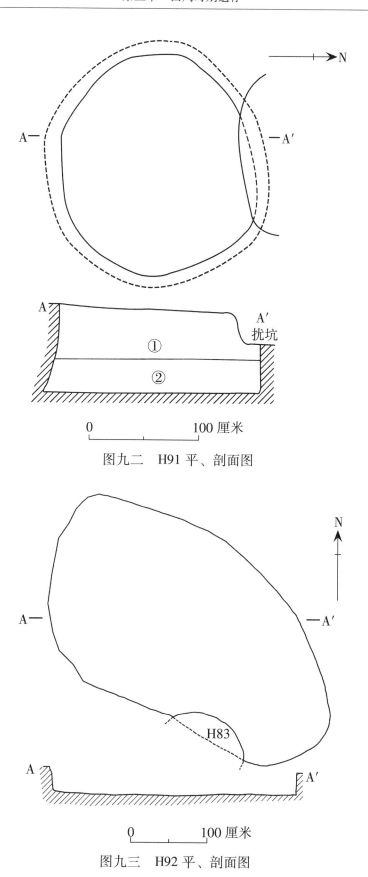

图九二　H91 平、剖面图

图九三　H92 平、剖面图

陶范　1件（H92∶1）。夹砂红陶，范体外表有捆绑凹槽，铸面呈灰色，有使用痕迹。残长 5.5、厚 1.8 厘米（图九五，3）。

H93　位于 T87 北部。被 H92 打破，打破生土。坑口形状为圆形，坑壁剖面为直筒形。坑口直径 1.8 米，距地表深 0.35 米，坑深 0.6 米。灰坑内为黑灰色填土，厚约 60 厘米，土质较软。坑内出土绳纹陶片及碎动物骨骼（图九四）。

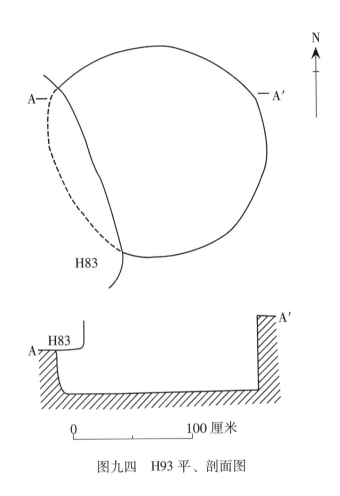

图九四　H93 平、剖面图

H93 出土陶器 1 件。

折肩罐　Bb 型 1 件（H93∶1）。口沿，泥质灰陶，方唇，唇面内凹，折沿，沿缘上翘，沿面一道凹弦纹，沿微内钩，直口，竖颈，折肩。口径 17、残高 4.3 厘米（图九五，2）。

H96　位于 T100 西北。开口于第②层下，打破生土。坑口形状为圆形，坑壁剖面为倒梯形。坑口直径 1.54 米，坑底直径为 1.62 米。坑口距地表深 0.35 米，坑深 1.45 米。坑内堆积为灰黑色土，有少量的炭，土质疏松，颗粒较小。出土陶片主要为绳纹夹砂灰陶，另有少量骨头及石块等（图九六）。

H96 出土陶器 6 件。

鬲口腹残片　1件（H96∶9）。夹砂灰陶，方唇，折沿，沿缘上翘，沿面微凸，斜直腹，腹饰中粗绳纹。残高 10.4 厘米（图九七，1）。

鼓腹罐　Ⅱ式 1 件（H96∶8）。罐口腹部，泥质灰陶，圆唇，卷沿，沿面一道凹弦纹，侈口，短颈，鼓腹，腹饰细绳纹。口径 17、残高 7.6 厘米（图九七，3）。

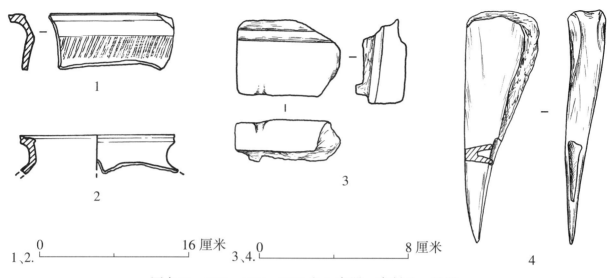

1、2. ├─────────────┤　16 厘米　　　3、4. ├─────────────┤　8 厘米
0　　　　　　　　　　　　　　　　0

图九五　H91、H92、H93 出土陶器、陶制品、骨器
1. Aa 型盆（H92：2）　2. Bb 型折肩罐（H93：1）　3. 陶范（H92：1）　4. 骨锥（H91：1）

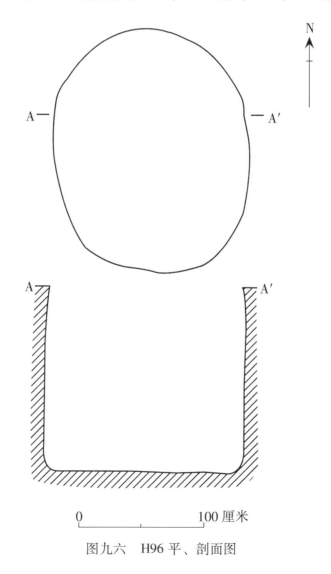

0 ├─────────────┤ 100 厘米

图九六　H96 平、剖面图

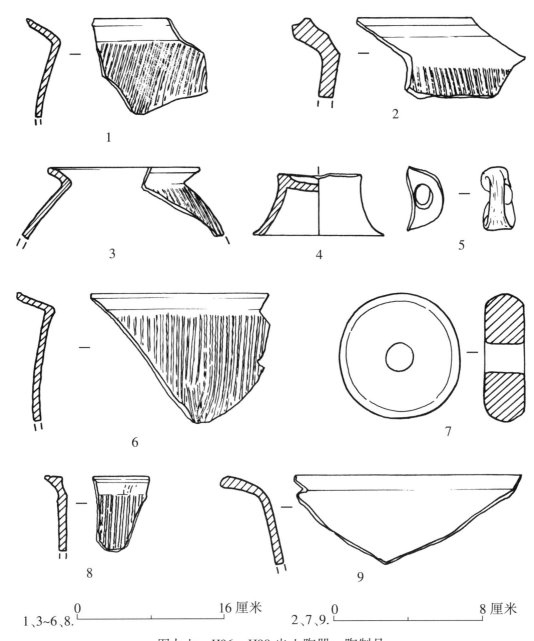

图九七　H96、H98 出土陶器、陶制品

1、6. 鬲口腹残片（H96：9、H98：1）　2、8. Aa 型盆（H96：5、H98：3）　3. Ⅱ式鼓腹罐（H96：8）
4. A 型簋圈足（H96：3）　5. 器耳（H96：10）　7. A 型陶纺轮（H96：11）　9. B 型簋（H98：2）

　　盆　Aa 型 1 件（H96：5）。口沿，泥质褐陶，方唇，唇缘有一道凸弦纹，折沿，沿面内凹，斜直腹，腹饰细绳纹。残高 4.4 厘米（图九七，2）。

　　簋圈足　A 型 1 件（H96：3）。泥质灰陶，圆唇，敞口，近唇外沿有一道折痕，圈足上接圜底。底径 14、残高 6.8 厘米（图九七，4）。

　　器耳　1 件（H96：10）。泥质灰陶，竖耳，半球状，残断位置正好是与器腹部贴塑部分。无纹饰，器表不平整，制作较粗糙（图九七，5）。

　　陶纺轮　A 型 1 件（H96：11）。泥质灰陶，圆形弧缘，厚体，中对穿一孔，系豆柄改制而成。直径4厘米（图九七，7）。

　　H97　位于 T101。开口于第②层下，打破生土。坑口形状为圆形，坑壁剖面为袋状。坑口直径1.95米，坑底直径为2.35米。坑口距地表深0.3米，坑深0.7米。坑内堆积为灰黑土，含大量灰烬，土质松软。灰烬层东高西低，遗物集于该层。出土大量陶片，少量动物骨骼（图九八；图版一五，2）。

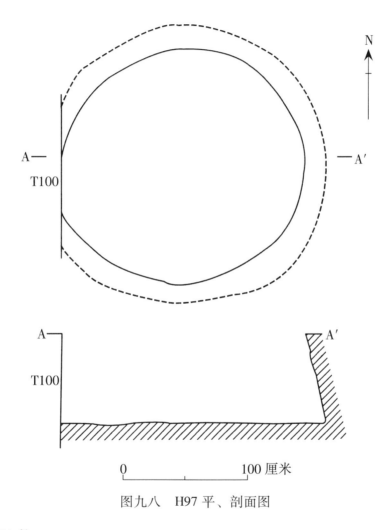

图九八　H97 平、剖面图

　　H97 出土陶器 11 件。

　　分裆鬲　A 型Ⅲ式 1 件（H97∶2）。夹砂灰陶，方唇，唇缘有一道弦纹，宽折沿，器口呈椭圆形。斜弧腹，足底浑圆，低裆近平。口沿以下通体饰粗绳纹。口径 28～30、高 22 厘米（图九九，1；图版三〇，2）。

　　B 型Ⅱ式 1 件（H97∶1）。夹砂灰陶，口沿残，束颈，三款足外撇，腹壁斜直，足底浑圆，裆近平。器表饰粗绳纹。口径 16、残高 11.2 厘米（图九九，6；图版三一，3）。

　　弧裆鬲足　1 件（H97∶8）。夹砂深灰陶，圆锥形实足根，器表饰细绳纹。残高 6.6 厘米（图九九，9）。

　　鬲口沿　2 件。H97∶4，夹砂灰褐陶，方唇，折沿，沿面内凹，腹较直，口沿经轮修，腹饰细绳

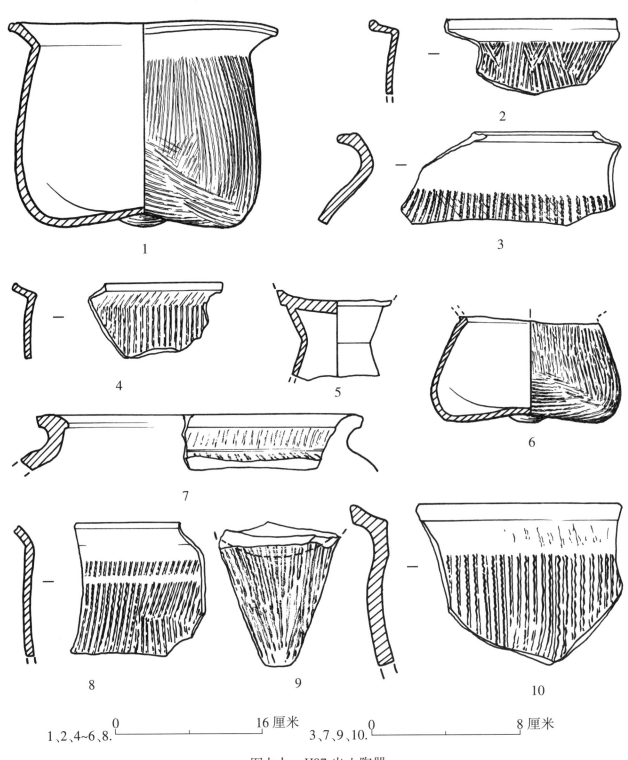

图九九　H97 出土陶器

1. A 型Ⅲ式分裆鬲（H97∶2）　　2、4. 鬲口沿（H97∶4、H97∶12）　　3. Ⅱ式鼓腹罐（H97∶6）

5. 豆（H97∶3）　　6. B 型Ⅱ式分裆鬲（H97∶1）　　7. Ⅰ式鼓腹罐（H97∶16）

8、10. Aa 型盆（H97∶9、H97∶19）　　9. 弧裆鬲足（H97∶8）

纹，残高 10.4 厘米（图九九，2）。H97：12，夹砂灰陶，方唇，折沿，沿面一道凹弦纹，腹较直，腹饰细绳纹。残高 8 厘米（图九九，4）。

鼓腹罐　I 式 1 件（H97：16）。口沿，泥质灰陶，方唇，折沿，沿面一道凹弦纹，沿内钩，口微敛，短束颈，折肩，肩饰细绳纹。口颈 18、残高 3 厘米（图九九，7）。

II 式 1 件（H97：6）。泥质灰陶，圆唇，卷沿，沿面一道凹弦纹，短束颈，肩部以下饰细绳纹，口径约 18、残高 3 厘米（图九九，3）。

盆　Aa 型 2 件。H97：9，口沿，粗泥质黑皮陶，方唇，唇缘一道凹弦纹，折沿，敞口，腹略斜直，腹饰抹压断细绳纹。残高约 14 厘米（图九九，8）。H97：19，口沿，泥质浅灰陶，局部呈黄褐色，方唇，折沿，沿面内凹，敞口，弧腹斜直，腹饰细绳纹。残高 9 厘米（图九九，10）。

豆　1 件（H97：3）。粗柄豆座，泥质灰陶，底均残，圈足部分呈亚腰形。上接圜形盘底。底部残径 9.6、残高 9.6 厘米（图九九，5）。

陶圆饼　1 件（H97：12）。夹砂绳纹灰陶，边缘磨制，系陶片改制。直径 3.6 厘米。

H98　位于 T10。被 H17 打破，打破生土。坑口形状为椭圆形，方向 90°。坑壁剖面为袋状。坑口长径 1.94、短径 1.66 米，坑底长径 2.08、短径 1.80 米。坑口距地表深 0.6 米，坑深 0.8 米。坑内堆积为灰色土，土质疏松，夹杂炭粒，红烧土粒，出土陶片主要为夹砂绳纹灰陶，夹砂绳纹红陶，以及大量兽骨（图一〇〇）。

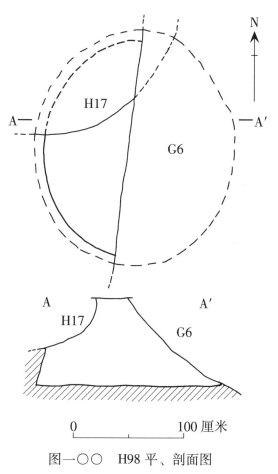

图一〇〇　H98 平、剖面图

H98 出土陶器 3 件。

鬲口腹残片　1 件（H98：1）。夹砂深灰陶，方唇，唇缘微内凹，折沿，沿面两道凹弦纹，直腹微斜，腹饰中粗绳纹。残高 14 厘米（图九七，6）。

盆　Aa 型 1 件（H98：3）。口沿，泥质灰陶，方唇，折沿，沿面一道凹弦纹，敞口，腹壁较直。残高 8 厘米（图九七，8）。

簋　B 型 1 件（H98：2）。簋口沿　泥质灰陶，圆唇，卷沿。斜直腹，素面，沿外表有折痕。残高 4.8 厘米（图九七，9）。

H105　位于 T51 北部。被 M1、H72、H73 打破，打破生土。坑口形状为圆形，坑壁剖面为直筒形。坑口直径为 1.9 米，距地表深 0.35 米，坑深 0.62 米。坑内堆积分为两层：第①层为浅灰色土，土质较疏松，含有夹砂绳纹灰陶片。第②层为灰色土，土质疏松，夹杂有夹砂绳纹灰陶片、夹砂绳纹黑陶片等。坑底出土完整陶鬲 1 件（图一〇一；图版一六，1）。

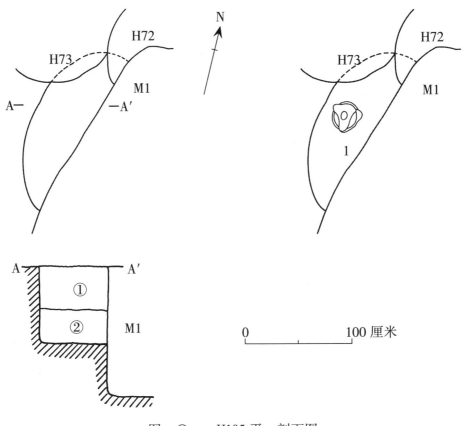

图一〇一　H105 平、剖面图
1. 陶鬲（H105：1）

H105 出土陶器 2 件。

分档鬲　A 型 Ⅱ 式 1 件（H105：1）。夹砂褐陶，圆唇，宽折沿，沿面内凹，腹壁略斜，足底浑圆，低裆。口沿下饰特粗绳纹。口径 23、高 16.8 厘米（图一〇三，1；图版二八，6）。

鬲口沿　1 件（H105：2）。夹砂灰陶，方唇，唇面内凹，折沿，沿面一道凹弦纹，斜直腹，腹饰中粗绳纹。残高 12.4 厘米（图一〇三，2）。

H106　位于 T115 西南部。开口于第②层下，打破生土。坑口形状为圆形，坑壁剖面为直筒形。坑口直径为 2.7 米，距地表深 0.28 米，坑深 0.3 米。灰坑内填土为灰土，颗粒较粗，土质松软，填土中夹杂有炭粒、烧土块等；坑内出土绳纹陶片和少量兽骨（图一〇二；图版一六，2）。

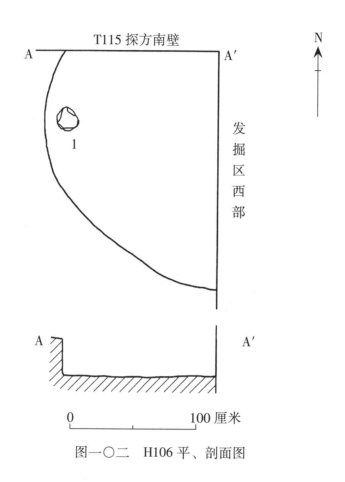

图一〇二　H106 平、剖面图

H106 出土陶器 1 件。

分裆鬲　A 型 I 式 1 件（H106：1）。残，夹砂深灰陶，圆唇，宽折沿，沿面内凹，腹壁近直，底残。器表饰粗绳纹。口径 22、高 11.6 厘米（图一〇三，3；图版二七，5）。

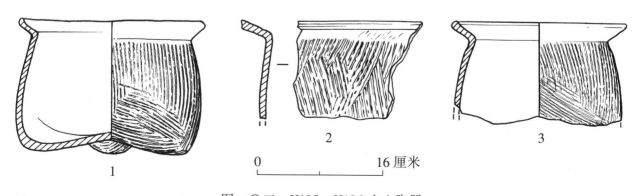

图一〇三　H105、H106 出土陶器
1. A 型 II 式分裆鬲（H105：1）　　2. 鬲口沿（H105：2）　　3. A 型 I 式分裆鬲（H106：1）

　　H111　位于 T103 东南。开口于第②层下，被 H74、H87 打破，打破 H179。坑口形状为圆形，坑壁剖面为直筒形。坑口直径为 2.5 米，距地表深 0.4 米，坑深 0.8 米。坑内堆积为灰黑土，颗粒较大，土质疏松，含有大量的红烧土块及小炭粒。出土夹砂绳纹灰陶片、夹砂绳纹红陶片、泥质素面灰陶片、泥质素面黄褐陶片及烧过的动物骨骼（图一〇四）。

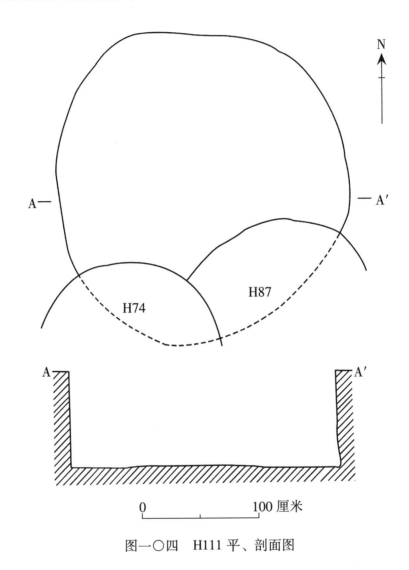

图一〇四　H111 平、剖面图

　　H111 出土陶器 4 件，骨器 1 件。

　　弧裆鬲足　1 件（H111：1）。夹砂灰陶，小锥足，细绳纹。残高 4 厘米（图一〇五，4）。

　　鬲口沿　2 件（H111：2）。夹砂灰陶，方唇，唇面寝斜，折沿，沿缘上翘，沿面一道凹弦纹，斜直腹，腹饰中粗绳纹。残高 8.2 厘米（图一〇五，2）。H111：4，夹砂灰陶，圆唇，折沿，沿缘上翘，沿内钩，腹斜直，饰中粗绳纹。口径约 26、残高 9.2 厘米（图一〇五，1）。

　　折肩罐　Ab 型 1 件（H111：3）。罐口沿，粗泥质黄褐陶，尖圆唇，折沿，沿内钩，侈口，短颈，折肩，肩饰中粗绳纹，颈、肩结合部分轮修痕迹明显。口径约 24、残高 7.1 厘米（图一〇五，3）。

　　骨器　1 件（H111：11）。圆锥形，磨制光滑，底中心有一孔，孔深约 1 厘米。锥尖部分残损。底最大径约 2.3、残高 2.3 厘米（图一〇五，5）。

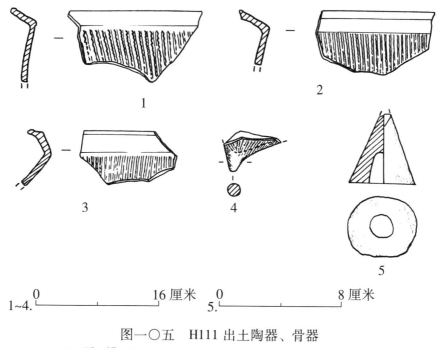

图一〇五　H111 出土陶器、骨器

1、2. 鬲口沿（H111∶4、H111∶2）　3. Ab 型折肩罐（H111∶3）

4. 弧裆鬲足（H111∶1）　5. 骨锥状器（H111∶11）

H112　位于 T115 北部。开口于第②层下，打破生土。坑口形状为圆形，坑壁剖面为直筒形。坑口直径为 2.5 米，距地表深 0.35 米，坑深 0.25 米。灰坑内填灰土，颗粒较粗，土质松软，填土中夹杂有炭粒、烧土块等；坑内出土绳纹陶片，还有少量兽骨、鱼鳃等（图一〇六）。

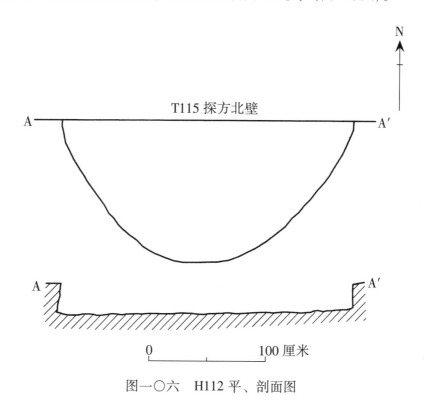

图一〇六　H112 平、剖面图

H112 出土陶器 1 件。

陶拍 1 件（H112：1）。泥质灰陶，垫面微弧，圆形，背部为桥形柄。直径7.4、高6厘米（图一〇九，3；图版三七，1 上）。

H113 位于 T43。开口于第②层下，打破生土。坑口形状为圆形，坑壁剖面为直筒形。坑口直径为 1.6 米，距地表深 0.65 米，坑深 0.5 米。灰坑内填土分两层，上层为红黑色土，土质细密疏松，出土绳纹陶片；下层为黑灰色土，土质细密疏松，出土绳纹陶片（图一〇七）。

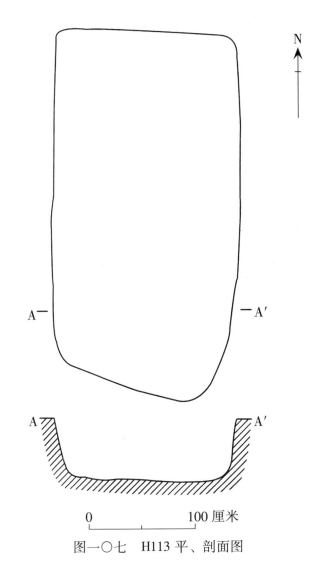

图一〇七 H113 平、剖面图

H113 出土陶器 1 件。

盆 Bc 型 1 件（H113：1）。口沿残片。夹砂红褐陶，含砂粒较细小，尖圆唇，唇面一道凹弦纹。折沿，侈口，腹较直，腹饰抹压断细绳纹。口径约 34、残高 10.4 厘米（图一〇九，2）。

H119 位于 T28 西北。开口于第②层下，被现代墓 M16 和 G7 打破，打破 H120。坑口形状近圆形，坑壁剖面为直筒形。坑口直径为 1.9 米，距地表深 0.5 米，坑深 0.6 米。坑内堆积为灰黑土，质地疏松，坑内出土夹砂和泥质绳纹灰陶及夹砂红褐陶（图一〇八；图版一七，1）。

H119 出土陶器 1 件。

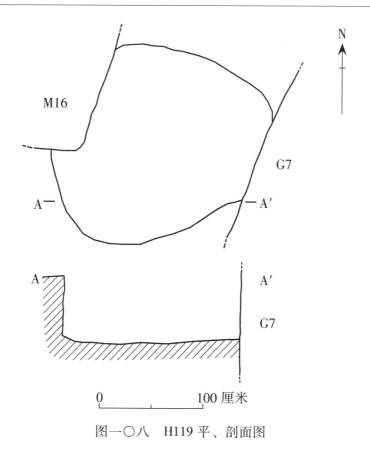

图一〇八　H119 平、剖面图

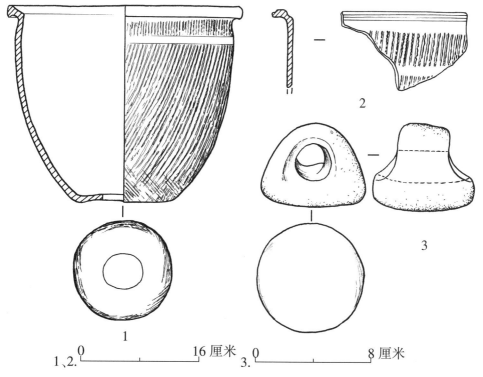

图一〇九　H112、H113、H119 出土陶器、陶制品
1. 甗（H119：1）　　2. Bc 型盆（H113：1）　　3. 陶拍（H112：1）

甑 1件（H119：1）。夹砂灰陶，方厚唇，折沿，沿面内凹，斜弧腹，器底内凹，有隔，底部有一圆形算孔。器表饰中绳纹，口沿下有一周抹压纹。口径32.8~34.5、高26.6、底径14、算孔径5.5厘米（图一〇九，1；图版三六，2）。

H123 位于 T11 东南。开口于第②b 层下，打破第③层。坑口形状为圆形，坑壁剖面为直筒形。坑口直径为 2 米，距地表深 0.48 米，坑深 0.77 米。坑内堆积主要是黑灰色沙土，包含有炭粒、草木灰烬、腐殖质、石子等。出土少量陶片（图一一〇）。

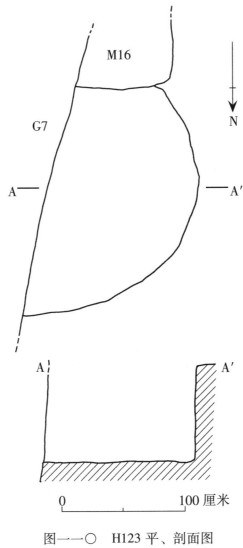

图一一〇 H123 平、剖面图

H123 出土陶器 1 件。

鬲口沿 1件（H123：1）。夹砂灰陶，方唇，折沿，沿缘上翘，斜直腹，腹饰中粗绳纹。残高5.6厘米（图一一四，2）。

H124 位于 T78 西北。开口于第②b 层下，打破生土。坑口为椭圆形，方向330°。坑壁剖面为直筒形。坑口长径为2.08、短径为1.62米。坑口距地表深0.55米，坑深0.3米。坑内堆积疏松的黑灰色土，坑内出土夹砂绳纹灰陶片、泥质素面灰陶片（图一一一）。

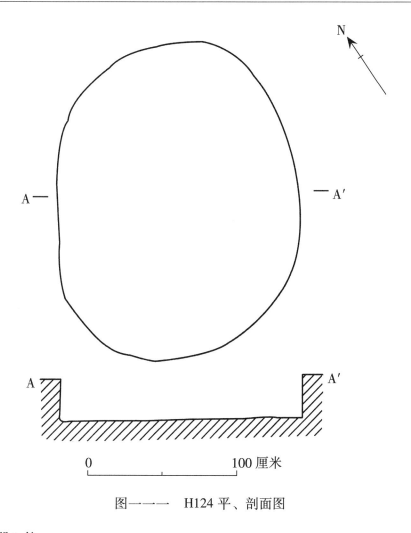

图一——　H124 平、剖面图

H124 出土陶器 1 件。

折肩罐口沿　1 件（H124∶1）。泥质灰陶，方唇，折沿，沿面一道凹弦纹，沿内钩，直口，竖颈，折肩。残高 4.2 厘米（图一一四，3）。

H126　位于 T12 东部。开口于第②a 层下，打破生土，被 G8 打破。坑口形状为圆形。坑壁剖面为直筒形。坑口直径为 1.95 米，距地表深 0.45 米，坑深 0.74 米。坑内堆积主要是黑灰色沙土，含有炭粒、草木灰烬、腐殖质、石子等。出土绳纹夹砂、泥质陶片（图一一二）。

H126 出土陶器 1 件。

折肩罐　Aa 型 I 式 1 件（H126∶1）。口沿，泥质浅灰陶，方唇，折沿，侈口，短颈，折肩。肩饰细绳纹。口径 19、残高 5 厘米。器壁较厚，内表有明显的捏压痕迹（图一一四，4）。

H129　位于 T131 中部。开口于第②层下，打破生土。坑口形状为圆形。坑壁剖面为直筒形。坑口直径为 1.2 米，距地表深 0.5 米，坑深 0.1 米。坑内堆积为灰黑色土，内含少量炭粒，土质疏松，颗粒较小。出土遗物有绳纹夹砂灰陶片、石块等（图一一三）。

H129 出土陶器 1 件。

分裆鬲　A 型 II 式 1 件（H129∶1）。夹砂灰陶，方唇，宽折沿，沿缘略内勾，斜弧腹足底浑圆，裆较低。口沿下通体饰粗绳纹。口径 22.5、高 17.5 厘米（图一一四，1；图版二九，5）。

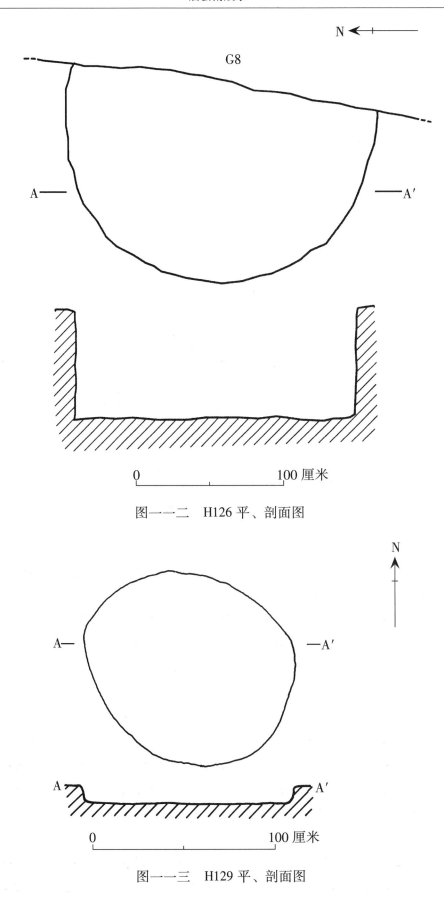

图——二　H126 平、剖面图

图——三　H129 平、剖面图

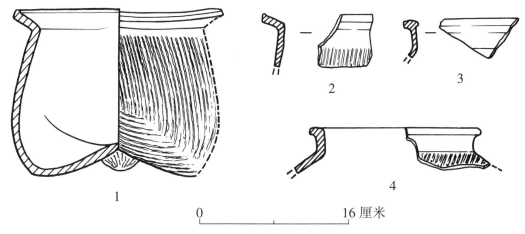

图一一四　H123、H124、H126、H129 出土陶器

1. A 型Ⅲ式分裆鬲（H129∶1）　　2. 鬲口沿（H123∶1）　　3. 折肩罐口沿（H124∶1）

4. Aa 型Ⅰ式折肩罐（H126∶1）

H133　位于 T79 西北、T78 东隔梁、T79 北隔梁。开口于第②b 层下，打破生土。坑口形状为圆形，坑壁剖面为直筒形。坑口直径为 0.8 米，距地表深 0.55 米，坑深 1 米。坑底有小坑。坑内堆积为灰色土，土质疏松，夹杂黑色炭粒和红烧土块（图一一五）。

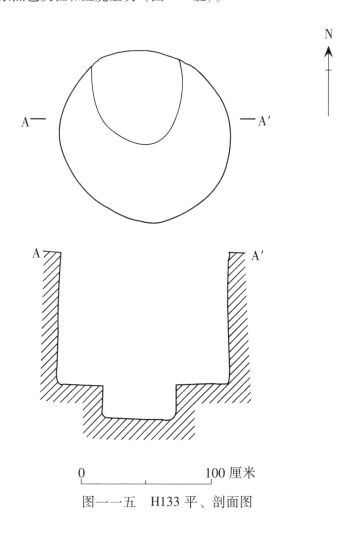

图一一五　H133 平、剖面图

H133 出土陶器 4 件。

鬲口沿　1 件（H133：4）。夹砂红褐陶，方唇，唇面一道凹弦纹，折沿，沿缘上翘，斜直腹，腹饰细绳纹。残高 8 厘米（图一一六，1）。

鼓腹罐　Ⅰ式 1 件（H133：1）。泥质灰陶，方唇，折沿，沿、口之间一道凹弦纹。直口，竖颈，折肩，肩饰抹压断细绳纹。口径 18、残高 10 厘米（图一一六，3）。

盆　Aa 型 1 件（H133：2）。泥质灰陶，方唇，折沿，沿内钩，敞口，斜直腹，腹饰粗绳纹。残高 8 厘米（图一一六，2）。

Ba 型 1 件（H133：3）。泥质灰陶，圆唇，折沿，沿面微鼓，敞口，斜直腹，腹饰细绳纹，器表有明显的磨光痕迹。残高 6.6 厘米（图一一六，4）。

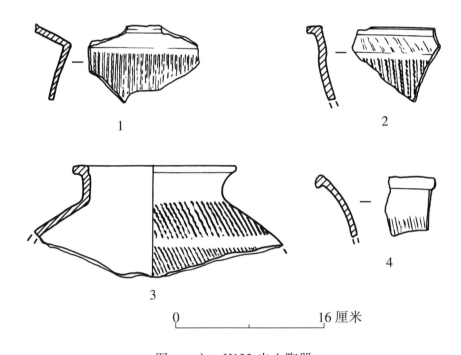

0　　　　　　　　　　　　16 厘米

图一一六　H133 出土陶器
1. 鬲口沿（H133：4）　2. Aa 型盆（H133：2）　3. Ⅰ式鼓腹罐（H133：1）
4. Ba 型盆（H133：3）

H135　位于 T133 中部偏东。开口于第②层下，打破生土。坑口形状为圆形，坑壁剖面为直筒形。坑口直径为 2.3 米。坑口距地表深 0.52 米，坑深 1 米。坑内堆积为灰土，土质较疏松，颗粒较大，含有大量的炭粒及红烧土块。出土夹砂绳纹灰陶、红陶、黄褐陶片，泥质素面灰陶、绳纹陶片以及动物骨骼等（图一一七）。

H135 出土陶器 8 件。

联裆鬲柱足　1 件（H135：7）。夹砂灰陶，圆柱状足根，素面。残高 6 厘米（图一一九，8）。

鬲口沿　1 件（H135：5）。夹砂深灰陶，圆唇，折沿，沿缘上翘，斜直腹，腹饰细绳纹。残高 4.4 厘米（图一一九，2）。

鼓腹罐　Ⅰ式 1 件（H135：4）。泥质灰陶，方唇，唇面内凹。折沿，沿内钩，侈口，竖颈，折肩，肩饰抹压断细绳纹。口径 16、残高 5 厘米（图一一九，1）。

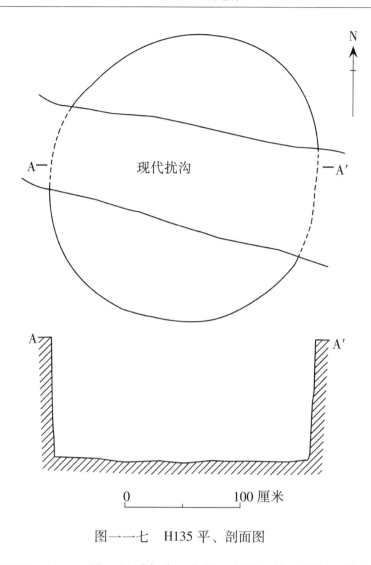

图一一七　H135 平、剖面图

盆　Aa 型 1 件（H135：6）。口沿，泥质灰陶，方唇，折沿，沿面微鼓，沿内钩，斜直腹。残高 3.6 厘米（图一一九，4）。

壶　B 型 1 件（H135：3）。口沿，泥质浅灰陶，尖圆唇，卷沿，敞口，长直颈。口径 11、残高 4.8 厘米。颈部留有轮修抹痕（图一一九，3）。

簋圈足　1 件（H135：2）。泥质黑皮陶，质地疏松，圈足壁斜直，上接斜腹，平底。底径 8.4、残高 4.6 厘米（图一一九，5）。

陶纺轮　B 型 1 件（H135：8）。泥质红陶。圆形，弧面。居中对穿孔，未穿透。直径 4.1 厘米（图一一九，6）。

H136 出土石器 1 件。

石盘状器　1 件（H136：1）。灰褐色，近圆形，边缘浑圆。直径 10.5 厘米（图一一九，7）。

H136　位于 T14 北部。开口于第②层下，被 H160 打破，打破生土。坑口形状为圆形。坑壁剖面为直筒形。坑口直径为 2.23 米，距地表深 0.5 米，坑深 0.58 米。坑内堆积为灰色花土，土质松软，含有大量灰烬。坑内出土绳纹碎陶片（图一一八）。

H151　位于 T79 西北。开口于第②b 层下，打破 H152。坑口形状为圆形，坑壁剖面为直筒形。坑

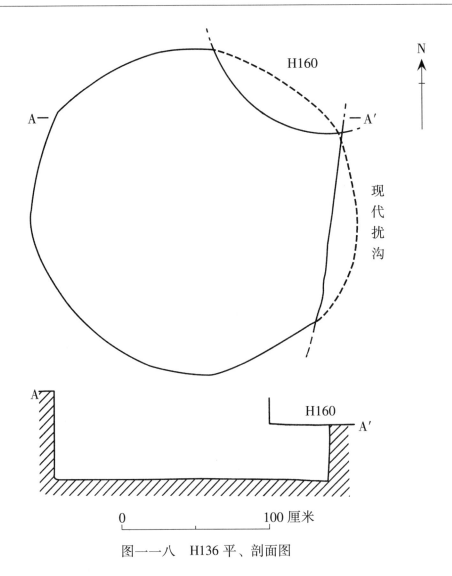

图一一八　H136 平、剖面图

口直径为 1.6 米，距地表深 0.55 米，坑深 1 米。坑壁加工竖直，坑地平整，底部有长方形浅坑。坑内堆积分两层：第①层，土质疏松，浅灰色，出土泥质灰陶片、夹砂绳纹灰陶、灰褐陶片、动物骨骼，第①层底面出土人骨架 1 具；第②层，土质疏松，呈灰褐色，出土完整折肩罐 1 件和夹砂灰陶片、动物骨骼等（图一二〇；图版一八，1、2）。

H151 出土陶器 1 件。

折肩罐　Aa 型 I 式 1 件（H151：1）。夹砂深灰陶，器形不甚规整，留有轮制痕迹，腹部微鼓，平底内凹。肩部以下及器底均饰细绳纹。口径 12.6、底径 8、残高 15.6 厘米（图一二二，1；图版三四，1）。

H155　位于 T46 西北部。开口于第②b 层下，打破生土。坑口形状为圆形，坑壁剖面为直筒形。坑口直径为 1.4 米，距地表深 0.55 米，坑深 0.11 米。坑内堆积为松软的黑土，出土遗物有夹砂绳纹红陶、灰陶，泥质素面红陶、灰陶等（图一二一）。

H155 出土陶器 3 件。

鬲口沿　1 件（H155：3）。夹砂灰陶，方唇，卷沿，沿缘上翘，沿面一道凹弦纹，沿面微鼓。斜

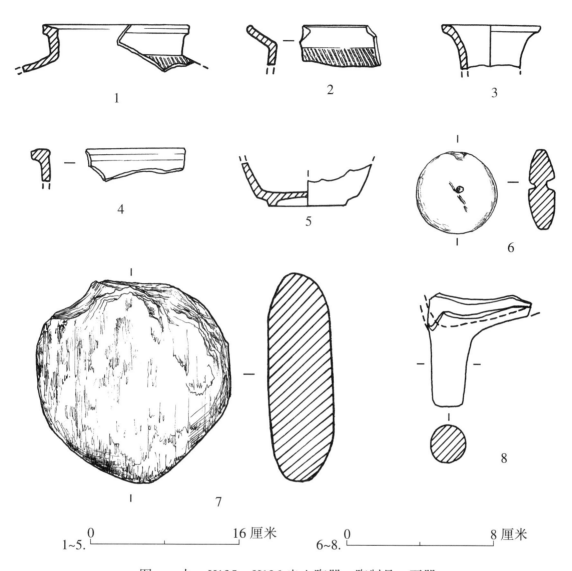

图一一九　H135、H136 出土陶器、陶制品、石器

1. I 式鼓腹罐（H135∶4）　2. 鬲口沿（H135∶5）　3. B 型壶（H135∶3）　4. Aa 型盆（H135∶6）
5. 簋圈足（H135∶2）　6. B 型陶纺轮（H135∶8）　7. 石盘状器（H136∶1）　8. 联裆鬲足（H135∶7）

直腹，腹饰中粗绳纹。残高 5 厘米（图一二二，3）。

折肩罐　Aa 型 II 式 1 件（H155∶4）。罐口沿，夹砂灰陶，方唇，卷沿，敛口，竖颈，折肩，肩饰细绳纹。口径 20、残高 5 厘米（图一二二，4）。

鼓腹罐　I 式 1 件（H155∶1）。泥质褐陶，方唇，折沿，沿面一道凹弦纹，沿内钩，直口，竖颈，颈中部一道凹弦纹。鼓腹，腹饰抹压断细绳纹（图一二二，2）。

H157　位于 T46、T47、T30、T31。开口于第②b 层下，打破 H156。坑口形状为不规则形，坑壁剖面为直筒形。坑口长径为 2.3、短径为 2.18 米，坑口距地表深 0.65 米，坑深 0.6 米。坑内堆积松软的黑土，夹杂炭粒、烧土颗粒。出土夹砂绳纹红陶、黑陶、灰陶残片（图一二三）。

H157 出土陶器 4 件。

鼓腹罐　II 式 1 件（H157∶3）。口沿，泥质灰陶，方唇，卷沿，敛口，鼓腹，腹饰细绳纹。残高

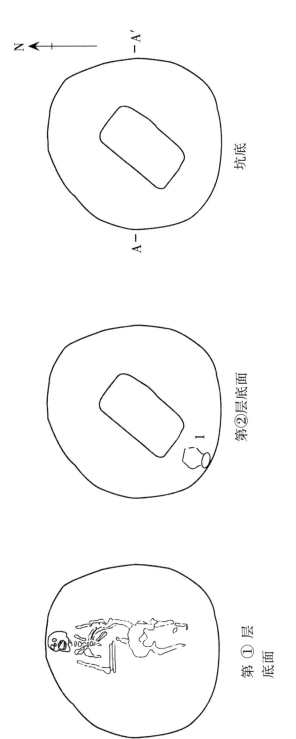

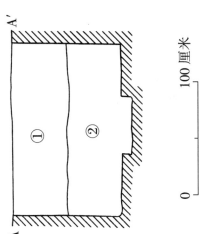

图一二〇　H151 平、剖面图

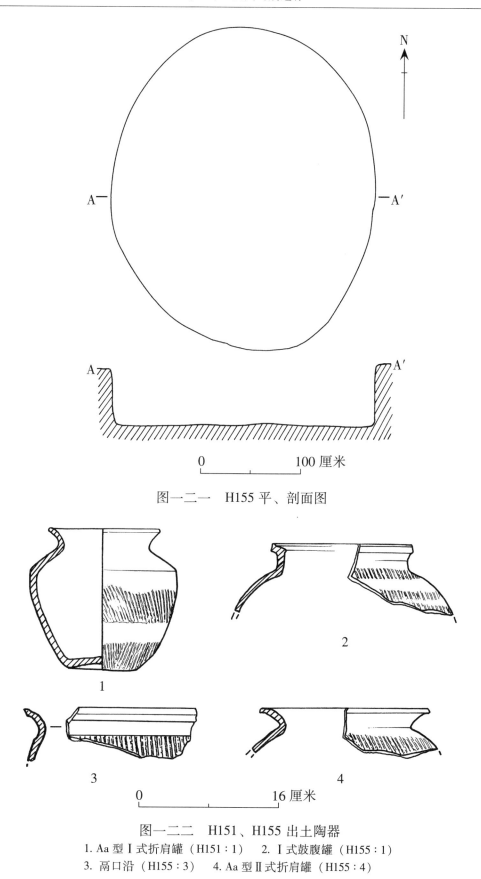

图一二一　H155 平、剖面图

图一二二　H151、H155 出土陶器

1. Aa 型Ⅰ式折肩罐（H151∶1）　　2. Ⅰ式鼓腹罐（H155∶1）

3. 鬲口沿（H155∶3）　　4. Aa 型Ⅱ式折肩罐（H155∶4）

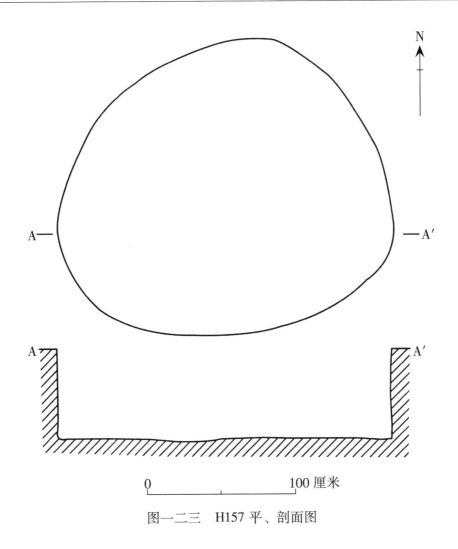

图一二三　H157 平、剖面图

6.4 厘米。轮修痕迹较明显（图一二五，1）。

　　盆　Aa 型 2 件。H157：2，盆口沿，泥质浅灰陶，方唇，唇下缘突出，折沿，沿面一道凹弦纹，沿内钩，腹斜直，饰中粗绳纹。残高 3.4 厘米（图一二五，2）。H157：4，盆口沿，夹粗砂褐陶，方唇，折沿，斜直腹。器壁较薄，口径较大，轮修、磨光。残高 3.6 厘米（图一二五，3）。

　　穿孔陶片　1 件（H157：1）。夹砂绳纹灰陶，陶片磨制，中间有一穿孔（图一二五，6）。

　　H158　位于 T46 南部。开口于第②b 层下，打破生土。坑口形状为圆形，坑壁剖面为直筒形。坑口直径为 1.64 米，距地表深 0.6 米，坑深 0.6 米。坑内堆积为黑土，土质松软，夹杂炭粒。出土遗物主要为夹砂绳纹黑陶、灰陶、褐陶片等（图一二四）。

　　H158 出土陶器 3 件。

　　鬲口沿　1 件（H158：2）。夹砂黑灰陶，方唇，折沿，沿缘上翘，沿面两道凹弦纹，斜直腹，腹饰中粗绳纹。残高 10 厘米（图一二五，5）。

　　鼓腹罐　Ⅰ式 1 件（H158：1）。泥质浅灰陶，圆唇，折沿，沿面微鼓，沿内钩，侈口，竖颈，折肩，颈部一道凹弦纹。残高 5.4 厘米（图一二五，4）。

　　器耳　1 件（H158：5）。夹砂灰陶，竖耳，半环状，贴塑于器表，耳饰细绳纹（图一二五，7）。

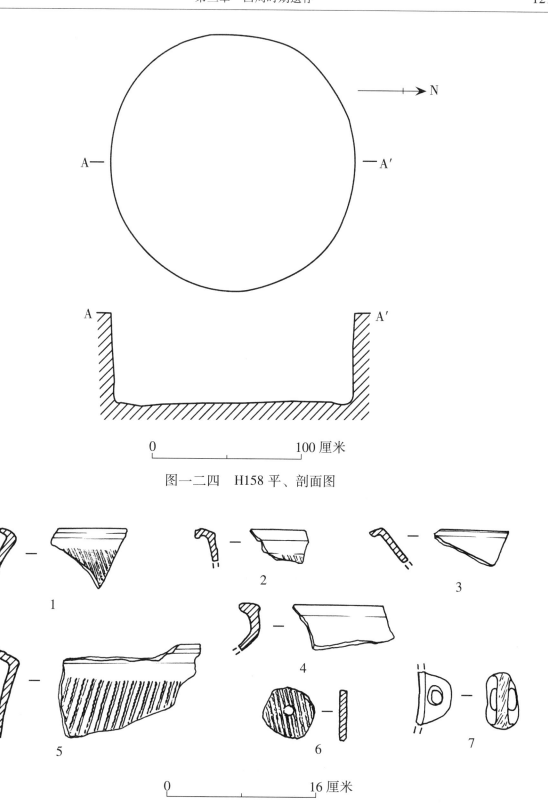

图一二四　H158 平、剖面图

图一二五　H157、H158 出土陶器

1. Ⅱ式鼓腹罐（H157：3）　　2、3. Aa 型盆（H157：2、H157：4）　　4. Ⅰ式鼓腹罐（H158：1）
5. 鬲口沿（H158：2）　　6. 穿孔陶片（H157：1）　　7. 器耳（H158：5）

　　H164　位于 T77 西部、T76 东部。开口于第②层下，打破生土。坑口形状为圆形。坑壁剖面为直筒形。坑口直径为 1.6，距地表深 0.5 米，坑深 1 米。坑内堆积为灰黄土，夹有少量炭粒和红烧土颗粒，土质致密（图一二六）。

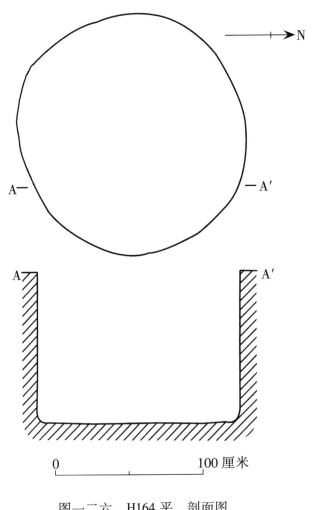

图一二六　H164 平、剖面图

　　H164 出土陶器 2 件。

　　鬲口腹残片　1 件（H164∶1）。夹砂灰陶，圆唇，折沿，沿缘上翘，斜直腹，腹饰中粗绳纹。口径 26、残高 10.4 厘米（图一二九，1）。

　　盆　Aa 型 1 件（H164∶2）。口沿，泥质浅灰陶，方唇，折沿，沿内钩，沿近口部一道凹弦纹，侈口，腹斜直，腹饰中粗绳纹。口径较大大约 34～38、残高 3.6 厘米（图一二九，4）。

　　H166　位于 T95 西南。被 H163 打破，打破生土。坑口形状为长方形。坑壁剖面为直壁。坑口长为 2.7、宽 2.06 米，距地表深 0.7 米，坑深 0.45 米。坑内堆积为灰黑色土，土质松软，颗粒较小。出土夹砂绳纹灰陶片、褐陶片和泥质绳纹灰陶片及动物骨骼、牙齿等（图一二七）。

　　H166 出土陶器 2 件。

　　联裆鬲　A 型 I 式 1 件（H166∶1）。夹砂灰褐陶，方唇，宽折沿，沿面微内凹，腹腔略深，分裆较浅，柱足。口沿下饰中绳纹，柱足底亦饰有绳纹。口径 18.5、高 11.5 厘米（图一二九，2）。

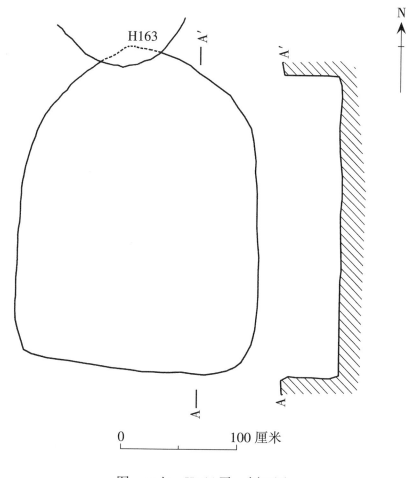

图一二七　H166 平、剖面图

鼓腹罐　Ⅰ式 1 件（H166：2）。口沿，泥质黑灰陶，方唇，折沿，沿面一道凹弦纹，侈口，溜肩，腹饰中粗绳纹。残高 4 厘米（图一二九，5）。

H170　位于 T94。被 G4 打破，打破 H172。坑口形状为圆形。坑壁剖面为袋状。坑口直径为 1.4 米，坑底直径为 1.52 米，距地表深 0.6 米，坑深 0.74 米。坑底有一凹窝。坑内堆积灰黑色土，土质疏松，颗粒较大，杂有烧灰和红烧土等，出土陶片多为灰色绳纹陶，另有少量动物骨骼（图一二八）。

H170 出土陶器 4 件。

罐口沿　1 件（H170：5）。泥质灰陶，圆唇，卷沿，沿面一道凹弦纹，侈口，竖颈，溜肩。残高 4.3 厘米（图一二九，3）。

壶　B 型 1 件（H170：3）。壶口沿，泥质浅灰陶，方唇，折沿，沿面一道凹弦纹，长竖颈，侈口，残断部分裸露出与肩、腹套接的茬口。口径 14、残高 4.5 厘米（图一二九，6）。

陶圆饼　2 件。H170：1，夹砂绳纹灰陶，直径 3 厘米。H170：2，夹砂中绳纹灰陶，直径 3.6 厘米。均为陶片磨制。

2. 灶坑

发现灶坑 2 处（Z1、Z2），分别位于 T24 和 T90 中部偏东北。仅存灶底和部分灶壁，呈椭圆形，周围是经拍打的硬黄土，烧土面平整、光滑。

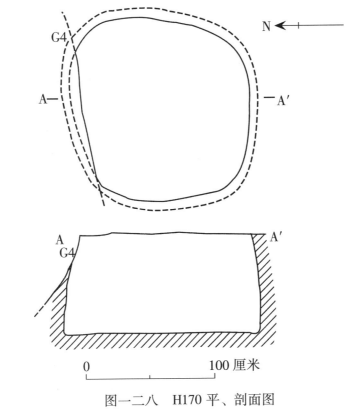

图一二八　H170 平、剖面图

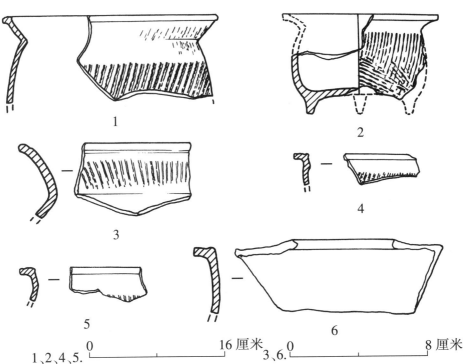

图一二九　H164、H166、H170 出土陶器

1. 鬲口腹残片（H164：1）　2. A 型 I 式联裆鬲（H166：1）　3. 罐口沿（H170：5）
4. Aa 型盆（H164：2）　5. I 式鼓腹罐（H166：2）　6. B 型壶（H170：3）

Z1　位于T24西北。距地面深0.4米。灶口平面呈椭圆形，长径约0.5、短径约0.45米。剖面为锅底形。灶坑深0.12米，周围是经拍打的硬黄土，烧土面平整、光滑。从剖面看是用泥抹面后又经火烧，因距离地面太近，灶的其他部分已毁。灶内填土为夹杂红烧土颗粒的黄土，内未见任何包含物（图一三〇）。

Z2　位于T90中部偏东北。方向135°。距地面深0.35米。灶口平面呈椭圆形，长径约0.7、短径约0.67米。剖面为直筒形。灶坑深0.1米，周围是经拍打的硬黄土，烧土面平整、光滑。从剖面看是用泥抹面后又经火烧，内填土为灰红色土，富含烧土块、炭粒，出土夹砂陶片（图一三一）。

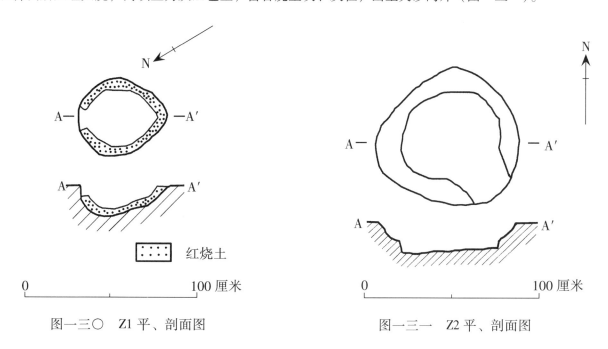

图一三〇　Z1平、剖面图　　　　　　　　图一三一　Z2平、剖面图

3. 墓葬

M1　位于T51西北，T67南部。开口于第②层下，打破H65。为长方形土坑竖穴墓。方向225°。墓口长3.05、宽1.2米，距地面深0.3米。墓底长2、宽0.7米，墓坑深1.34米。墓坑剖面为倒梯形，墓内填土为五花土，土质较疏松，内含有夹砂绳纹灰陶片，泥质灰陶，并发现有大量动物骨骼。墓框东北侧有生土二层台，其上放置一陶罐。墓底亦有一周生土二层台和腰坑，腰坑长0.8、宽0.4、深0.13米，坑内随葬狗。墓内葬一具人骨，保存较差。为仰身直肢葬，头向225°，面向上，女性，年龄20～25岁。墓内还发现有棺板残迹（图一三二；图版一九，1）。

M1出土陶器6件，贝8枚。

联裆鬲　A型Ⅲ式2件。M1：8，夹砂黑灰陶，薄胎，口沿残，束颈，弧腹，柱足底浑圆，裆近平，略下弧，腹饰细绳纹。残高8.8厘米（图一三三，4）。M1：7，夹砂黑灰陶，残。圆唇，长沿，沿面内凹饰有弦纹，束颈，弧腹，饰细绳纹。口径18.6、残高7.6厘米（图一三三，1）。

鬲口沿　2件。M1：3，夹砂灰陶，方唇，宽折沿，沿缘略上翘，口沿以下饰粗绳纹。残高7.6厘米（图一三三，2）。M1：2，夹砂灰陶，方唇，唇缘有凹弦纹，宽折沿，口沿下饰中绳纹。口径28、残高7厘米（图一三三，3）。

鼓腹罐　Ⅱ式1件（M1：4）。口沿，泥质灰陶，方唇，平沿，斜直口，饰中绳纹和抹压弦纹。残

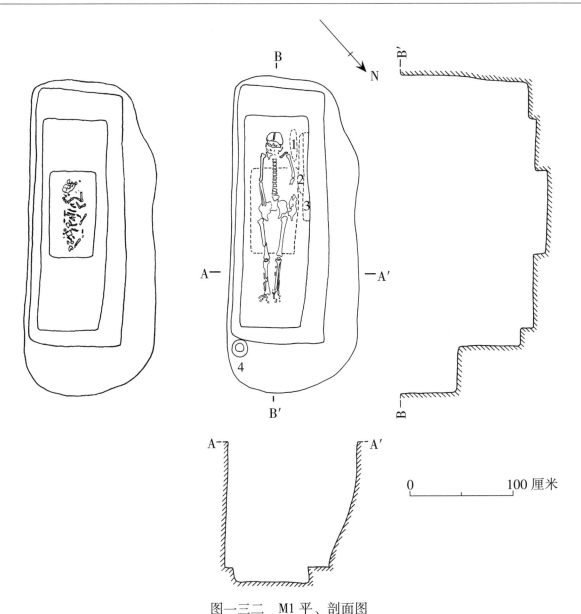

图一三二　M1 平、剖面图

1. 红色漆皮和黄色残迹　2. 灰白色纤维残迹　3. 黑灰色板灰残迹　4. 折肩罐（M1:1）

高 11.2 厘米（图一三三，6）。

折肩罐　Aa 型Ⅱ式 1 件（M1:1）。泥质灰陶，卷沿，圆唇，斜直颈，折肩，腹部微鼓，平底略内凹。肩部及器底均饰细绳纹。口径 11.6、高 14.8、底径 8、腹径 16、深 14 厘米（图一三三，5；图版三四，3）。

海贝　8 枚。标本 M1:10，背部穿孔。长 2.3 厘米（图一三三，7）。标本 M1:11，背部穿孔。长 2.6 厘米（图一三三，8）。

M2　位于 T51 北部。开口于第②层下，被 H51 打破，打破生土。为长方形土坑竖穴墓。方向 315°。墓口长 2.4、宽 0.98 米，距地面深 0.32 米。墓底长 1.86、宽 0.74 米，墓坑深 1.22 米。墓坑剖面为倒梯形。墓内填五花土，土质较疏松，填土中含有夹砂绳纹灰陶、黑陶、泥质灰陶，另有动物骨骼碎片。墓底有生土二层台，底置有石块。墓内葬一具人骨，保存较好。为仰身直肢葬，头

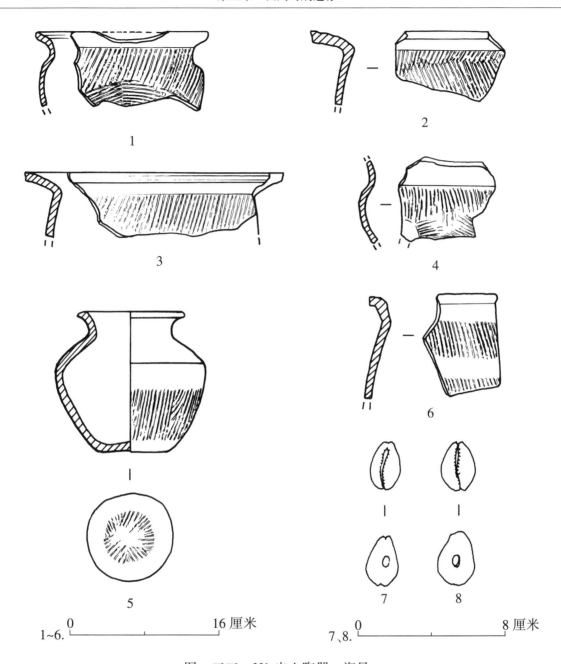

图一三三 M1 出土陶器、海贝
1、4. A 型Ⅲ式联裆鬲（M1：7、M1：8） 2、3. 鬲口沿（M1：3、M1：2）
5. Aa 型Ⅱ式折肩罐（M1：1） 6. Ⅱ式鼓腹罐（M1：4） 7、8. 海贝（M1：10、M1：11）

向 315°，面向西北，男性，年龄 40 岁左右。墓底发现少量黑灰残迹，疑为木棺（图一三四；图版一九，2）。

M2 出土陶器 2 件。

鬲口腹残片 1 件（M2：2）。夹砂灰陶，圆唇，宽折沿，沿面内凹见弦纹，束颈，斜弧腹，袋足部分残。颈部以下饰粗绳纹。口径 24、残高 14.5 厘米（图一三五，1）。

陶圆饼 1 件（M2：1）。夹砂灰陶，圆形，系陶片改制，周边有研磨痕迹，绳纹。直径 7.2、厚 1.2 厘米（图一三五，2）。

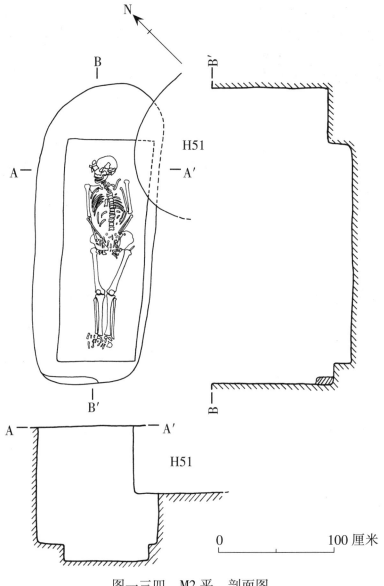

图一三四　M2 平、剖面图

　　M3　位于 T85 西部、T86 东部。开口于第②层下，打破生土。为长方形土坑竖穴墓。方向 312°。墓口长 2.54、宽 1.35 米，距地面深 0.25 米。墓底长 2.4、宽 1.22 米，墓坑深 1.23 米，剖面为直壁。墓内填灰黑色土，质地疏松，出土绳纹灰陶片、泥质素面陶片和 1 具动物骨骼及陶圆饼 1 件。墓底四周有高约 10 厘米、宽不等的熟土二层台，其中部有长 0.57、宽 0.38、深 0.2 米的腰坑，二层台及腰坑以下为生土。墓内葬一具人骨，保存情况不好，头部缺失。为仰身直肢葬，头向 312°，性别、年龄不详（图一三六；图版二〇，1）。

　　M4　位于 T66 东部，T67 西部。开口于第②层下，打破 H34。为长方形土坑竖穴墓，方向 31°。墓口长 2.5、宽 1.2 米，距地面深 0.35 米。墓坑深 2.8 米，剖面为直壁。墓内填灰黄杂土，土质稍硬，其中含有红烧土颗粒、炭屑。出土夹砂绳纹红陶、褐陶、灰陶、黑皮陶、泥质绳纹灰陶、褐胎黑皮陶、素面陶片，蚌片等。墓内发现有一椁一棺。椁长 2.3 米，椁顶板宽 1.1 米，椁室宽 1 米，椁室高 0.8 米；棺长 1.8、宽 0.6、高 0.2 米（图版二〇，2）。椁外侧筑有熟土二层台，与椁室同高。椁南北两端垒

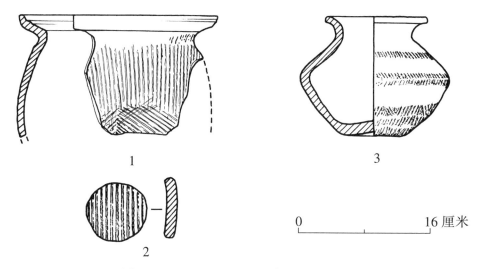

图一三五　M2、M5 出土陶器、陶制品
1. 鬲口腹残片（M2∶2）　2. 陶圆饼（M2∶1）　3. Aa 型 Ⅱ 式折肩罐（M5∶1）

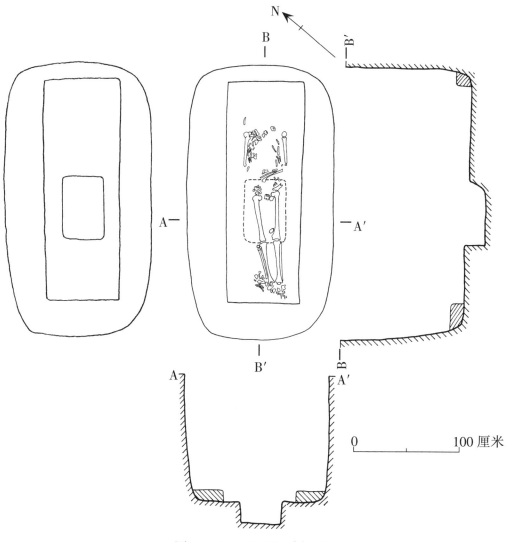

图一三六　M3 平、剖面图

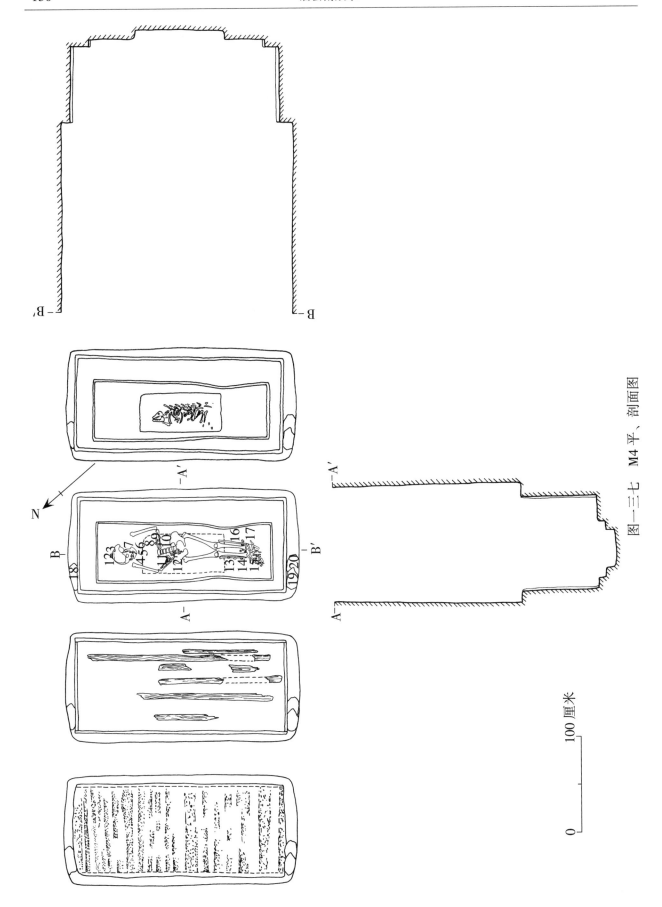

图一三七　M4 平、剖面图

100 厘米

0

有青石，南端 3 块，北端 2 块。墓底中部有长 0.96、宽 0.4、深 0.2 米的腰坑，内有狗骨架 1 具。墓内葬 1 具人骨，保存情况较差。为仰身直肢葬，头向 329°，面向西，女性，年龄 40~45 岁。在人骨的头部、口内、手臂、腿、足部共发现了 71 枚贝壳，小腿处发现有红色漆皮痕迹（图一三七；图版二一，1；图版二二，2）。

M4 出土陶器 3 件，贝 71 枚。

盆　Aa 型 1 件（M4：3）。夹砂灰陶，敞口，方唇，宽折沿，圆折腹，平底。器表及底饰中绳纹。口径 22、残高 11.5、底径 10.4 厘米（图一三八，1；图版三六，4）。

陶圆饼　2 件。M4：1，夹砂粗绳纹红褐陶，系陶片改制。直径 3 厘米（图一三八，2）。M4：2，夹砂中绳纹灰陶，系陶片改制。直径 4.8 厘米（图一三八，3）。

贝　71 枚，其中 62 枚为海贝，贝背面磨有穿空，整体形状与甲骨文、金文中的"贝"字写法相似，M4 中散落在骨架的头、手腕、胫骨等部位，推测是贝币或装饰品。其他 9 枚无人工痕迹（图版三八，2）。标本 M4：5，长 2.3 厘米（图一三八，4）。标本 M4：6，长 2.6 厘米（图一三八，5）。标本 M4：7，长 2.7 厘米（图一三八，6）。

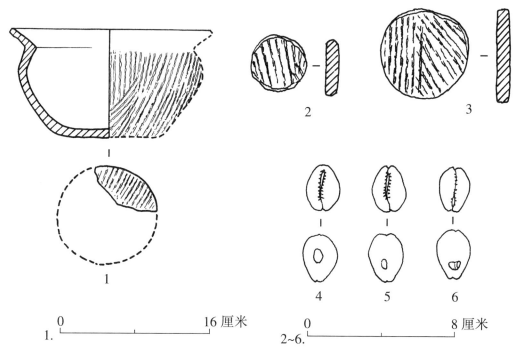

图一三八　M4 出土陶器、陶制品、海贝
1. Aa 型盆（M4：3）　2、3. 陶圆饼（M4：1、M4：2）
4~6. 海贝（M4：5、M4：6、M4：7）

M5　位于 T109 中部。开口于第②层下，打破生土。长方形土坑竖穴墓，方向 155°。墓口长 2.5、宽 1.2 米，距地面深 0.32 米。墓坑深 1.22 米，剖面为直壁。墓内填土为花土，土质疏松，含有少量的炭粒；出土绳纹陶片及动物骨骼。墓内有熟土二层台，在墓东北角的二层台上出土一陶罐。墓底发现少量黑灰残迹，估计有木棺。墓底发现有腰坑，长 1.14、宽 0.58、深 0.14 米，内出土狗骨架 1 具。墓内葬一具人骨，为仰身直肢葬，头向 155°，面向上，男性，年龄 40~45 岁，在头骨的下颌左侧 M2、M3 为龋齿，在人骨下面发现铺有编织物（图一三九；图版二一，2）。

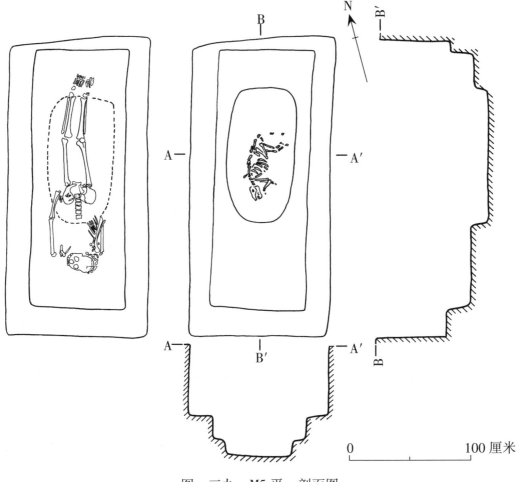

图一三九　M5 平、剖面图

M5 出土陶器 1 件。

折肩罐　Aa 型 II 式 1 件（M5：1）。夹砂浅灰陶，卷沿，圆唇，直颈，广肩，斜直腹，平底略内凹。器壁较厚，器表饰细绳纹，在肩部和腹部留有三周压抹痕迹。口径 12.5、高 14、腹径 18、底径 8、深 12.2 厘米（图一三五，3；图版三四，4）。

M6　位于 T85 西部。开口于第②层下，打破 H30。为长方形土坑竖穴墓。方向 330°。墓口长 2.45、宽 1.12 米。墓口距地面深 0.25 米。墓坑深 0.74 米。墓坑剖面为直壁。墓内填土为灰黄杂土，表层发黑，出土陶器标本夹砂绳纹灰陶，填土中随葬有一罐一鬲（图版二二，3）。墓底头部前有一黄土台。墓内未发现葬具痕迹。墓内葬一具人骨，为仰身直肢葬，头向 330°，面向上，性别女，年龄 45 岁左右，骨架面部已受损，上肢缺少，骨架右上肢部位随葬一石牌饰（图一四〇）。

M6 出土陶器 3 件。

分裆鬲　B 型 II 式 1 件（M6：2）。夹砂灰陶，器底较小。圆唇，宽折沿，沿面略内凹，饰两道弦纹，三款足外撇，腹壁斜直，足底浑圆，低裆近平，器表饰细绳纹。口径 14、高 8.2 厘米（图一四一，2；图版三一，4）。

折肩罐　Ab 型 II 式 1 件（M6：1）。泥质灰陶，斜直颈，折肩，腹壁微鼓，平底略内凹。肩部以下及器底饰细绳纹。口径 12.6、底径 9、高 16.6、腹径 16.4 厘米（图一四一，1；图版三四，5）。

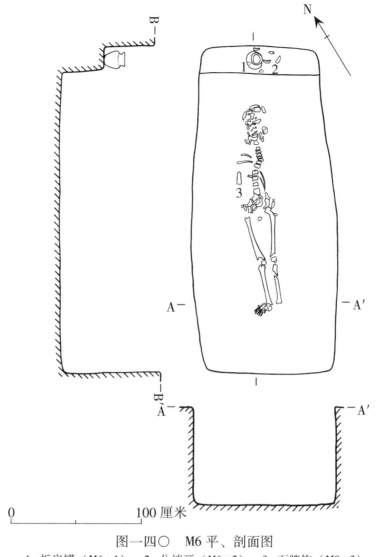

图一四〇　M6 平、剖面图
1. 折肩罐（M6∶1）　2. 分档鬲（M6∶2）　3. 石牌饰（M0∶3）

石牌饰　1 件（M6∶3）。白色，上窄下宽，呈长方形，边缘切削整齐，通体磨制，上宽 2、下宽 3.2、长 9.7、厚 0.5 厘米（图一四一，3；图版三九，2）。

M8　位于 T110 西北、T111 东北。开口于第②层下，打破生土。为长方形土坑竖穴墓，方向 348°。墓口长 2.24、宽 0.82 米，距地面深 0.35 米。墓坑深 0.2 米。墓坑剖面为直壁。墓内填灰黑色土，质地较松软。内含有绳纹夹砂灰陶片。墓底有长 0.54、宽 0.36、深 0.16 米的腰坑。墓内发现一具人骨，为仰身直肢葬，头向 348°，面向上，女性，年龄 30 岁左右（图一四二；图版二二，1）。

M9　位于 T119 南部，T110 北部。开口于第②层下，打破生土。为长方形土坑竖穴墓，方向 333°。墓口长 2.7、宽 1.48 米，距地面深 0.4 米。墓坑深 1.11 米，剖面为直壁。墓内填黑灰土，杂有红烧土颗粒及炭粒。出土夹砂绳纹或泥质绳纹灰陶。墓坑内有一棺一椁，内葬一具人骨，为仰身直肢葬，头向 333°，面向上，男性，年龄 30~35 岁，随葬一件陶罐。墓底发现一腰坑，长 0.82、宽 0.32、深 0.24 米，内葬一狗（图一四三；图版二三，1、2）。

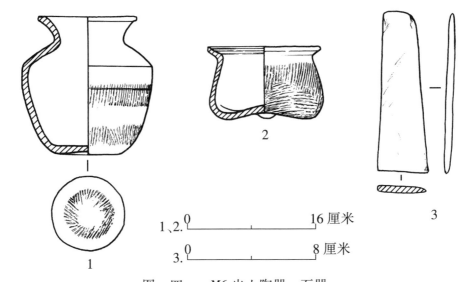

图一四一　M6 出土陶器、石器

1. Ab 型 II 式折肩罐（M6：1）　　2. B 型 II 式分裆鬲（M6：2）　　3. 石牌饰（M6：3）

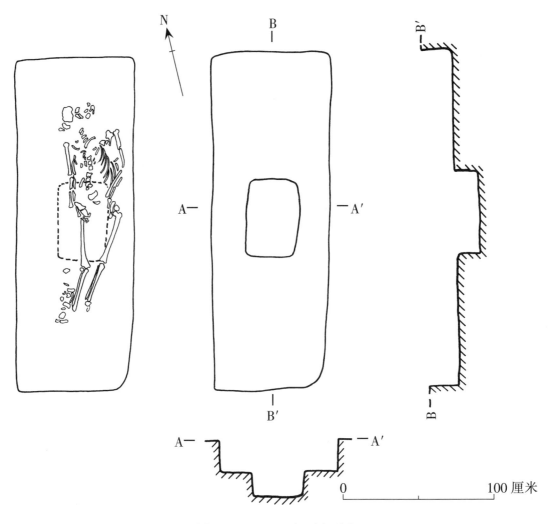

图一四二　M8 平、剖面图

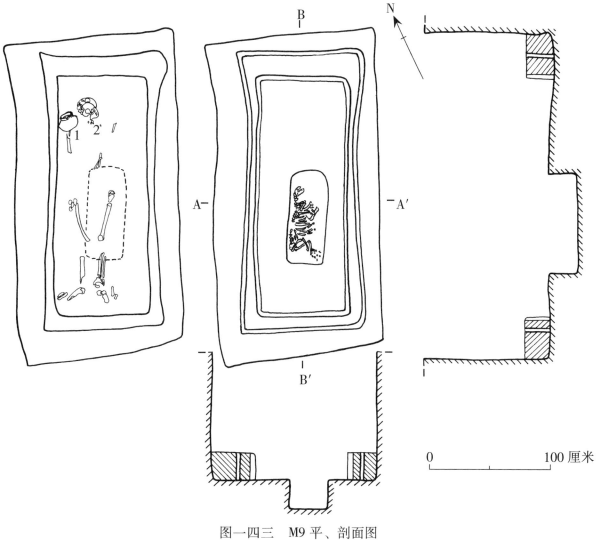

图一四三　M9 平、剖面图
1. 折肩罐（M9∶1）　2. 海贝（M9∶2）

M9 出土陶器 2 件。

折肩罐　Ba 型 I 式 1 件（M9∶1）。泥质浅灰陶，平沿，尖唇，直颈，广肩，扁圆腹，大平底。器表为素面，略经打磨，肩部饰有两道弦纹。口径 10、底径 10、高 10、腹径 14.5、深 8.5 厘米（图一四五，1；图版三五，1）。

海贝　1 枚（M9∶2）。背部无穿孔。长 2.4 厘米（图一四五，2）。

M10　位于 T119 北部。开口于第②层下，打破生土。长方形土坑竖穴墓，方向 341°。墓口长 2.2、宽 1 米，距地面深 0.35 米。墓坑深 0.74 米，剖面为直壁。墓内填黑土，夹杂有红烧土颗粒及炭粒。出土夹砂及泥质绳纹灰陶。墓坑内未发现葬具痕迹。墓内葬一具人骨，为仰身直肢葬，头向 341°，面向上，男性，年龄 35～40 岁，有龋齿，随葬陶罐一件。墓底中部发现一腰坑，长 0.56、宽 0.4、深 0.16 米，腰坑内残存狗骨架（图一四四；图版二四，1）。

M10 出土陶器标本 1 件。

折肩罐　Ba 型 II 式 1 件（M10∶1）。泥质黑皮陶，平沿，圆唇，斜直颈，平底略内凹。器表通体

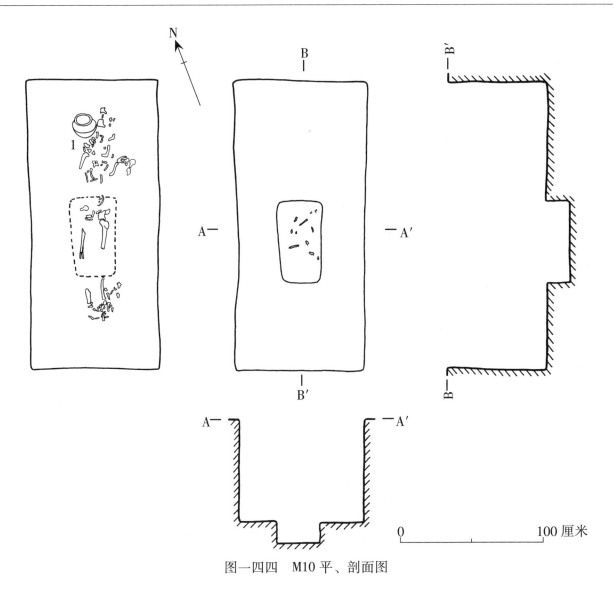

图一四四　M10 平、剖面图

磨光，肩部和腹部饰有弦纹。口径 12、底径 9、高 15.2、腹径 17.2，深 14.4 厘米（图一四五，3；图版三五，3）。

　　M11　位于 T120 西部。开口于第②层下，打破生土。长方形土坑竖穴墓，方向 346°。墓口长 2.48、宽 0.95 米，距地面深 0.4 米。墓坑深 0.5 米，剖面为直壁。墓内填灰黑土，出土夹砂绳纹灰陶片。墓坑内未发现葬具痕迹。墓底有一腰坑，长 0.72、宽 0.44、深 0.18 米，内残存狗骨。墓内葬一具人骨，为仰身直肢葬，头向 346°，面向上，男性，年龄 25 岁左右，左侧下颌 M2 为龋病。随葬一陶罐，甚残（图一四六；图版二四，2）。

　　M12　位于 T120 东南。开口于第②层下，打破生土。长方形土坑竖穴墓，方向 24°。墓口长 2.25、宽 1.2 米，距地面深 0.48 米。墓坑深 0.5 米，剖面为直壁。墓内填黑土，夹杂有红烧土颗粒及炭粒，出土夹砂和泥质绳纹灰陶片。墓坑内未发现葬具痕迹。墓底发现一腰坑，长 0.74、宽 0.42、深 0.18 米，坑内残存狗骨。墓内葬一具人骨，为仰身直肢葬，头向 336°，面向上，女性，年龄 25~30 岁（图一四七；图版二五，1）。

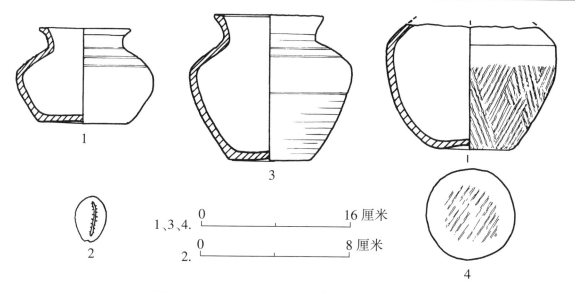

图一四五　M9、M10、M13 出土陶器、海贝

1. Ba 型 I 式折肩罐（M9∶1）　　2. 海贝（M9∶2）　　3. Ba 型 II 式折肩罐（M10∶1）
4. 折肩罐（M13∶1）

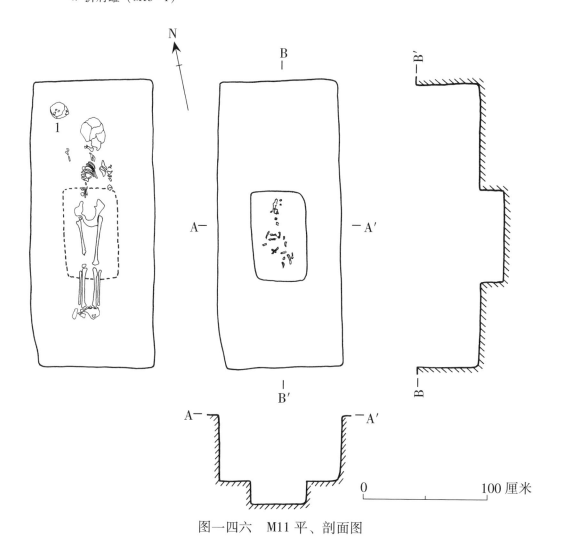

图一四六　M11 平、剖面图

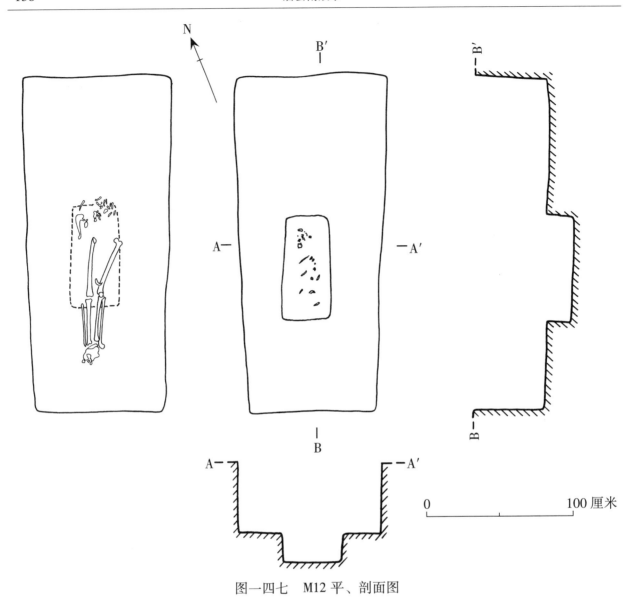

图一四七　M12 平、剖面图

M12 出土陶器 5 件。

联裆鬲　B 型Ⅲ式 1 件（M12：1）。夹砂灰陶。方唇，宽折沿近平，沿面饰弦纹，浅鼓腹，裆下弧，柱足与腹腔结合部无明显分界。器表饰中绳纹，三款足之间绳纹上饰有扉棱。口径 16.6、高 10.4 厘米（图一四八，1；图版三二，6）。

折肩罐　Ba 型Ⅱ式 1 件（M12：2）。泥质灰陶，平沿，尖圆唇，斜直颈，圆折肩，腹部微鼓，大平底。器表通体磨光，肩部饰凹弦纹呈瓦棱状。口径 13.2、高 16、腹径 17.8、底径 10、深 15 厘米（图一四八，2；图版三五，4）。

罐口沿　2 件。M12：3，泥质灰陶，方唇，平折沿，短颈，下饰中绳纹。口径 22 厘米（图一四八，3）。M12：4，泥质灰陶，方唇，平沿，短颈，颈下饰中绳纹。口径 16.5、残高 6.4 厘米（图一四八，5）。

簋　B 型 1 件（M12：5）。簋盘，泥质灰陶。尖唇敞口。素面。残高 10.2 厘米（图一四八，4）。

簋圈足　A 型 1 件（M12：6）。器座，夹砂黑灰陶。底径 14、残高 4.5 厘米（图一四八，6）。

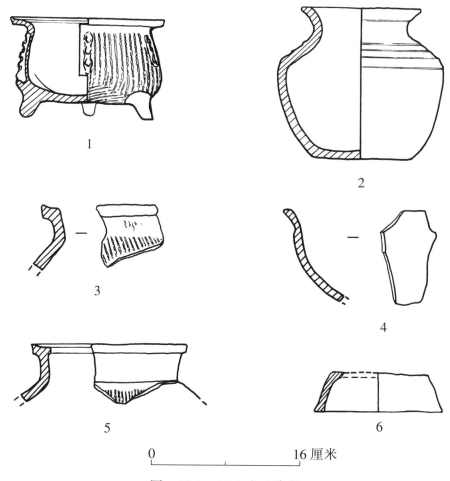

图一四八　M12 出土陶器

1. B 型Ⅲ式联裆鬲（M12：1）　2. Ba 型Ⅱ式折肩罐（M12：2）　3、5. 罐口沿
（M12：3、M12：4）　4. B 型簋（M12：5）　6. A 型簋圈足（M12：6）

M13　位于 T109 东南，T100 东北。开口于第②层下，打破生土。为长方形土坑竖穴墓，方向 338°。墓口长 2.64、宽 1.4 米，距地面深 0.4 米。墓坑深 0.55 米，剖面为直壁。墓内填五花土。墓坑内未发现葬具。墓底发现一腰坑，长 0.92、宽 0.34、深 0.12 米，有残存狗骨。墓内葬一具人骨，为仰身直肢葬，头向 338°，面向上，男性，年龄 45 岁左右（图一四九；图版二五，2）。

M13 出土陶器标本 1 件。

折肩罐　1 件（M13：1）。夹砂灰陶，口残。折肩，弧腹，平底内凹。肩部以下饰较粗交错中绳纹。口径 15.4、底径 9、残高 13、腹径 18 厘米（图一四五，4；图版三四，6）。

4. 灰沟

G3　位于 T17、T18、T19。开口于第②层下，打破 H40。为东南—西北走向。沟口距地面深 0.3 米，沟深 0.75 米。沟剖面为倒梯形。沟口宽 2.85 米，沟底宽 0.75 米，位于发掘区内的仅为该沟的一部分，揭露部分长约 15 米。沟内堆积为红黄混杂的花土，土质发黏，较松软。沟内出土绳纹陶片、兽骨等（图一五〇）。

G3 出土陶器 2 件，铜镞 1 件。

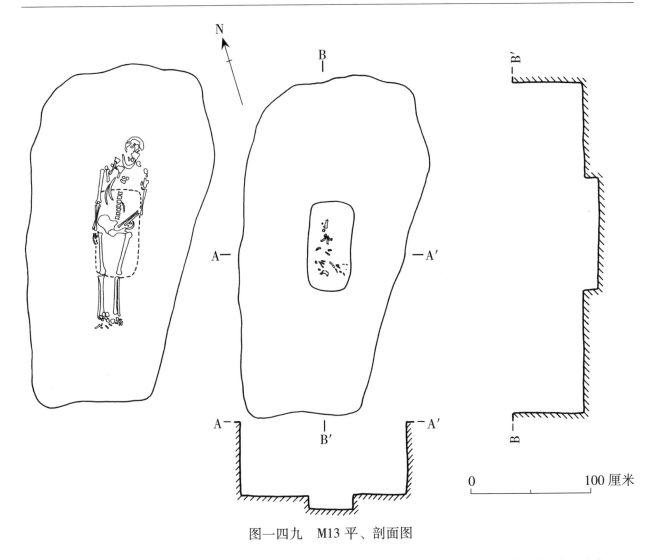

图一四九 M13 平、剖面图

糙面陶器 2 件。G3：4，夹砂黑灰陶，长方形，糙面刻划边框内填人字纹，背置把手。残宽 3.5、残长 5 厘米（图一五一，1）。G3：5，夹砂深灰陶。长方形，糙面刻划人字纹，背置桥状把手。宽 4.4、残长 3.5 厘米（图一五一，2）。

铜镞 1 件（G3：3）。镞体扁平，三角形，双翼，有关，铤残。残长 2.8 厘米（图一五一，3；图版三九，3 左 2）。

5. 采集品

共 12 件，年代为西周时期。

联裆鬲 B 型Ⅱ式 1 件（0：1）。夹砂黑灰陶，圆唇，宽折沿，沿面微内凹，上饰二道弦纹，束颈，浅腹腔，裆近平，柱足较高略外撇，柱足与腹腔结合部有分界。器表在竖细绳纹上压印有相同的横绳纹，三款足饰对称。口径 17.5、高 13 厘米（图一五二，1；图版三二，4）。

弧裆鬲 1 件（0：2）。夹砂褐陶，方唇，宽折沿，沿面内凹，留有轮修痕迹。束颈，弧腹，柱足，分裆较浅，袋足与柱足结合部无明显分界。器表饰中绳纹。口径 16.4、高 13.2 厘米（图一五二，2；图版三二，5）。

鬲口沿 1 件（0：7）。夹砂灰褐陶，方唇，斜折沿，器表饰中绳纹。口径 22、残高 6.5 厘米（图

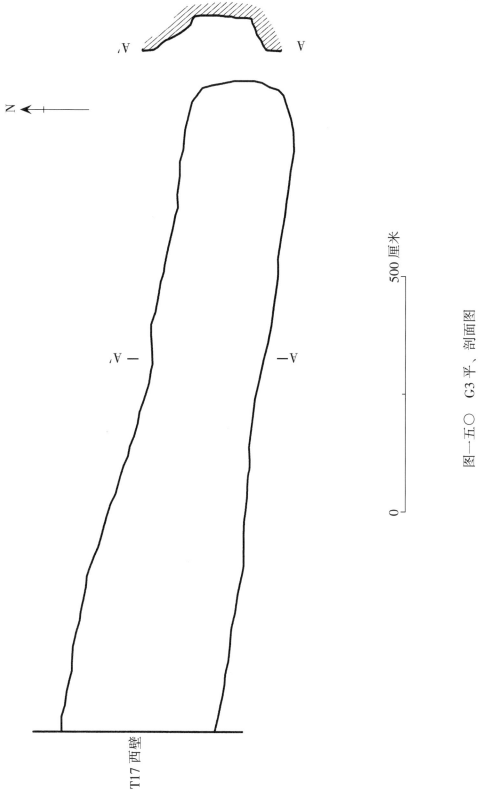

图一五〇　G3 平、剖面图

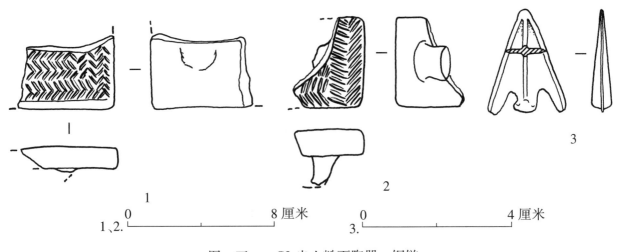

图一五一　G3 出土糙面陶器、铜镞
1、2. 糙面陶器（G3∶4、G3∶5）　3. 铜镞（G3∶3）

一五二，3）。

鼓腹罐　Ⅰ式 2 件。0∶8，口沿，夹砂灰陶，绳纹。折沿，圆唇。残高 6.4 厘米（图一五二，6）。0∶10，口沿，折沿，圆唇。残高 6 厘米（图一五二，7）。

Ⅱ式 2 件。0∶6，口沿，夹砂红褐陶，残。方唇，卷沿，短直颈，圆肩。颈部饰压划弦断中绳纹。口径 18、残高 8 厘米（图一五二，10）。0∶9，泥质浅灰陶，侈口，卷沿，圆唇，斜颈，圆鼓腹，平底，素面，上腹部饰两组弦纹。口径 7.2、高 10.7、腹径 11.8、底径 5.5 厘米（图一五二，4）。

折肩罐　Aa 型 Ⅰ式 1 件（0∶3）。夹砂灰陶，卷沿，方唇，留有轮修痕迹。直颈，折肩，腹部微鼓，平底内凹。肩部以下及器底均饰细绳纹。口径 14、底径 10.8、高 17.6 厘米（图一五二，5；图版三四，2）。

Ba 型 Ⅰ式 1 件（0∶5）。泥质浅灰陶，平沿，圆唇，直颈，圆折肩，斜直腹，平底内凹。器表通体打磨光滑，口径 12、高 13.8、腹径 17、底径 8、深 13 厘米（图一五二，8；图版三五，2）。

Bb 型 1 件（0∶4）。泥质浅灰陶，斜平沿，沿面内略凹，斜直颈，折肩微鼓，平底。器表通体磨光，肩部饰有较深的凹弦纹。口径 11.6、高 16、腹径 18、底径 8.4、深 5.4 厘米（图一五二，9；图版三五，6）。

陶纺轮　1 件（0∶2）。泥质灰陶。圆饼形，直缘，中钻孔。系陶片改制而成。直径 3.5 厘米（图一五二，12）。

骨镞　1 件（0∶11）。前锋残，镞身横断面呈菱形，铤末端残，铤身呈圆锥状。残长约 3.6 厘米（图一五二，11）。

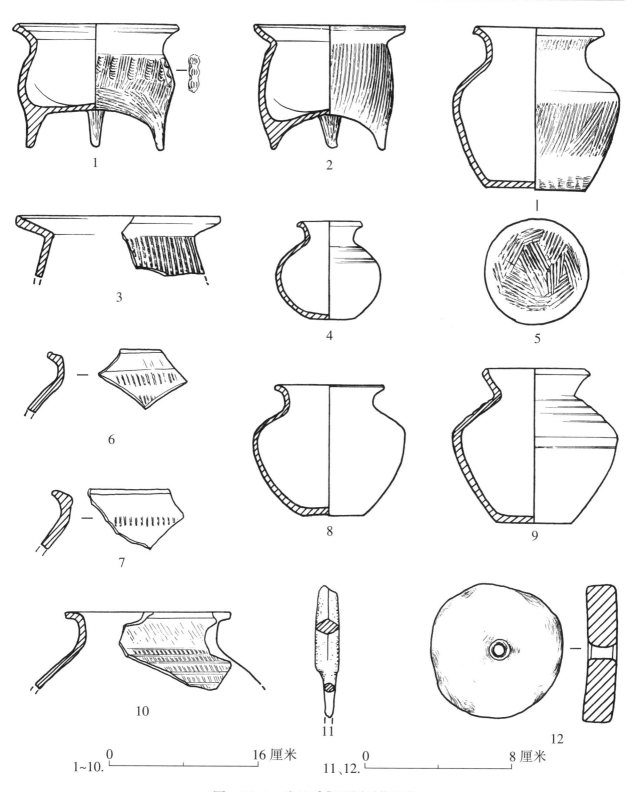

图一五二　遗址采集西周时期遗物

1. B 型 Ⅱ 式联裆鬲（0:1）　2. 弧裆鬲（0:2）　3. 鬲口沿（0:7）　4. Ⅱ 式鼓腹罐（0:9）
5. Aa 型 Ⅰ 式折肩罐（0:3）　6、7. Ⅰ 式鼓腹罐口沿（0:8、0:10）　8. Ba 型 Ⅰ 式折肩罐（0:5）
9. Bb 型折肩罐（0:4）　10. Ⅱ 式鼓腹罐口沿（0:6）　11. 骨镞（0:11）　12. 陶纺轮（0:12）

第四章 东周时期遗存

第一节 东周遗存概述

东周时期遗存，共清理灰坑 24 座、灰沟 2 条。遗物以泥质灰陶细柄豆、碗式豆、折沿盆、夹蚌折沿平裆乳足鬲和泥质黑皮陶弦纹盂等为典型陶器，其中细柄豆和粗绳纹鬲陶片出土的数量最多。

一 遗 迹

1. 灰坑

南放水遗址发现 24 座东周时期灰坑。按照灰坑形态来分，坑口形状有圆形、椭圆形、长方形和不规则形等；坑体结构有直壁筒形、倒梯形、袋状、锅底形等；坑底形态均为平底。灰坑以圆形直壁平底坑为主，其他还见有圆形袋状、圆形锅底状和长方形直壁式。另外发现个别灰坑坑壁经过填土二次加工或留有夯土版筑痕迹。灰坑的深度大致集中在 50 厘米以下、50~90 厘米和 90 厘米以上三个区间范围之内（附表一）。

（1）圆形坑 17 座。坑口为圆形，坑剖面有直筒、袋状、倒梯形、锅底状四类。

圆形直筒坑 11 座。坑口径、底径相同，坑壁剖面为直壁，呈直壁筒形。深度在 50 厘米以下的 6 座，包括 H74、H110、H117、H148、H149、H185；深度在 50~90 厘米 2 座，为 H173、H181；深度 90 厘米以上的 3 座，包括 H115、H165、H184。

圆形袋状坑 1 座（H76）。深度在 90 厘米以上。

圆形梯状坑 3 座。深度在 50 厘米以下的 2 座，为 H5、H101；50~90 厘米深度的 1 座（H145）。

圆形锅底状坑 2 座。H7、H25 深度均在 50 厘米以下。

（2）椭圆形坑 2 座。椭圆形锅底坑 1 座（H150），深度 50 厘米以下。椭圆形直筒形坑 1 座（H156），深度在 50~90 厘米之间。

（3）长方形坑 1 座（H31）。为长方形直筒坑，深度在 90 厘米以上。

（4）不规则形坑 1 座（H6）。深度在 50 厘米以下。

（5）坑口形状不明 3 座。包括 H102、H183、H186。

2. 灰沟

发现两条东周时期灰沟（G6、G8），位于发掘区东部，东西平行，南北走向。灰沟剖面呈倒梯形。

上口宽 3 ~ 3.5、底宽 1.5 ~ 1.75、深 1.4 米左右，发掘区域内清理长度约 40 米。填土较硬，质地纯净（附表三）。

二 遗 物

东周时期出土了一定数量的遗物，以陶器为大宗，按用途又可分为陶容器和陶制品，另外有少量石、骨和金属制品。

1. 陶容器

陶容器可分泥质、夹砂两大类，其中泥质陶数量较多。纹饰以粗绳纹为主，素面次之。按照每平方厘米分布的数量可以分为：4 根以上的细绳纹（图一五三，7）、3 根左右中粗绳纹（图一五三，3、4、6）、1.5 ~ 2 根的粗绳纹（图一五四，3、4）和 1 根左右的特粗绳纹（图一五四，1、2），还有抹压弦断绳纹等复合纹饰（图一五三，1、2、7、8）及刻划符号等（图一五四，5）。陶器有三足器、圈足器和平底器三种，三者数量大致相等。器类有鬲、豆、罐、盆、簋、瓮、钵、釜等。下面按照器物种类逐一介绍。

鬲 21 件。均为夹砂陶，羼和料颗粒较大，部分陶器内掺有云母颗粒。陶色有灰陶、红陶、红褐陶。器表皆饰绳纹。根据鬲足形态的不同，可分为袋足和柱足两型。

A 型 6 件。袋足。标本 H31：1，口径 19.4、残高 22.4 厘米（图一五八，1；图版二六，3 左）。

B 型 5 件。柱足。标本 H31：9，残高 8.4 厘米（图一五八，8）。

另有 10 件陶鬲口腹残片或口沿，足部残失，皆敞口、折沿。其中，方唇 4 件。标本 H31：12，口径 14、残高 6.4 厘米（图一五八，2）。圆唇 5 件。标本 H76①：23，残高 5.6 厘米（图一六一，1）。

豆 14 件。均残，为泥质灰陶，素面。按豆盘的口、腹部特征，可分两型。

A 型 4 件。弧腹，敞口。标本 H76①：8，口径 15.2、残高 5.6 厘米（图一六一，15）。

B 型 3 件。折腹，口较直。标本 H76①：9，口径 15.3、残高 12 厘米（图一六一，19）。

另有豆柄 4 件，皆柱状。豆座 3 件，皆喇叭形。

罐 15 件。主要为泥质陶，有少量夹砂陶，有泥制灰陶、红陶、红褐陶，夹砂灰陶、褐陶，均为口沿或口腹部残片。按照有无颈的特征，可分两型。

A 型 12 件。有颈。标本 G8：4，残高 7.6 厘米（图一七九，4）。

B 型 3 件。无颈。标本 H76①：34，口径 12.8、残高 8 厘米（图一六一，4）。

盆 10 件。均为泥质陶。均为口沿残片，陶色有灰陶和黑皮陶两种。按照唇部形态可分为两型。

A 型 7 件。方唇。标本 H76①：19，口径 42.4、残高 15 厘米（图一六一，12）。

B 型 3 件。圆唇。标本 H165：3，残高 8 厘米（图一七三，2）。

簋 3 件。泥质灰陶。包括簋盘 1 件（H76①：14）。口径 25.2、残高 13 厘米（图一六一，18）。簋圈足 2 件。标本 H185：1，底径 12.5、残高 4.7 厘米（图一七七，5）。

瓮 1 件（G8：3）。残高 7.8 厘米（图一七九，3）。

钵 1 件（H31：2）。口径 14、高 7.6 厘米（图一五八，4；图版二六，3 右）。

釜 1 件（G6③：3）。残高 6 厘米（图一七八，10）。

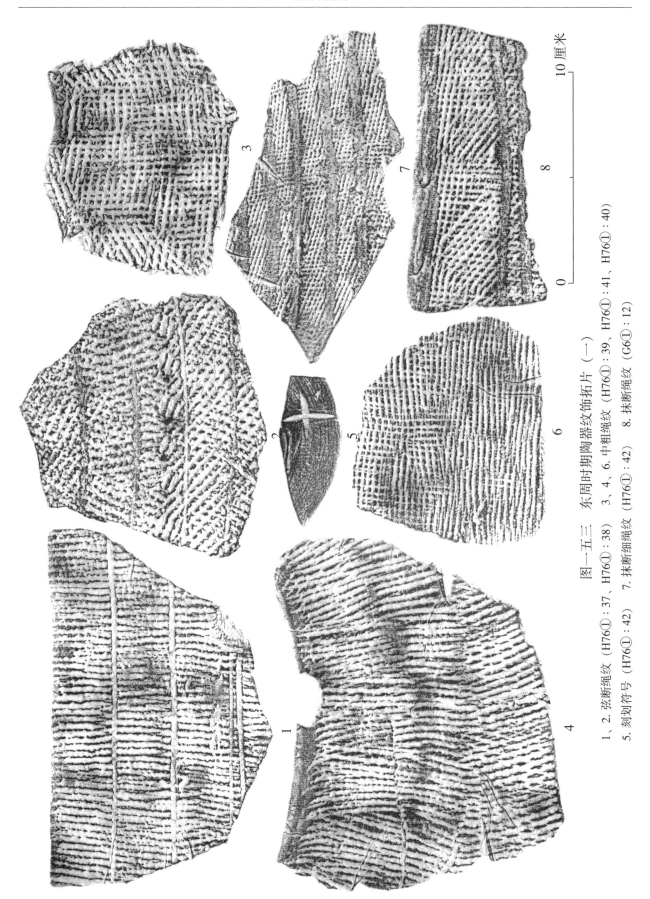

图一五三　东周时期陶器纹饰拓片（一）

1、2. 弦断绳纹（H76①：37、H76①：38）　3、4、6. 中粗绳纹（H76①：39、H76①：41、H76①：40）
5. 刻划符号（H76①：42）　7. 抹断细绳纹（H76①：42）　8. 抹断绳纹（G6①：12）

图一五四　东周时期陶器纹饰拓片（二）

1、2. 特粗绳纹（G6①：13，H76①：35）　3、4. 粗绳纹（H76①：36，H31：11）

2. 陶制品

陶制品为2件陶纺轮。标本H76①:8，陶纺轮，泥质灰陶，圆形，折缘，厚体，中穿孔。直径4.8厘米（图一六二，1）。

3. 石器

石器有石锛坯料1件（H31:3），灰白色，长方形，平顶，偏锋，厚体。宽7、长10厘米（图一五八，9）。石杵1件（H25③:3），自然条石，褐色，研磨面略内凹，有使用痕迹。长24、宽8、厚5厘米（图一五六，1）。

4. 骨器

骨器有骨笄3件。标本H76①:5，笄首呈钉帽状，笄身细长，尖部圆钝，通体磨光。长10.1厘米（图一六二，3）。

5. 金属器

金属器有铁铤铜镞和耳环等。

铁铤铜镞　1件（G8:1）。镞锋为三棱形，下附铁铤。长5.8厘米（图一八九，7）。

铜耳环　1件（H76①:7）。圆形，剖面为扁圆形。直径1.5厘米（图一六二，4）。

残铜器　1件（H150:1）。一端为方体，残；另一端为圆锥体。残长2厘米（图一八〇，4）。

第二节　东周时期遗存

1. 灰坑

H25　位于T50东北部。开口于第②层下，打破生土。坑口形状为圆形，坑壁剖面为锅底形。坑口直径1.5米，距地表深0.4米，坑深0.4米。坑内有生土二层台，内堆积可以分为3层：第①层为棕褐色土，质地较松软，厚约10厘米，出土有少量绳纹陶片。第②层为灰色土，土质很疏松，厚约15厘米，出土较多绳纹陶片、动物骨骼和牙齿。第③层为黄色黏土，厚约15厘米，出土很少陶片（图一五五）。

H25出土石器3件。

石杵　1件（H25③:3）。自然条石，褐色，研磨面略内凹，有使用痕迹。长24、宽8、厚5厘米（图一五六，1）。

陶球　1件（H25③:2）。泥质红陶。直径1.8厘米（图一五六，2）。

陶圆饼　1件（H25③:1）。夹砂中粗绳纹灰陶，系陶片改制，边缘磨制。直径3.9厘米（图一五六，3）。

H31　位于T83东部。开口于第②层下，打破生土。坑口形状为长方形，坑壁剖面为直筒形。坑口长2.16、宽1米。坑口距地表深0.4米，坑深2.8米。坑东西两侧发现有三个脚窝。坑内堆积呈灰黑色，土质较松软，夹杂黑色炭粒。出土较多绳纹灰陶片及动物骨骼（图一五七）。

H31出土陶器8件，石器1件。

鬲　A型2件。H31:1，这种鬲正视似釜，但底视呈三角形，仍可看出属鬲。夹砂深灰陶，折沿，方唇，沿面有一道弦纹，束颈，弧腹，深腹腔，平裆，器底呈对称等边三角形，器表饰交错较粗绳纹。

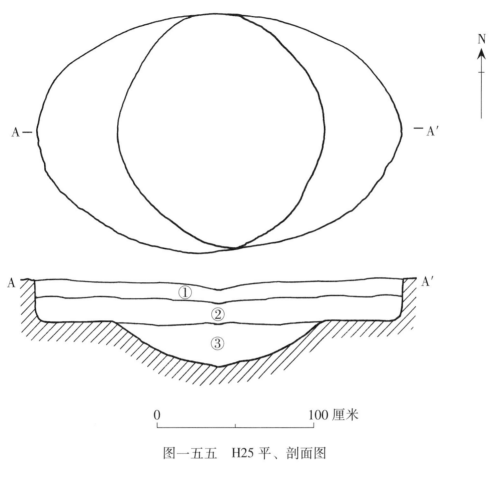

图一五五　H25 平、剖面图

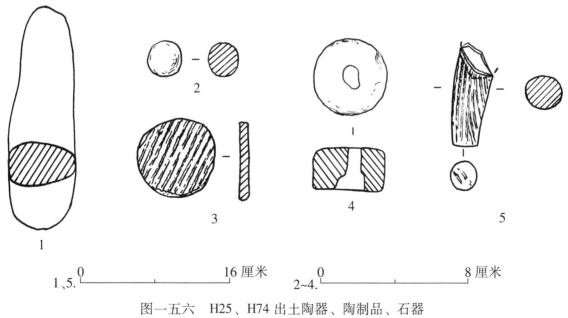

图一五六　H25、H74 出土陶器、陶制品、石器

1. 石杵（H25③∶3）　2. 陶球（H25③∶2）　3. 陶圆饼（H25③∶1）
4. 陶纺轮（H74①∶1）　5. B 型鬲足（H74①∶2）

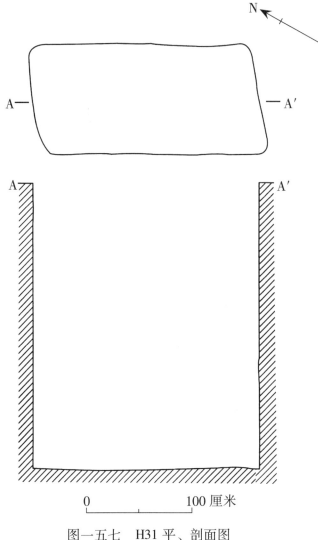

图一五七 H31 平、剖面图

口径 19.4、残高 22.4 厘米（图一五八，1；图版二六，3 左）。H31：8，鬲足，夹砂红褐陶，陶质略显粗疏。足根呈乳突状，外表饰粗绳纹。残高 4.4 厘米（图一五八，7）。

B 型 1 件（H31：9）。鬲足，夹砂红褐陶，器体形较粗大，柱状足根，器表饰粗绳纹。残高 8.4 厘米（图一五八，8）。

鬲口腹残片 1 件（H31：12）。夹砂灰陶，方唇，折沿，沿面略现两道凹弦纹。鼓腹，腹饰粗绳纹。口径 14、残高 6.4 厘米（图一五八，2）。

豆 A 型 1 件（H31：7）。豆盘，泥质灰陶，斜壁，圜底，盘外表近豆柄部分留有捏制痕迹。盘内饰抹光弦纹。残径 12、残高 3.6 厘米（图一五八，5）。

豆座 1 件（H31：5）。泥质灰陶，圆唇。表面留有轮修痕迹。底径 9、残高 5.6 厘米（图一五八，6）。

盆 A 型 1 件（H31：10）。口腹残片，方唇，宽折沿，敞口，斜直腹，腹中部及以下饰细绳纹。沿面轮修抹制光滑。口径 36、残高 9 厘米（图一五八，3）。

钵 1 件（H31：2）。泥质浅灰陶，系豆盘改制而成。敛口，深腹，口下有一不明显突棱，浅台底，素面磨光。口径 14、高 7.6 厘米（图一五八，4；图一三，4 右）。

石锛坯料　1 件（H31∶3）。灰白色，长方形，平顶，偏锋，厚体。宽 7、长 10 厘米（图一五八，9）。

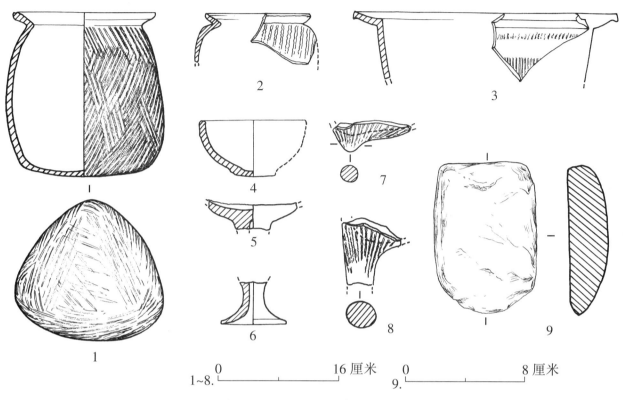

图一五八　H31 出土陶器、石器
1、7. A 型鬲（H31∶1、H31∶8）　2. 鬲口腹残片（H31∶12）　3. A 型盆（H31∶10）　4. 钵（H31∶2）
5. A 型豆盘（H31∶7）　6. 豆座（H31∶5）　8. B 型鬲足（H31∶9）　9. 石锛坯料（H31∶3）

H74　位于 T88 东北部。开口于第②层下，打破 H111。坑口形状为圆形。坑壁剖面为直筒形。坑口直径 1.7 米，距地表深 0.33 米，坑深 0.3 米。坑内堆积为灰土，颗粒较粗，土质松软，堆积中夹杂有炭粒、烧土块等；坑内出土有绳纹陶片以及少量动物骨骼（图一五九）。

H74 出土陶器 2 件。

鬲　B 型 1 件（H74①∶2）。夹砂灰陶，柱状，器形较大，底圆形，根部近上端呈椭圆形剖面。饰粗绳纹。袋形部分内壁有较明显的绳纹痕迹，应为加工工具所留。残高 11.2 厘米（图一五六，5）。

陶纺轮　1 件（H74①∶1）。泥质夹砂红褐陶，圆形，中穿孔。直径 4 厘米（图一五六，4）。

H76　位于 T34 东北部。开口于第②层下，打破生土。坑口为圆形，坑壁剖面为袋状。该坑为人工两次加工所形成的双层壁坑。坑内口直径为 1.4 米，外口直径为 2.4 米，底径 2.8 米。坑口距地表深 0.25 米，坑深 1.6 米。内、外壁间填土为较纯净的黄色黏土。坑内堆积可分 2 层：第①层厚 1.3 ~ 1.54 米，为松软的草木灰烬，局部有较硬的黄土块。此层出土残陶豆 20 余件及大量绳纹陶片和动物骨骼。第②层厚 0.06 ~ 0.3 米，土质较硬，夹杂有较多白色颗粒，似为植物腐殖质。内外壁之间堆积为质地较黏的黄色土，疑经过夯实加工，其中包含少量碎绳纹陶片。从坑体结构看，建造时，可能先

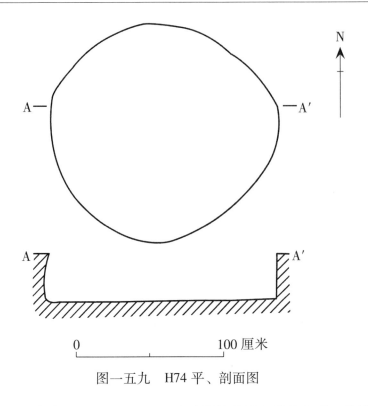

图一五九　H74 平、剖面图

挖出一个直径很大、坑壁稍倾斜的袋状坑，然后用防渗漏性能较好的黄色黏土将坑体填实，再按需要挖出一个内倾程度更大的袋形坑。该坑形状较规整，坑底平整，尤其是防渗漏双层壁的设计十分少见，估计废弃前可能是具有某种特殊功能的窖穴（图一六○；图版一四，1）。

H76 出土陶器标本 22 件，骨器 3 件，青铜器 1 件。

鬲　A 型 3 件。H76①：31，鬲足，夹砂掺云母红褐陶，厚胎，袋足底，有乳突状足根，器表饰粗绳纹。残高 5.6 厘米（图一六一，10）。H76①：32，鬲足，夹砂掺云母红褐陶，厚胎，袋足底近平，器表饰粗绳纹。残高 5.2 厘米（图一六一，11）。H76①：33，鬲足，夹砂掺云母红褐陶，厚胎，袋足底近平。有乳突状足根，器表饰粗绳纹。残高 4.8 厘米（图一六一，14）。

鬲口沿　4 件。H76①：23，鬲口沿，夹砂掺云母红褐陶，厚胎。圆唇，宽折沿呈盘状，沿面内有弦纹，口沿下饰粗绳纹。残高 5.6 厘米（图一六一，1）。H76①：18，夹砂掺云母红褐陶，厚胎，圆唇，宽折沿近平，沿面有凹凸弦纹，弧腹，腹饰交错粗绳纹。残高 8 厘米（图一六一，13）。H76①：22，夹砂掺云母红褐陶，厚唇，宽折沿，近平，沿面有弦纹，束颈，圆腹，腹饰粗绳纹。残高 8.6 厘米（图一六一，6）。H76①：24，夹砂掺云母红褐陶，厚胎，方圆唇，宽折沿近平，沿面有弦纹，弧腹，腹饰纵横粗绳纹。残高 8.6 厘米（图一六一，3）。

豆　A 型 2 件。H76①：28，豆盘，泥质灰陶，敞口，弧壁，碗行腹，豆座残。口径 15.2、残高 5.6 厘米（图一六一，15）。H76①：29，泥质灰陶，敞口，展沿，浅弧壁，豆座残。口径 15.2、残高 4.5 厘米（图一六一，17）。

B 型 2 件。H76①：9，泥质灰陶，敞口，腹微折，盘形浅腹，喇叭形中空细把豆座。口径 15.3、残高 12 厘米（图一六一，19）。H76①：10，豆盘，泥质灰陶，敞口，腹微折，盘形浅低，豆座残。口径 14.8、残高 6.8 厘米（图一六一，16）。

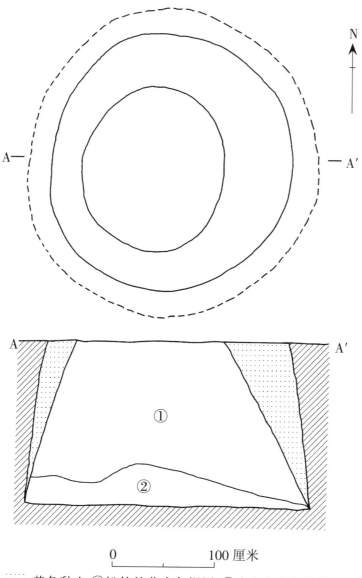

0　　　　　　　　　100 厘米

::::: 黄色黏土 ①松软的草木灰烬层 ②内含白色颗粒的硬土

图一六〇　H76 平、剖面图

豆座　2 件。H76①: 11，泥质灰陶，喇叭形细把中空豆座。底径 10.6、残高 8 厘米（图一六一，20）。H76①: 12，泥质灰陶，喇叭形细把中空豆座。底径 8.6、残高 9 厘米（图一六一，21）。

罐　A 型 1 件（H76①: 27）。罐口沿，泥质浅灰陶，尖唇，卷沿，短颈，圆肩。颈以下饰弦断绳纹。残高 8 厘米（图一六一，8）。

B 型 2 件。H76①: 1，罐口腹部，泥质褐陶，厚胎。短直颈，平沿。弧腹，颈部穿一圆孔，颈部饰交错绳纹。口径 15.6、残高 14.4 厘米（图一六一，5）。H76①: 34，罐口腹部，夹砂褐陶，平沿，有唇，敛口，斜弧腹。器表饰粗绳纹。口径 12.8、残高 8 厘米（图一六一，4）。

罐口沿　1 件（H76①: 25）。泥质浅灰陶，圆唇，宽折沿，沿内有一凹槽，口沿下饰抹压弦断细绳纹。残高 7.8 厘米（图一六一，2）。

盆　A 型 3 件。H76①: 15，口沿，泥质灰陶，方唇，折沿，腹部饰交叉绳纹。口径 24、残高 8 厘

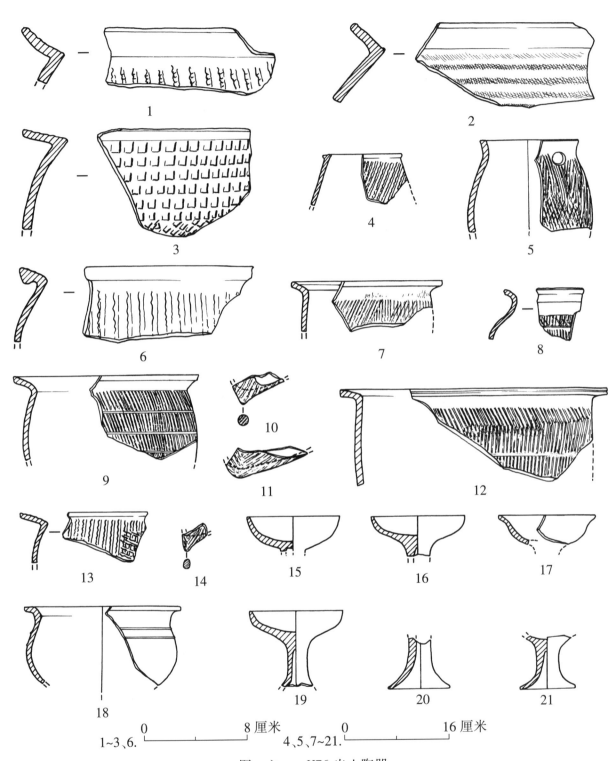

图一六一　H76 出土陶器

1、3、6、13. 鬲口沿（H76①: 23、H76①: 24、H76①: 22、H76①: 18）　2. 罐口沿（H76①: 25）　4、5. B 型罐
（H76①: 34、H76①: 1）　7、9、12. A 型盆（H76①: 15、H76①: 16、H76①: 19）　8. A 型罐（H76①: 27）
10、11、14. A 型鬲足（H76①: 31、H76①: 32、H76①: 33）　15、17. A 型豆（H76①: 28、H76①: 29）
16、19. B 型豆（H76①: 10、H76①: 9）　18. 簋（H76①: 14）　20、21. 豆座（H76①: 11、H76①: 12）

米（图一六一，7）。H76①：16，口沿，泥质灰陶，方唇，宽折沿，弧腹，腹部饰弦断绳纹。口径29.2、残高13厘米（图一六一，9）。H76①：19，口沿，泥质灰陶，方唇，唇缘有凹弦纹，平折沿，深腹，腹壁较直，腹部饰弦断绳纹。口径42.4、残高15厘米（图一六一，12）。

　　簋　1件（H76①：14）。泥质灰陶，圆唇，平沿，侈口，束颈，圆鼓腹，通体素面磨光，上腹部施突弦纹两道。口径25.2、残高13厘米（图一六一，18）。

　　陶纺轮　2件。H76①：3，泥质灰陶，圆形，边缘研磨，中穿孔，系陶片改制而成。直径3.5、厚0.7厘米（图一六二，2）。H76①：8，陶纺轮，泥质灰陶，圆形，折缘，厚体，中穿孔。直径4.8厘米（图一六二，1）。

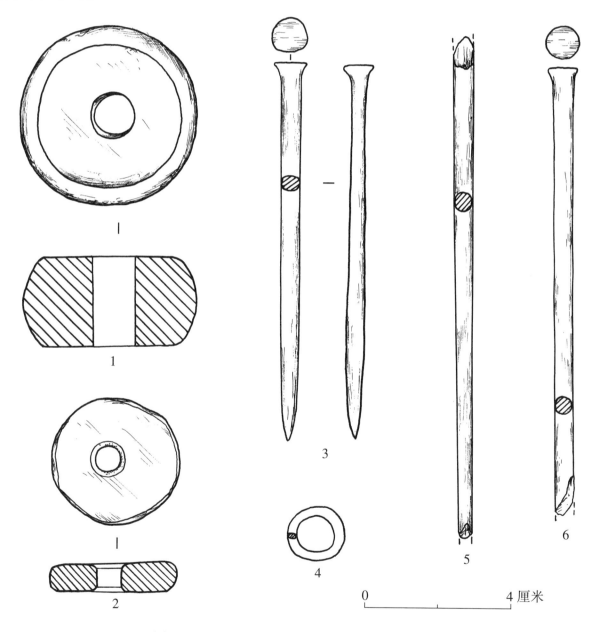

图一六二　H76出土陶器、陶制品、骨器、铜器
1、2. 陶纺轮（H76①：8、H76①：3）　　3、5、6. 骨笄（H76①：5、H76①：6、H76①：4）
4. 铜耳环（H76①：7）

骨笄　3件。H76①:5，笄首呈钉帽状，笄身细长，尖部圆钝，通体磨光。长10.1厘米（图一六二，3）。H76①:4，平顶呈钉帽状，笄身细长，前端残，通体磨光。残长12.1厘米（图一六二，6）。H76①:6，笄身细长，笄首和尖部均残，通体磨光。残长13.3厘米（图一六二，5）。

青铜耳环　1件（H76①:7）。系一近圆形铜环。剖面为扁圆形。直径1.5厘米（图一六二，4）。

H101　位于T71西部，T70东部。开口于第②层下，打破生土。坑口形状为圆形，坑壁剖面为直筒形。坑口直径1.1米，距地表深0.3米，坑深0.14米。坑内堆积为红黑花土，土质较硬（图一六三）。

H101出土陶器1件。

簋圈足　1件（H101:1）。泥质浅灰陶，方唇，整个圈足呈敞口，腰上两道凹弦纹，上接圆形器底。底径13、残高5.6厘米（图一六五，2）。

H102　位于T58西部。被G4打破，打破H103。坑口形状为圆形，坑壁剖面为锅底状。坑口直径1.63米，距地表深0.73米，坑深0.8米。坑内堆积为夹杂有红烧土颗粒及炭粒的灰土，质地疏松。出土夹砂绳纹灰陶、褐陶，泥质灰陶片（图一六四）。

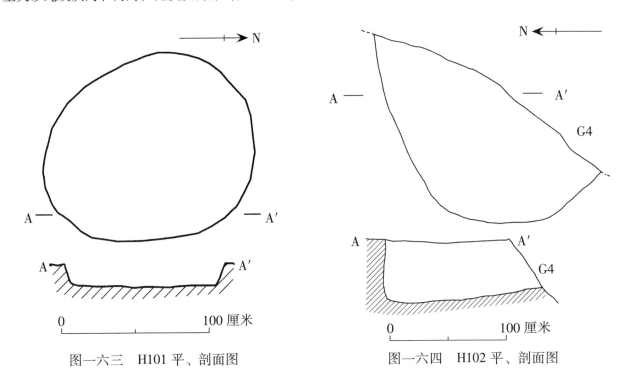

图一六三　H101平、剖面图　　　　　图一六四　H102平、剖面图

H102出土陶器3件。

鬲口沿　1件（H102:1）。夹砂灰陶，方唇，唇缘一道凹弦纹，折沿，沿面微凹，腹斜直，腹饰细绳纹。残高5.8厘米（图一六五，1）。

豆柄　1件（H102:3）。泥质灰陶，圆柱形，豆盘、底均残失，柄为捏制，留有较多不平整面。柱径3.6、残高7.6厘米（图一六五，4）。

罐　A型1件（H102:2）。罐口沿，泥质灰陶，方唇，折沿，沿内钩，口微侈，长颈，折肩，肩饰细绳纹。口径19、残高6厘米（图一六五，3）。

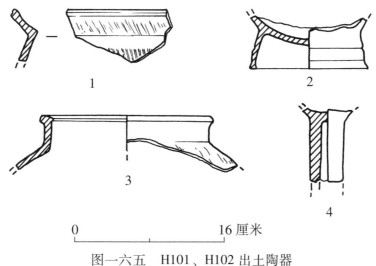

图一六五　H101、H102 出土陶器
1. 鬲口沿（H102∶1）　2. 簋圈足（H101∶1）
3. A 型罐（H102∶2）　4. 豆柄（H102∶3）

H115　位于 T44 西部。被近现代 M5、G7 打破，打破生土。坑口形状为圆形，坑壁剖面为直筒形。坑口直径 3 米，距地表深 0.6 米，坑深 1.5 米。坑壁有逐层逐段夯筑的黄色夯土。（图一六六）。

H115 出土陶器 7 件。

鬲　B 型 1 件（H115∶6）。鬲足，夹砂灰陶，柱状足根，足底饰细绳纹。残高 5.6 厘米（图一六七，6）。

豆柄　1 件（H115∶2）。泥质浅灰陶，圆柱状，有轮修痕，柄外径 3.6、残高 9.6 厘米。盘底均残失（图一六七，5）。

罐　A 型 2 件。H115∶1，口沿，夹砂灰陶，圆唇，卷沿，敞口，短颈，折肩，器壁厚实。肩饰细绳纹。口径 26、残高 5.8 厘米（图一六七，1）。H115∶3，罐口沿，泥质灰陶，方唇，唇面倾斜，卷沿，侈口，有颈，溜肩。口径 18、残高 4.6 厘米。表面磨损严重，略存细绳纹痕迹（图一六七，2）。

盆　B 型 1 件（H115∶5）。口沿，泥质灰陶，尖圆唇，折沿，沿内钩，侈口，腹斜直，腹饰细绳纹。残高 6 厘米（图一六七，3）。

陶圆饼　2 件。标本 H115∶4，夹砂中绳纹灰陶，边缘磨制，系陶片改制。直径 3.2 厘米（图一六七，4）。

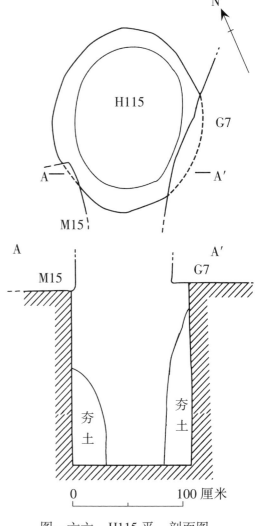

图一六六　H115 平、剖面图

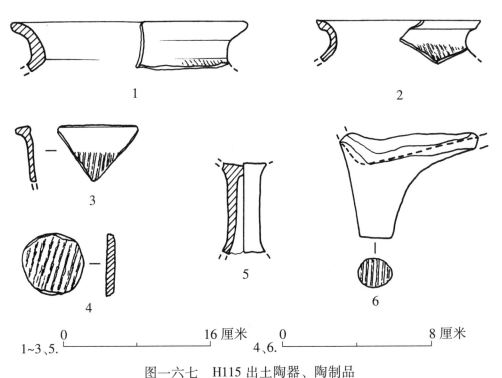

图一六七　H115 出土陶器、陶制品

1、2. A 型罐（H115：1、H115：3）　3. B 型盆（H115：5）　4. 陶圆饼（H115：4）
5. 豆柄（H115：2）　6. B 型鬲足（H115：6）

　　H148　位于 T31。开口于第②层下，打破
H149、H168。坑口形状为圆形，坑壁剖面为直
筒形。坑口直径 1.3 米，距地表深 0.5 米，坑深
0.48 米。坑内堆积为灰黑色土，土质疏松，夹杂
炭粒、红烧土粒等。出土陶片以泥质灰陶为主
（图一六八）。

　　H148 出土陶器 3 件。

　　鬲口腹残片　1 件（H148：2）。夹砂灰陶，
圆唇，折沿，沿面微内凹，鼓腹，腹饰粗绳纹。
口径 14、残高 9.2 厘米（图一七○，1）。

　　豆柄　1 件（H148：1）。泥质浅灰陶，圆
唇，喇叭形口，口柄呈圆柱形，上部残失。底
径 8、柄径约 3.9、残高 8.4 厘米（图一七○，
2）。

　　罐　A 型 1 件（H148：3）。口沿，泥质浅灰
陶，方唇，沿面微凹，敞口，颈部有折肩。残高
5.6 厘米（图一七○，3）。

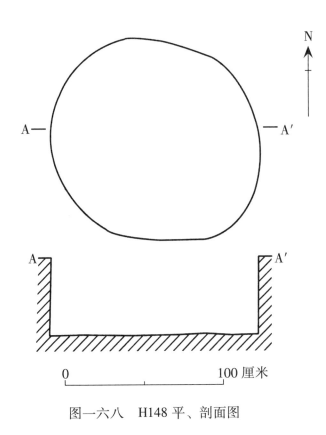

图一六八　H148 平、剖面图

H150　位于 T31。开口于第②层下，被现代扰沟打破，打破 H168。坑口形状为椭圆形，方向 75°。坑壁剖面为袋形。坑口长径 1.6、短径 1.28 米。坑口距地表深 0.5 米，坑深 0.46 米。坑内堆积为灰黑色土，土质疏松，夹杂炭粒、红烧土粒。出土陶片有夹砂绳纹灰陶、泥质灰陶等（图一六九）。

H150 出土铜器 1 件。

残铜器　1 件（H150：1）。一端为方体，残；另一端为圆锥体。残长 2 厘米（图一七〇，4）。

H156　位于 T47。开口于第②b 层下，打破 H156。坑口形状为椭圆形。坑壁剖面为直筒形。坑口长径为 1.56 米。坑口距地表深 0.65 米，坑深 0.9 米。坑内堆积为灰色土，土质松软。出土遗物有：陶鬲残片，夹砂绳纹红陶、灰陶，泥质素面灰陶，黑衣红陶片（图一七一）。

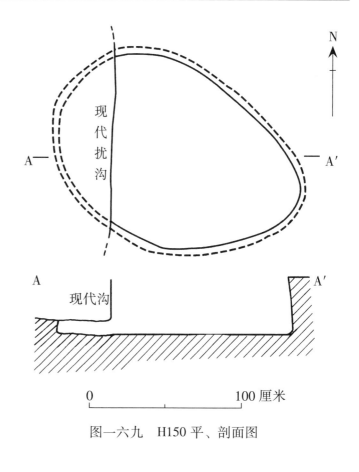

图一六九　H150 平、剖面图

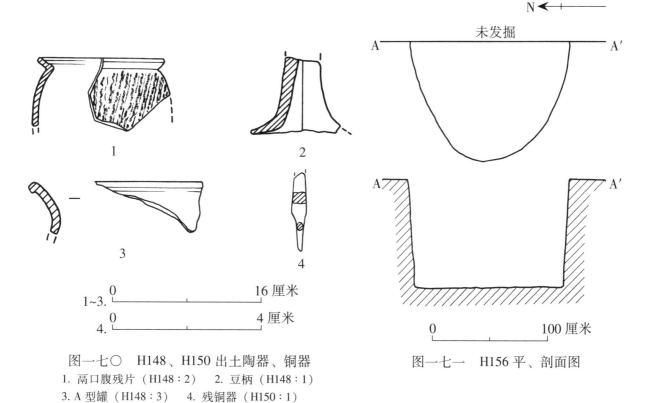

图一七〇　H148、H150 出土陶器、铜器
1. 鬲口腹残片（H148：2）　2. 豆柄（H148：1）
3. A 型罐（H148：3）　4. 残铜器（H150：1）

图一七一　H156 平、剖面图

H156 出土陶器标本 1 件。

鬲口沿　1 件（H156：1）。夹砂灰陶，方唇，折沿，沿面一道凹弦纹，鼓腹，腹饰细绳纹，上腹贴塑竖泥条堆纹。残高 4.4 厘米（图一七三，1）。

H165　位于 T47 东部。被 H156 打破，打破生土。坑口形状为圆形，坑壁剖面为直筒形。坑口直径 2.12 米，距地表深 0.65 米，坑深 1.3 米。坑内堆积为松软黑土，夹杂炭粒、烧土颗粒（图一七二）。

H165 出土陶器 4 件。

罐　A 型 1 件（H165：5）。口沿，泥质浅灰陶，方唇，折沿，沿面一道凹弦纹，沿内钩，口微敛，竖颈，折肩。口径约 18、残高 3.5 厘米（图一七三，3）。

盆　B 型 1 件（H165：3）。口沿，泥质深灰陶，尖圆唇，折沿，沿上一道凹弦纹，沿内钩，敞口。斜直腹，腹饰抹压断中粗绳纹。残高 8 厘米（图一七三，2）。

陶圆饼　2 件。H165：1，夹砂绳纹灰陶，陶片磨制。直径 4 厘米（图一七三，4）。H165：2，夹砂绳纹灰陶，陶片磨制。直径 5.2 厘米（图一七三，5）。

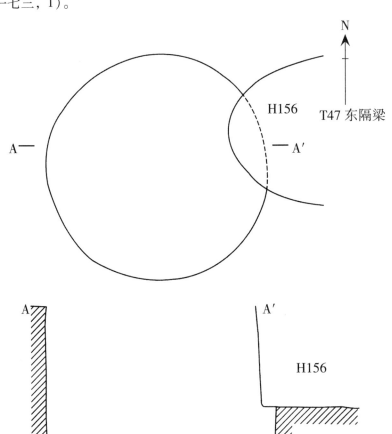

图一七二　H165 平、剖面图

H183　位于 T123 北部。被 G8 打破，打破生土。坑口形状不明。坑壁剖面为直壁。坑口距地表深 0.6 米，坑深 0.2 米。坑内堆积为灰色土，土质松软，颗粒较大，杂有炭粒。坑内出土陶片有夹砂和泥质两类，以灰色为主，多饰绳纹（图一七四）。

H183 出土陶器 2 件。

盆　A 型 1 件（H183：1）。口沿，泥质灰陶，方唇，折沿，沿面微内凹。侈口，斜直腹，腹饰细绳纹。器壁较厚，轮修。口径约 30、残高 6.3 厘米（图一七七，1）。

B 型 1 件（H183：2）。盆口沿，泥质浅灰陶，圆唇，折沿，沿内钩，斜直腹。口径约 34、残高 3.7 厘米（图一七七，2）。

H184　位于 T123 北部。被 G8 打破，打破 H185。坑口形状为圆形，坑壁剖面为袋状。坑口距地表深 0.55 米，坑深 1.24 米。坑底为黄土，非常平整。坑内堆积为灰黄色花土，土质疏松，颗粒较大，含有红烧土块、炭粒等。出土陶片多为灰色绳纹陶（图一七五）。

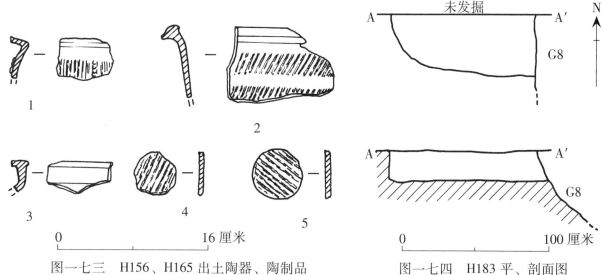

图一七三　H156、H165 出土陶器、陶制品

1. 鬲口沿（H156：1）　2. B 型盆（H165：3）
3. A 型罐（H165：5）　4、5. 陶圆饼（H165：1、H165：2）

图一七四　H183 平、剖面图

H184 出土陶器 4 件。

豆　B 型 1 件（H184：3）。豆盘，泥质浅灰陶，尖圆唇，口较直，折腹，豆柄及下残失。口径 13、残高 6.4 厘米（图一七七，4）。

罐　A 型 1 件（H184：5）。罐口沿，泥质灰陶，方唇，折沿，沿面内凹，沿内钩，直口，短颈，折肩，肩饰抹断中粗绳纹。口径约 19~20、残高 5.3 厘米（图一七七，3）。

陶圆饼　2 件。标本 H184：1，夹砂绳纹灰陶，陶片磨制。直径 3.7 厘米（图一七七，6）。

H185　位于 T123。被 H184 打破，打破生土。坑口形状为圆形，坑壁剖面为锅底状。坑口直径 2.4 米，距地表深 0.55 米，坑深 0.42 米。坑内堆积为灰黄色土，土质疏松，颗粒较大，杂有烧灰和红烧土。出土陶片多为绳纹陶（图一七六）。

H185 出土陶器 1 件。

簋圈足　1 件（H185：1）。泥质灰陶，方唇，敞口，腰呈亚腰形，上接圆

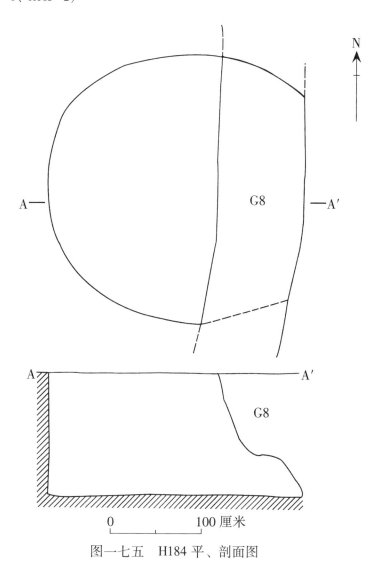

图一七五　H184 平、剖面图

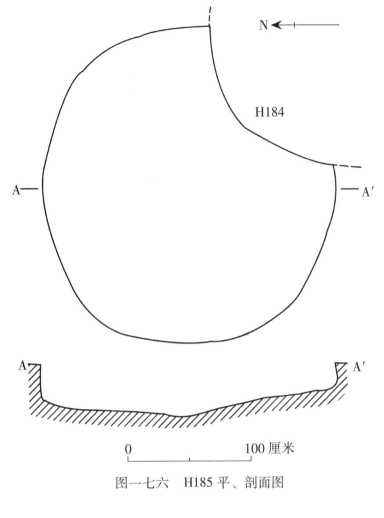

图一七六　H185 平、剖面图

底。器表抹光。底径 12.5、残高 4.7 厘米（图一七七，5）。

2. 灰沟

G6　位于发掘区东部 T127、128、10、11、26、27、42、43、58、59、74、75、90、91、105、121，南北走向。灰沟剖面呈倒梯形，上口宽约 3.8、底宽约 1.5、深约 1.4 米，发掘区域内清理长度 38 米（见图三）。沟内堆积土质较硬，质地纯净，可分为三层，第①层为暗红色蒜瓣土，出土有绳纹夹砂红陶、绳纹夹砂灰陶、绳纹夹砂褐陶、豆盘、器底、鬲足、鬲口沿；第②层为松软黄土，出土有绳纹夹砂红陶、绳纹夹砂灰陶、绳纹夹砂褐陶、绳纹夹砂黑陶，数量远少于①、③层；第③层松软黑土夹杂淤沙，出土绳纹夹砂红陶、绳纹夹砂灰陶、绳纹夹砂褐陶、绳纹夹砂黑陶、豆底、鬲足、鬲口沿、盆口沿等。

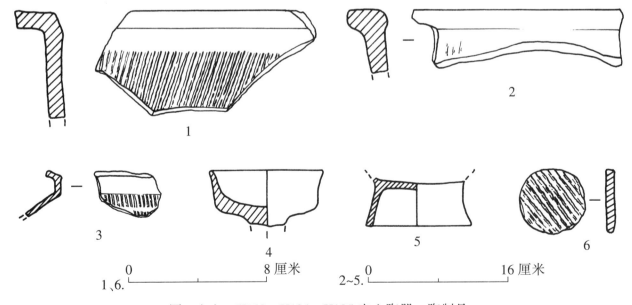

图一七七　H183、H184、H185 出土陶器、陶制品
1. A 型盆（H183：1）　　2. B 型盆（H183：2）　　3. A 型罐（H184：5）　　4. B 型豆（H184：3）
5. 篦圈足（H185：1）　　6. 陶圆饼（H184：1）

G6 出土陶器 12 件。

鬲 B 型 2 件。G6①：5，鬲足，夹砂红陶，袋足底呈漏斗粗锥状足，器表饰中粗绳纹。残高 10.8 厘米（图一七八，11）。G6③：8，鬲足，夹砂红陶，柱足，足根底有绳纹。残高 2.9 厘米（图一七八，12）。

鬲口腹残片 1 件（G6①：2）。夹砂褐陶，厚胎，方唇，平折沿，深弧腹，腹饰交错粗绳纹（图一七八，2）。

豆 A 型 1 件（G6①：4）。豆盘，泥质灰陶，敞口，弧壁，浅腹，豆把残。口径 17.6、残高 5.2 厘米（图一七八，8）。

罐 A 型 4 件。G6①：6，口沿，泥质灰陶，重唇，沿略内凹，短颈，颈部以下饰绳纹。残高 5.5 厘米（图一七八，6）。G6①：7，口沿，泥质灰陶，方唇，平沿，沿面有凹弦纹，短颈，颈部饰抹压绳纹。残高 4.5 厘米（图一七八，1）。G6③：4，口沿，泥质灰陶，尖圆唇，唇缘有弦纹，短直颈。颈以下饰绳纹。残高 5.5 厘米（图一七八，3）。G6①：1，口沿，泥质灰陶，短颈，颈部以下饰绳纹。残高 3 厘米（图一七八，7）。

盆 A 型 3 件。G6①：3，口沿，泥质黑皮陶，方唇，唇缘有弦纹，宽平折沿。腹饰抹压弦断细绳纹。残高 8 厘米（图一七八，4）。G6②：1，口沿，泥质灰陶，方唇，平折沿，沿缘有一凹槽。器表有中粗绳纹。残高 5.6 厘米（图一七八，9）。G6③：5，口沿，泥质灰陶，方唇，平折沿，沿面有一道凹槽，器表饰抹压弦断细绳纹。残高 7 厘米（图一七八，5）。

釜 1 件（G6③：3）。夹云母红陶，折沿上展。折沿处有凹槽一周。器表饰细绳纹。残高 6 厘米（图一七八，10）。

G8 位于发掘区东部 T130、131、12、13、28、29、45、61、76、77、93、123，南北走向。灰沟剖面呈倒梯形，上口宽约 3、底宽 1.75、深 1.35 米，发掘区域内清理长度 40 米（参见图三）。沟内堆积土质较硬，质地纯净，可分两层：第①层为黑红色土，里面夹杂有红烧土和炭粒，出土有绳纹陶片；第②层为黄色淤沙土，中间夹杂有不均匀分布的灰土，里面夹杂有红烧土和炭粒，出土绳纹陶片。

G8 出土陶器 6 件，铁铤铜镞 1 件。

鬲 B 型 1 件（G8：8）。鬲足，夹云母红陶，柱足，饰粗绳纹。残长 7.5 厘米（图一七九，6）。

鬲口沿 1 件（G8：2）。夹云母陶，厚胎，宽折沿，盘口，沿面内有弦纹，器表饰粗绳纹。口径 28、残高 6.2 厘米（图一七九，1）。

豆柄 1 件（G8：6）。泥质灰陶，喇叭形把中空豆座。底径 6.6、残高 8.3 厘米（图一七九，5）。

罐 A 型 2 件。G8：4，口沿，泥质红褐陶，方唇，平折沿，沿面有弦纹，短直颈，圆肩，肩部饰抹压弦断绳纹。残高 7.6 厘米（图一七九，4）。G8：5，泥质灰陶，方唇，平折沿，沿面略内凹，短直颈，圆肩，肩部饰细绳纹。残高 6.8 厘米（图一七九，2）。

瓮 1 件（G8：3）。泥质灰陶，圆唇，平折沿，短直颈，斜肩，肩部细绳纹。残高 7.8 厘米（图一七九，3）。

铁铤铜镞 1 件（G8：1）。镞锋为三棱形，下附铁铤。长 5.8 厘米（图一七九，7）。

3. 采集品

共 6 件。含有东周及汉代时期的陶器。

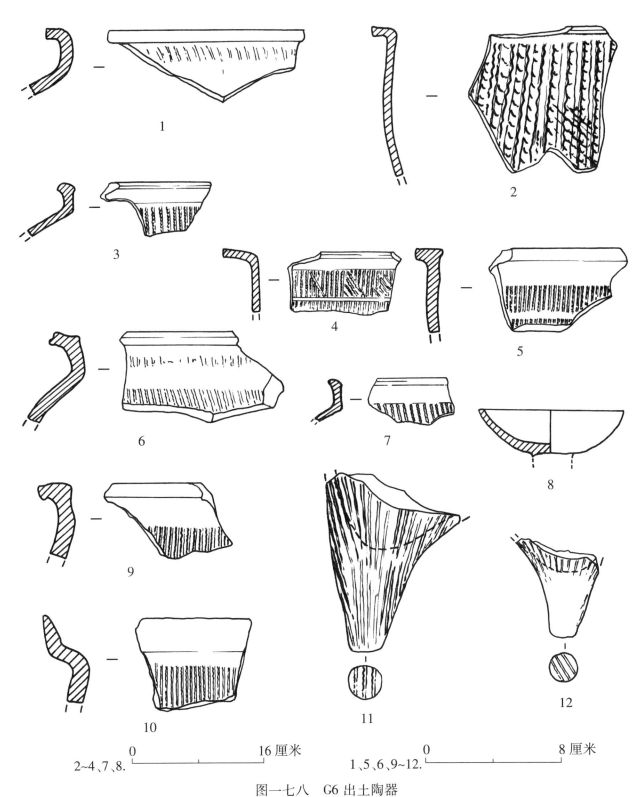

图一七八　G6 出土陶器

1、3、6、7. A 型罐（G6①: 7、G6③: 4、G6①: 6、G6①: 1）　2. 鬲口腹残片（G6①: 2）

4、5、9. A 型盆（G6①: 3、G6③: 5、G6②: 1）　8. A 型豆（G6①: 4）　10. 釜（G6③: 3）

11、12. B 型鬲足（G6①: 5、G6③: 8）

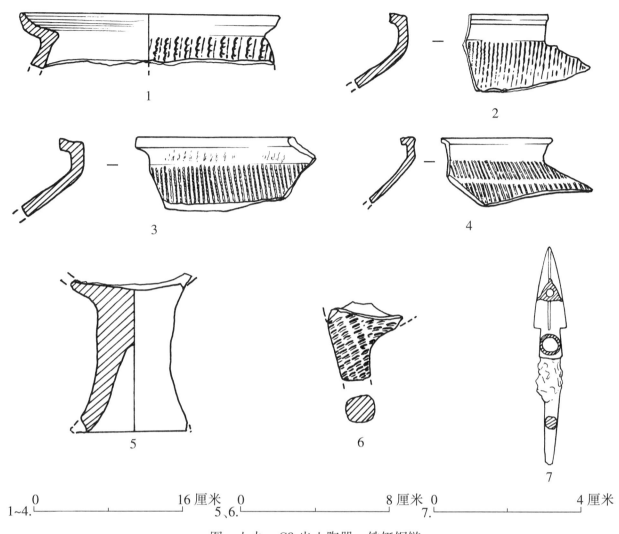

图一七九　G8 出土陶器、铁铤铜镞

1. 鬲口沿（G8∶2）　　2、4. A 型罐（G8∶5、G8∶4）　　3. 瓮（G8∶3）

5. 豆柄（G8∶6）　　6. B 型鬲足（G8∶8）　　7. 铁铤铜镞（G8∶1）

　　罐　2 件。0∶13，夹砂灰陶，平沿，方唇，唇面施凹弦纹，广肩，扁圆腹，最大腹径居上，平底略内凹。上腹部饰两组细密弦纹，轮制。口径 12.8、高 19.5、腹径 25、底径 10 厘米（图一八〇，1）。0∶14，泥质浅灰陶，侈口，卷沿，圆唇，斜颈，圆鼓腹，平底，素面，上腹部饰两组弦纹。口径 12、高 13.6、腹径 20.8、底径 12 厘米（图一八〇，2）。

　　壶　2 件。0∶17，泥质浅灰陶，侈口，方唇，唇面饰一道弦纹，长直颈，圆鼓腹，平底，最大腹径以下和器底均饰篮纹。口径 13、高 24、腹径 21.2、底径 9 厘米（图一八〇，3）。0∶18，罐，泥质灰陶，侈口，方唇，束颈，溜肩，深鼓腹，小圜底。器表颈肩部饰有弦纹，下腹部饰交错篮纹。口径 15.2、高 25.8、腹径 19.5、底径 5.2 厘米（图一八〇，6）。

　　钵　2 件。0∶15，泥质灰陶，直口，器壁略内凹，折腹，外缘明显，小平底，素面，轮制。口径 15.8、高 6、底径 5.6 厘米（图一八〇，4）。0∶16，泥质灰陶，直口，器壁略内凹，折腹，小平底素面，轮制。口径 15.6、高 6、底径 6.8 厘米（图一八〇，5）。

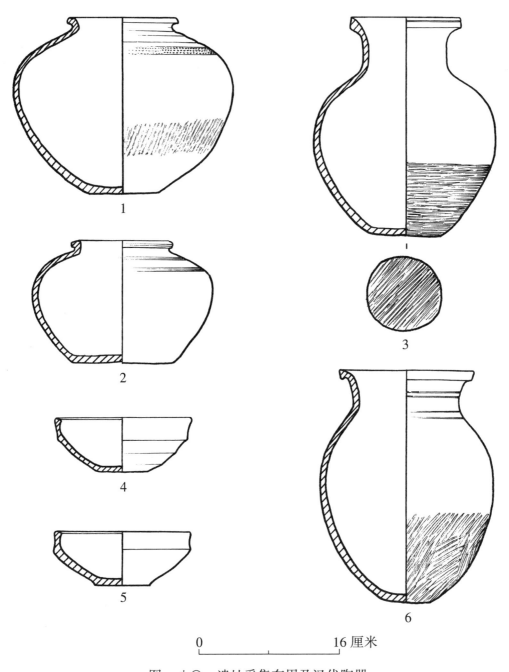

图一八〇　遗址采集东周及汉代陶器

1、2. 罐（0∶13、0∶14）　　3、6. 壶（0∶17、0∶18）　　4、5. 钵（0∶15、0∶16）

第五章 结语

南放水遗址中发现的夏、西周、东周三个时期的文化遗存，不仅进一步丰富了石家庄以北、太行山以东地区的考古学文化材料，也为我们进一步认识这一地区相关考古学文化的年代与分期、属性与构成、文化关系等问题提供了一些线索。

一 夏时期遗存的相关问题

南放水遗址发现了少量的夏时期遗存。

将其置于夏时期南到滹沱河、北至潮白河、西靠太行山、东濒大海的"京津保"地区进行考察，会有助于我们更清楚地认识南放水夏时期遗存的构成。"京津保"地区属海河平原北部，处于海河及其支流的流域范围内，不仅位于黄土高原与渤海的过渡地带，更是燕山山地与华北平原的连接与通道。在夏时期，这一地区既是南北方考古学文化交流的重要区域，又受到了来自其西方的文化影响，成为各类考古学文化交锋的前沿地带。学界对这一地区夏时期考古学文化遗存的认识，经历了一个逐渐明朗的过程①。

1982 年发掘的容城县午方遗址"龙山晚期"遗存中就发现有先商文化时期遗存②。1985 年，拒马河考古队发现易县、涞水地区夏时期存在"与先商文化近似"、"燕山土著"、"夏家店下层文化在京津地区的变体"等三类遗存③。1986 年保北考古队在安新县辛庄克、申明亭、北刘庄遗址中不仅发现了先商文化遗存④，而且指出容城县白龙遗址先商文化遗存中还存在岳石文化因素⑤，类似的遗存在容城上坡遗址也有发现⑥。

南放水遗址仅发现了一座夏时期灰坑 H142，其中出土陶器 5 件，石镰 6 件。其中，两件空三足器足根，H142：11 有明显的捆绑痕迹，H142：10 表面饰绳纹并抹光等特征都属典型的先商文化作风。

---

① 段天璟等《京、津、保地区夏时期考古学文化研究的讨论与思考》，《文物春秋》2008 年 6 期。
② 河北省文物研究所：《河北容城县午方新石器时代遗址试掘》，《考古学集刊（五）》，中国社会科学出版社 1987 年。
③ 拒马河考古队：《河北易县涞水古遗址试掘报告》，《考古学报》1988 年 4 期 450 页。
④ 保北考古队：《河北安新县考古调查简报》，《文物春秋》1990 年 1 期。
⑤ 保北考古队：《河北省容城县白龙遗址试掘简报》，《文物春秋》1989 年 3 期 39 页。
⑥ 河北省文物研究所等：《容城上坡遗址发掘简报》，《考古》1999 年 7 期 6～7 页。

H142：7 饰弦断细绳纹的鼓腹罐与下岳各庄 H18：1 酷似①，这类陶罐的饰纹方式和器形与夏家店下层文化大甸子同类陶器 M640：2 相仿②。H142：8 蛋形瓮是太行山以西的晋中地区夏时期遗存中常见的器物，其小口、最大腹径居中的特征与夏代晚期的晋中 VI 期 IV 段杏花村 T71②：3 相类③。石镰在下七垣④、下岳各庄⑤等遗址多有发现，系先商文化常见的器物⑥。此次发现的六把石镰分为三组，每两件一组、相叠摆放、刃均朝北的情形，较为罕见。另外，H135：1 蘑菇状器纽颇具岳石文化的特征；T31②：1 深腹豆与蔚县三关夏商时期第一段的尊或盂式深腹豆具有一定的相似性⑦，当是受到夏家店下层文化影响的产物。

沈勇把保定地区以午方 J1、下岳各庄一期为代表的遗存命名为先商文化"保北类型"，并指出保定北部既存在先商文化"保北类型"，又有夏家店下层文化⑧。李维明进一步指出，保北型先商文化是先商文化自漳河流域向北传播与夏家店下层文化"大陀头类型"接触而相互影响的结果⑨。

笔者认为，夏时期京、津地区活跃着海河北系区夏家店下层文化，保定地区则受到先商文化的控制。两类文化相互渗透的同时，亦受到了晋中夏时期文化和岳石文化的影响。在下岳各庄、容城午方、白龙等遗址代表的"保北型"先商文化遗存中可以看到，夏家店下层文化因素在先商文化早、晚期均存在。至夏晚期，岳石文化的影响逐渐退却后，又更替出现了来自晋中地区同时期的考古学文化因素⑩。

南放水遗址发现的夏时期遗存材料并不多，尚不能进行分期研究，从其文化构成来看应属于"保北型"先商文化的范畴。近年在冀中平原北部发掘的一批遗址，如易县七里庄遗址发现了"与夏家店下层文化大坨头类型、下七垣文化存在一定的相似性，但也具有独自特性"的文化遗存⑪；唐县北放水⑫、淑闾⑬遗址发现的夏时期文化遗存除具有上述两类特征之外，亦含有晋中夏时期文化因素。上述情况说明，南放水夏时期遗存反映出的多种文化成分在这一地区具有普遍意义。

综上，所谓"保北型"先商文化的成分应较以往的认识更复杂；南放水等遗址的发现显示，该类遗存的分布不仅限于保定地区北部，在保定以南的唐河流域也有发现。当然，要搞清这类遗存在唐河

---

① 拒马河考古队：《河北易县涞水古遗址试掘报告》，《考古学报》1988 年 4 期 435 页图一六，3。

② 中国社会科学院考古研究所：《大甸子——夏家店下层文化遗址与墓地发掘报告》，科学出版社 1998 年 86 页图四三，3。

③ 国家文物局等：《晋中考古》，文物出版社 1999 年。

④ 河北省文物管理处：《磁县下七垣遗址发掘报告》，《考古学报》1979 年 2 期 191 页。

⑤ 拒马河考古队：《河北易县涞水古遗址试掘报告》，《考古学报》1988 年 4 期 437 页图一七，1、4。

⑥ 李伯谦：《先商文化探索》，《中国青铜文化结构体系研究》，科学出版社 1998 年 88 页。

⑦ 张家口考古队：《蔚县夏商时期考古的主要收获》，《考古与文物》1984 年第 1 期。

⑧ 沈勇：《保北地区夏时代两种青铜文化之探讨》，《华夏考古》1991 年 3 期。

⑨ 李维明：《先商文化渊源与播化》，《考古与文物》2000 年 3 期 54 页。

⑩ 段天璟：《从塔照遗址看夏时期的燕山南部地区——夏时期燕山以南地区文化结构的形成》，《边疆考古研究·第 5 辑》科学出版社 2006 年。

⑪ 段宏振、任涛：《河北易县七里庄遗址发现大量夏商时期文化遗存》，《中国文物报》2006 年 12 月 8 日。

⑫ 许海峰、高建强：《河北唐县北放水遗址考古发掘取得重要成果》，《中国文物报》2006 年 11 月 10 日。

⑬ 刘连强：《河北唐县淑闾遗址考古发掘获重要成果》，《中国文物报》2006 年 12 月 15 日。

以南分布的具体情况，还有待考古工作的深入。

二　西周时期遗存的分段、年代与文化属性

西周时期遗存是南放水遗址于 2006 年发掘的主要收获。包括 146 座灰坑、12 座墓葬、1 条灰沟及其出土遗物。这批材料，对进一步探讨河北北部地区西周时期遗存的分期与文化性质等问题提供了重要线索。

1. 西周时期遗存的分段与年代

南方水遗址西周时期遗存有两组层位关系具有分段意义。

（1）M6→H30

（2）M1→H65→H72→H73→H105

首先，（2）组的 H65、H73 中不出陶器，不具分期意义。（1）组的 M6、H30 均出 B 型分裆鬲，B 型 Ⅰ 式分裆鬲 H30：22，足底较尖，裆稍高；B 型 Ⅱ 式分裆鬲 M6：2 足底浑圆，低裆近平。（2）组的 H105 与 H30 共见 A 型 Ⅱ 式分裆鬲，均腹壁略斜，足底浑圆。A 型 Ⅲ 式分裆鬲 H72：1 具斜腹，足底浑圆，裆近平等特征。而 A 型 Ⅰ 式分裆鬲 H30：9 腹壁近直，足底略尖，裆较低。故可以大致概括出 A、B 型分裆鬲自早到晚形态变化的逻辑顺序，即从早到晚，裆部由高到低，足底由较尖到浑圆。

据此，我们可以将两组层位关系中的各单位分为两组，第一组包括 H30、H105；第二组包括 M6、H72。

其次，第一、二组均有鼓腹罐。其中，Ⅰ 式鼓腹罐 H30：18 直颈，Ⅱ 式鼓腹罐 H72：2 斜颈，可以看出鼓腹罐的颈部存在从早到晚由直到斜的演变规律。

再次，（2）组的 M1 和 H72 均出 Ⅱ 式鼓腹罐，且都晚于 H105，二者年代当相差不远，将 M1 也归入第二组。另外，Aa 型 Ⅱ 式折肩罐与 Ⅱ 式鼓腹罐在 H41 共存（H41：14、H41：2），Aa 型 Ⅰ 式折肩罐与 Ⅰ 式鼓腹罐在 H43 共见（H43：10、H43：12）。而且，Aa 型 Ⅰ 式折肩罐肩部较圆，Aa 型 Ⅱ 式折肩罐折肩明显，表明 Aa 型折肩罐演变规律大体为由肩部较圆到折肩明显。

还有，A 型 Ⅰ 式联裆鬲 H30：19、B 型 Ⅰ 式 H30：6 联裆鬲，足腔略深，分裆较浅（图一八一，8、11）。A 型 Ⅲ 式联裆鬲 M1：8 浅鼓腹，裆略下弧。而 A 型 Ⅱ 式联裆鬲 H70：1 特征恰介于 H30：19 与 M1：8 类鬲之间。而且 H70：1 与 A 型 Ⅰ 式分裆鬲 H70：2 共存，其年代当属第一组。可以看出，联裆鬲由早到晚，裆部由浅分裆到平裆再到裆略下弧，足腔逐渐消失。联裆鬲的裆部变化规律与分裆鬲具有一定的相似性。据此，B 型联裆鬲也当遵循同样的演变规律。

另外，Ba 型 Ⅱ 式折肩罐既在一组的 H30 中出现，又在 M12 中与 Ⅱ 式鼓腹罐共生；Ba 型 Ⅰ 式折肩罐不与其他器物共存，且没有可资确定其组属的层位关系。故 Ba 型折肩罐暂不具有分段意义。

根据分裆鬲、连裆鬲、鼓腹罐、Aa 型折肩罐等典型器物的特征，将西周时期遗存分为早晚两期（表一、图一八一）：

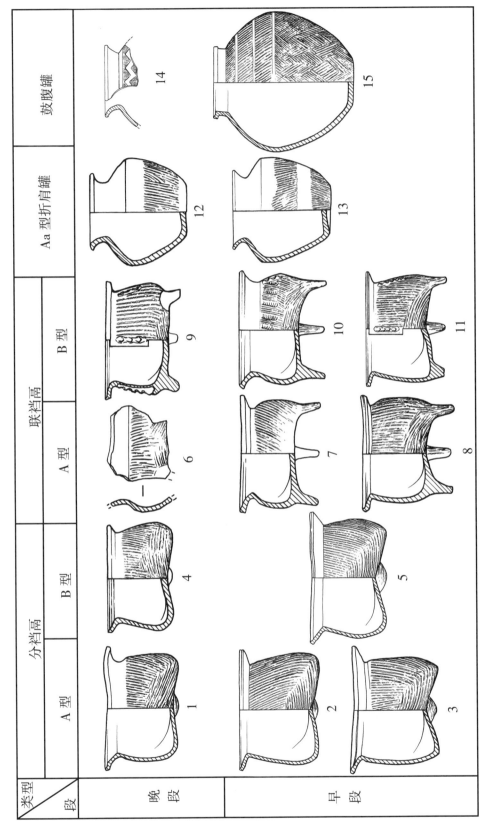

图一八一 南放水遗址西周时期陶器分段示意图

1. A型Ⅲ式分裆鬲(H72：1) 2. A型Ⅱ式分裆鬲(H30：1) 3. A型Ⅰ式分裆鬲(H30：9) 4. B型Ⅱ式分裆鬲(M6：2) 5. B型Ⅰ式分裆鬲(H30：22)
6. A型Ⅲ式联裆鬲(M1：8) 7. A型Ⅱ式联裆鬲(H70：1) 8. A型Ⅰ式联裆鬲(H30：19) 9. B型Ⅲ式联裆鬲(M12：1) 10. B型Ⅱ式联裆鬲(0：1)
11. B型Ⅰ式联裆鬲(H30：6) 12. Aa型Ⅱ式折肩罐(M1：1) 13. Aa型Ⅰ式折肩罐(H151：1) 14. Ⅱ式鼓腹罐(H72：2) 15. Ⅰ式鼓腹罐(H30：18)

表一　南放水遗址西周时期典型陶器的类、型、式与分段

类型 段	分裆鬲	联裆鬲	鼓腹罐	折肩罐	盆
晚段	AIII、BIII	AIII、BIII	II	AaII、Ab、Bb	Ac、Ab、Bb
早段	AI、AII、BI、BII	AI、AII、BI、BII	I	AaI	

早段包括 H3、H10、H22、H30、H43、H70、H84、H87、H90、H105、H106、H126、H129、H133、H151、H166 等单位。

晚段包括 H1、H34、H36、H41、H42、H46、H57、H58、H61、H63、H72、H82、H93、H96、H97、H155、H157、H170、M1、M6、M10、M12 等单位。

在南放水遗址早段的代表单位 H30 中，腹部带扉棱的 B 型 I 式联裆鬲与 A 型 I、II 式、B 型 I 式分裆鬲共生。腹部带扉棱装饰的做法，常见于西周中晚期铜鬲，此类陶鬲常被称之为"仿铜鬲"①。B 型 I 式联裆鬲 H30∶6 的足、腹部特征介于张家坡西周墓地三期 CIII 式鬲与四期 CV 式鬲之间。A 型 I 式联裆鬲 H30∶19 与张家坡三期 CIIIM170∶050②、琉璃河 1973～1977 年西周中期 M6∶1 形态相似③。Aa 型 I 式、Ba 型 I 式折肩罐分别与琉璃河西周中期 IM6∶5、IM51∶10 罐相类。H17∶1 簋由于缺乏共存关系，无法直接分段，这件器物酷似流行于张家坡二期的 BIV 式簋 M398∶1④。南放水晚段 Aa 型 II 式折肩罐、B 型 III 式联裆鬲分别与张家坡五期 B 型 XIa 式罐 M304∶02、CV 式鬲 M304∶20 相仿⑤。

因此，南放水西周早段遗存的年代大致相当于张家坡第二至四期，即西周中期至晚期早段；晚段的年代相当于张家坡第五期，即西周晚期晚段。

2. 西周时期遗存的文化构成

南放水遗址地处冀中平原北部。史载"周武王之灭纣，封召公于北燕"（《史记·燕召公世家》）。学界普遍认为，西周燕国始封的都城位于北京房山县琉璃河遗址⑥。南放水西周时期遗存与琉璃河遗址具有密切关系。

南放水遗址与琉璃河遗址西周时期陶器具有一定的相似性。在器类上，两遗址都有分裆鬲、联裆鬲、折肩罐、鼓腹罐、甗等。在器形上，两遗址晚期同类陶器的形态尤为接近。例如，南放水 A 型 III 式、B 型 II 式分裆鬲与 95 琉璃河居址晚期 F15M4∶3 分裆鬲沿面均有数道弦纹、矮弧裆，形态相类⑦；B 型 III 式联裆鬲酷似 95 琉墓葬晚期 F15M10∶7 鬲；Aa 型 II 式折肩罐斜颈、敞口的形态特征与 95 琉墓

---

① 中国社会科学院考古研究所：《张家坡西周墓地》，中国大百科全书出版社 1999 年 353 页。

② 中国社会科学院考古研究所：《张家坡西周墓地》，中国大百科全书出版社 1999 年 350 页图 259，26、34、25。

③ 北京市文物考古研究所：《琉璃河西周燕国墓地（1973～1977）》，文物出版社 1995 年 7 月 243 页图一四七。

④ 中国社会科学院考古研究所：《张家坡西周墓地》，中国大百科全书出版社 1999 年 354 页图 260，11。

⑤ 中国社会科学院考古研究所：《张家坡西周墓地》，中国大百科全书出版社 1999 年 357 页图 261，38；图 259，39。

⑥ Li Feng, *Landscape and Power in Early China：The Crisis and Fall of the Western Zhou，1045～771 BC*，Cambridge Unverisity Press 2006（335）.

⑦ 北京大学考古学系、北京市文物研究所：《1995 年琉璃河周代居址发掘简报》，《文物》1996 年 6 期。

葬晚期 F15M10：6 罐相仿①。

南放水西周时期陶器与琉璃河的陶器亦存在区别。

琉璃河西周遗存中发现了袋足、联裆和"花边口沿"高领三类陶鬲共存的现象，分别代表了商遗民、周人和土著的文化特征。其中，居址的商式分裆鬲较多，且呈增长的态势，而周式联裆鬲逐渐减少；墓葬中袋足陶鬲很少，主要为联裆鬲②。

南放水遗址西周时期共发现了分裆、联裆、弧裆三类陶鬲，不见"花边口沿"高领鬲。在南放水遗址发现的 137 件陶鬲标本中，可辨裆部特征的有 55 件。其中，分裆鬲 31 件，占可辨裆部特征陶鬲的 56.4%；联裆鬲 17 件，占 30.9%；弧裆鬲 7 件，占 12.7%。

分裆鬲是南放水遗址的一类重要器物。应注意的是，西周时期的分裆陶鬲不一定就是商遗民的文化特征。在陕西长安县张家坡遗址西周晚期遗存中就发现有分裆鬲③。这类陶鬲是宗周地区的"疙瘩鬲"发展到最晚阶段的形态，属周文化。河北及豫北地区在西周早期就普遍分布着分裆鬲。这类陶鬲在西周早、中期形态差别不明显，与殷墟四期陶鬲一脉相承。例如，1973～1977 年发掘的琉璃河西周燕国墓地中，就发现了分裆鬲与西周早期青铜器共存的情况④。洛阳北窑铸铜遗址西周早期遗存出土有与南放水 B 型 I 式分裆鬲相类的陶鬲⑤。在邢台葛家庄邢侯墓地也发现有西周早期的分裆鬲⑥。因此，南放水遗址出土的分裆鬲应是商文化陶鬲的后裔。另外，南放水西周晚期分裆鬲也体现着西周文化的影响和改造。A 型 III 式、B 型 II 式分裆鬲，裆部相连、分界不明显等特征，显然接受了联裆鬲制造工艺的影响。

南放水遗址弧裆鬲与张家坡墓地发现的空锥足鬲相仿，和联裆鬲均代表着周文化特征。

南放水西周陶器群也体现着商或西周文化因素。如，弧腹粗柄豆、刻划条带纹、刻划三角纹与绳纹组成的复合纹饰等具有商文化特征；折肩罐、腹饰压断绳纹的鼓腹罐、腹饰卷云纹的簋、单耳罐等都具有明显的周文化特征。与琉璃河遗址不同的是，在该遗址并无发现与京津唐地区土著的张家园上层文化相似的遗存。

3. 西周时期墓地的特征和埋葬习俗

从墓葬来看，南放水遗址共发现 12 座西周时期墓葬，位于发掘区西北部，是目前冀中北部地区发现的规模较大的一处西周时期墓地⑦。其中，2 座无随葬品，1 座随葬陶圆饼。其余 8 座随葬陶器及其组合均具有周文化特征，如，M12 为联裆鬲、罐、簋组合，M1 为联裆鬲、折肩罐、鼓腹罐组合，其余 4 座随葬折肩罐（M5、9、11、13），1 座随葬盆（M4），1 座随葬联裆鬲口腹残片（M2）。仅 1 座墓葬

①　北京大学考古学系、北京市文物研究所：《1995 年琉璃河遗址墓葬区发掘简报》，《文物》1996 年 6 期。

②　刘绪、赵福生：《琉璃河遗址西周燕文化的新认识》，《文物》1997 年 4 期 40 页。

③　中国科学院考古研究所：《沣西发掘报告：1955～1957 年陕西长安县沣西乡考古发掘资料》，文物出版社 1962年。

④　北京市文物考古研究所：《琉璃河西周燕国墓地（1973～1977）》，文物出版社 1995 年 7 月。

⑤　洛阳市文物工作队：《1975－1979 年洛阳北窑西周铸铜遗址的发掘》，《考古》1983 年 5 期。

⑥　贾金标、任亚珊、郭瑞海：《邢台地区西周陶器的初步研究》，《三代文明研究（一）：1998 年河北邢台中国商周文明国际学术研讨会》，科学出版社 1999 年。

⑦　吉林大学边疆考古研究中心等：《河北唐县南放水遗址 2006 年发掘简报》，《考古》待刊。

（M6）随葬具商文化特征的 B 型 II 式分裆鬲，但与折肩罐共存。

在葬式上，12 座西周墓均为单人仰身直肢葬。经鉴定，死者均已成年。在空间上可分为五排，自北向南为，第一排，M10、M11、M12；第二排，M9、M8；第三排，M5、M13；第四排，M6、M3；第五排，M4、M1、M2。其中，第三、四、五排间有较大的间隔，第一、二、三排间距较小。

据陶器形态仅能确定 M1、M6、M10、M12 属晚段。其中，M10 葬一男性、M12 葬一女性，二墓位于第一排，头向皆向东北。同属第一排的 M11 葬一男性，头向也朝东北。第二排 M9 葬一男、M8 葬一女，头向也都朝东北。可以看到，第一、二排墓葬不论相对的年代早晚和性别，都头向东北埋葬，女性墓均位于男性墓的东侧。

第五排的 M1、M2 分别葬一女一男，M1 头向西南、M2 头向东北，M4 葬一女，头向东北。虽然，M2、M4 与的 M1 相对年代不明，但是，不论这三墓的埋葬顺序如何，第五排墓葬与第一、二排墓葬的排列方式截然相反。从头向上看，第五排的 M1 和 M2 的性别不同、头向相反，M1 和 M4 的性别相同，头向也相反；从性别的排列位置看，第五排的女性墓皆位于男性墓的西侧。

第三排为两男性墓葬，M5 头向西南、M13 头向东北。二墓的头向与第一、二排迥异，与第五排相类，都为相反排列。然而，第三排的两男性同排排列的情形仅见于第一排。第四排墓葬皆头向东北，与第一、二排相同。但是，M3 死者性别不明。若 M3 死者为男性，则第四排的女性墓皆于男性墓的西侧，与第五排的 M1、M2 情况相同；若 M3 主人为女性，两女性同排排列的情况也仅见于第五排。

概言之，依据南放水西周墓葬性别和头向的排列方式，可判断出该墓地存在两个层次的关系。首先，第一、二排与第五排墓葬的排列方式截然相反，表现出了两区域的墓葬有意相互区别的强烈意愿。其次，第三、四排在空间排列上分别与第一、二排和第五排既有区别又有联系，恰似第一、二排与第五排间的"过渡区域"。有趣的是，M12 和 M1 随的陶器数量最多，分别为 7 件和 6 件陶器，且都具有周文化的组合特征，恰位于排列方式截然相反的第五排和第一排。随葬分裆鬲与折肩罐组合的 M6 位于属第一、二排与第五排间"过渡区域"的第四排。当然，由于遗址西部并未发掘，尚不能确定南放水西周墓地的西界，上述关于墓葬分布和性别排列方式推测还有待将来工作的进一步检验。

南放水大多数墓葬有腰坑或殉狗。M1、M4、M9 中发现有随葬贝壳。虽然，腰坑和殉狗的习俗并非商文化独有，但河北地区商代墓葬中随葬贝壳是普遍现象，仍可以看作是西周时期商文化丧葬习俗的孑遗。

可见，在文化构成上，南放水墓地与琉璃河西周墓地相似，都仅存在着商和西周两类文化因素，不见其他类遗存[①]。在布局上，两墓地都可能经过统一的规划和安排，如 1995 年琉璃河清理的 10 座墓葬可分为南北两排，两两成组的墓葬中，均为男在西，女在东[②]。在头向和性别的排列方面，南放水墓地具有一定的本地特征。自 1973 年以来，琉璃河墓地共清理了约 204 座西周时期墓葬，其中绝大多

---

① 陈光：《西周燕国文化初论》，《北京文博》2000 年 1 期 32 页。

② 北京大学考古学系、北京市文物研究所：《1995 年琉璃河遗址墓葬区发掘简报》，《文物》1996 年 6 期。

数墓葬头向均朝北，见于报道的仅一座南向墓葬（95M4）①；而南放水墓地清理的 12 座墓葬中就有 2 座朝西南，且男、女性墓葬的排列方式也更加多样。

　　4. 西周时期遗存的文化属性

　　南放水遗址西周遗存，产生于武王克商后，"周公吊二叔之不咸，故封建亲戚以藩屏周"（《左传·僖公二十四年》）的历史背景下。从整体文化面貌上看，南放水与琉璃河西周时期遗存应均属于西周燕文化②或"姬燕文化"③的范畴。

　　尽管学界对于"封召公于北燕"发生于武王还是成王时期有不同的看法④，但北京琉璃河西周燕国墓地的发现可以证明召公在西周早期受封于燕地的史实。琉璃河 1193 号墓葬出土的西周早期青铜器克罍铭文显示，召公受封于燕时，授民有商、羌等族群⑤。这与 1995 年琉璃河西周居址的发现相呼应，也是南放水西周时期遗存形成的重要原因。南放水遗址西北距琉璃河约 190 公里，地处商人故地，位于西周燕文化分布的南缘。唐县南伏城遗址曾发现西周青铜器窖藏，暗示出这一地区与周人的密切关系⑥。南放水西周文化遗存中的周文化因素意味着，该遗址受到了西周文化的强烈影响；商文化因素则可能与商遗民有关。

　　冀中平原北部到燕山南麓地区是北方民族与华北平原往来的交通要道。随着考古研究的不断深入，这一区域内的西周时期诸考古学文化的互动关系越来越清晰，有助于我们更清晰地认识南放水西周时期遗存的文化特征。

　　在西周早期，永定河以南的琉璃河西周燕文化遗存中可见到西周、商和土著文化成分；到了西周中、晚期，西周燕文化向东北扩张，在永定河以北地区与张家园上层文化展开了激烈的争夺⑦。同时，北方的考古学文化也对西周燕文化施加了影响。燕山以南西周中、晚期罕见青铜器，呈现出衰落的局面，可能与夏家店上层等文化的兴起和侵扰有关⑧。有研究表明，这一区域的西周燕文化中还包含有北方草原青铜文化等因素⑨。

　　近来，在南拒马河流域的易县七里庄遗址发现了以高领近直、筒形深腹的"花边口沿鬲"为代表

　　①　北京市文物考古研究所：《琉璃河西周燕国墓地（1973～1977）》，文物出版社 1995 年 7 月；琉璃河考古队：《1981—1983 年琉璃河西周燕国墓地发掘简报》，《考古》1984 年 5 期；北京大学考古学系、北京市文物研究所：《1995 年琉璃河遗址墓葬区发掘简报》，《文物》1996 年 6 期；琉璃河考古队：《琉璃河遗址 1996 年度发掘简报》，《文物》1997 年 6 期；北京市文物研究所、北京大学考古文博学院、中国社会科学院考古研究所：《1997 年琉璃河遗址墓葬发掘简报》，《文物》2000 年 11 期；楼朋林：《琉璃河遗址 2001 年度西周墓葬发掘简报》，《北京文物与考古（第 5 辑）》燕山出版社 2002 年 12 月。

　　②　李维明：《北京地区夏商周时期考古学文化浅议》，《首都师范大学学报》1999 年 1 期 112 页。

　　③　纪烈敏：《燕山南麓青铜文化的类型谱系及其演变》，《边疆考古研究·第 1 辑》，科学出版社 2002 年 109 页。

　　④　任伟：《西周燕古铜器与召公封燕问题》，《考古与文物》2008 年第 2 期 61 页。

　　⑤　中国社科院考古研究所等：《琉璃河 1193 号大墓发掘简报》，《考古》1990 年 1 期。

　　⑥　郑绍宗：《唐县南伏城及北城子出土周代青铜器》，《文物春秋》1991 年 1 期。

　　⑦　李维明：《北京地区夏、商、西周时期考古学文化浅议》，《首都师范大学学报》1999 年 1 期 116 页。

　　⑧　纪烈敏：《燕山南麓青铜文化的类型谱系及其演变》，《边疆考古研究·第 1 辑》，科学出版社 2002 年 114 页。

　　⑨　李维明：《北京地区夏商周时期考古学文化浅议》，《首都师范大学学报》1999 年 1 期 114 页。

的七里庄四期遗存，年代为商周之际到西周中期，面貌与镇江营七期基本相同，和张家园上层陶器近似①。有学者把以镇江营七期为代表的遗存称作张家园上层文化镇江营类型②；也有意见认为，镇江营七期、七里庄四期遗存与潮白河以北的张家园上层文化可能存在不同的特征和发展轨迹③。可以肯定的是，七里庄四期遗存是拒马河流域的一支土著文化。西周中、晚期，以"花边口沿鬲"为代表的土著文化因素在琉璃河西周燕文化遗存中逐渐消失了，永定河以南的镇江营土著文化遗存也随之绝迹④。这与西周燕文化排挤张家园上层文化的时间相同，似存在着某种联系。

看来，永定河南北的西周燕文化与土著文化乃至北方考古学文化的交流与互动，形成了其特有的文化结构。

大清河及其支流唐河、漕河流域的满城要庄⑤、任邱哑叭庄⑥西周时期遗存的文化构成与南放水遗址相似，都可见西周和商文化因素，而不见其他文化成分。这与永定河南北的西周燕文化不同。

总之，以南放水遗址为代表的西周时期遗存，一方面表现出了周文化对商文化的强烈影响和改造，另一方面也暗示出大清河及其支流唐河、漕河流域的西周燕文化对永定河以南土著的"花边口沿鬲"类遗存及京津唐地区的张家园上层文化的排斥，是一类具有鲜明区域特征遗存。如是，南放水西周遗存与永定河南北的西周燕文化遗存关系密切，构成稍有差别，或可代表着西周燕文化位于大清河及其支流唐河、漕河流域的一个地方类型。

三　东周时期遗存的相关认识

南放水遗址东周时期遗存的数量较少，包括24座灰坑、2条灰沟及其出土遗物。其中蕴含着的信息引人瞩目，为进一步了解东周时期河北平原北部、太行山东麓地区的考古学文化面貌提供了一些线索。

我们将东周时期遗存与周边发现的相关遗存进行比较，可将其分为两组。

第一组以H31、G8为代表。H31：1鬲，沿面有一道弦纹，折沿，方唇，束颈，弧腹，深腹腔，平裆，器底呈对称等边三角等特征酷似徐水大马各庄M27；H31：12鬲口腹部方唇，折沿，腹饰粗绳纹等特征与大马各庄M13：1鬲之口腹部相似，而H31、G8中都出土柱状鬲足更进一步证明了H31中存在大马各庄M13：1类柱足鬲⑦。据大马各庄M13、M27的年代推断，第一组的年代为春秋晚期。

第二组以H76、G6为代表。G6③：3平折沿釜具有典型的战国时期燕式釜的特征，系由春秋时期的燕式鬲演变而来，其特征与战国中、晚期同类器物相近。有研究认为在H76：9类盘状细柄豆于战国

---

①　段宏振、任涛：《河北易县七里庄遗址发现大量夏商周时期文化遗存》，《中国文物报》2006年12月8日。

②　陈光：《西周燕国文化初论》，《北京文博》2000年1期37页。

③　段宏振：《七里庄遗址青铜文化遗存的演进》，《中国文物报》2007年6月15日。

④　陈光：《西周燕国文化初论》，《北京文博》2000年1期39页。

⑤　河北省文物研究所：《河北满城要庄发掘简报》，《文物春秋》1992年增刊。

⑥　河北省文物局、沧州地区文物管理所：《河北省任邱市哑叭庄遗址发掘报告》，《文物春秋》1992年增刊。

⑦　河北省文物研究所等：《河北徐水大马各庄春秋墓》，《文物》1990年3期37页图七，12、13。

中期开始在以北京琉璃河燕上都和易县燕下都为中心的区域出现[①]，H76：19 直壁平折沿盆与张家口白庙战国中晚期的 M9：2 相类[②]，H76：34 鬲形鼎口沿小口折唇、最大腹径靠下等特征与战国中期的怀柔墓葬 II 式鬲相似[③]。可见，第二组的年代相当于战国中晚期。

第二组遗存可以区分出两群器物。第一群与战国燕文化相类，G6①：4 类豆、G6③：3 类釜、H76：34 类鬲口沿等。第二群以 H76：1 带穿孔的罐口为代表，其敞口、弧颈、圆鼓腹的特征与张家口下花园 M1：7 类罐形鬲的口、腹部相似[④]，显然不是典型的战国燕文化器物。有学者认为，下花园 M1 类遗存系春秋时期源自长城地带中西部、生长于河北北部的军都山类型的孑遗[⑤]。这也意味着第二组与玉皇庙文化间存在着一定的联系。

四 余 论

南放水遗址 2006 年发掘所得的三个时期遗存，为了解河北平原北部地区的先商和周文化时期考古学文化遗存提供了可资借鉴的剖面。在夏时期，南放水遗址呈现出来自西、北、东方的不同考古学文化与先商文化交汇的情景表明，河北北部地区在夏时期已是华北平原上各类文化交锋的前沿地带。

西周中、晚期，该遗址出现了被周人征服的商遗民的遗存。学界称此类遗存为西周燕文化[⑥]或"姬燕文化"[⑦]。该类文化产生于武王克商后，"周公吊二叔之不咸，故封建亲戚以藩屏周"（《左传·僖公二十四年》）的历史背景下。尽管学界对于"封召公于北燕"的事件发生于武王还是成王时期有不同的看法[⑧]，但自北京琉璃河西周燕国墓地的发现可以证明召公在西周早期受封于燕地的史实。燕山以南的"北燕"地区在地理位置上是北方民族与华北平原往来的交通要道，在此地区进行军事移民无疑可以达到"藩屏周"的战略目的。琉璃河 1193 号墓葬出土的西周早期青铜器克罍铭文显示，召公受封于燕时，授民有商、羌等族群[⑨]。这与 1995 年琉璃河西周早期居址的发现相呼应。西周中、晚期，在宗周地区的周人抵御来自西北方的猃狁入侵时[⑩]，河北平原北部的西周时期燕文化向东北扩张，与京津唐地区的张家园上层文化展开了激烈的争夺，加速了其灭亡[⑪]。学界都已注意到，琉璃河及燕山以南地区的西周时期墓葬出土青铜器和辽西地区青铜器窖藏都属西周早期，西周中、晚期罕见青铜器，

① 郑君雷：《战国时期燕墓陶器的初步分析》，《考古学报》2001 年 3 期 279 页。

② 张家口市文物事业管理所：《张家口市文物白庙遗址清理简报》，《文物》1985 年 10 期 26 页图六，13。

③ 北京市文物工作队：《北京怀柔城北东周两汉墓葬》，《考古》1962 年 5 期 221 页图四，2。

④ 张家口市文管所等：《张家口市下花园区发现的战国墓》，《考古》1988 年 12 期 1138 页图一，2。

⑤ 郑君雷：《战国燕墓的非燕文化因素及其历史背景》，《文物》2005 年 3 期 71 页。

⑥ 李维明：《北京地区夏商周时期考古学文化浅议》，《首都师范大学学报》1999 年 1 期 112 页。

⑦ 纪烈敏：《燕山南麓青铜文化的类型谱系及其演变》，《边疆考古研究·第 1 辑》科学出版社 2002 年 109 页。

⑧ 任伟：《西周燕古铜器与召公封燕问题》，《考古与文物》2008 年第 2 期 61 页。

⑨ 中国社科院考古研究所等：《琉璃河 1193 号大墓发掘简报》，《考古》1990 年 1 期。

⑩ Li Feng, *Landscape and Power in Early China: The Crisis and Fall of the Western Zhou, 1045 ~ 771 BC*, Cambridge Unverisity Press 2006 （141 – 193）.

⑪ 李维明：《北京地区夏商周时期考古学文化浅议》，《首都师范大学学报》1999 年 1 期 116 页。蒋刚：《试析夏商西周文化和冀西北、京津唐地区北方青铜文化的关系》，《北方文物》2007 年 11 页。

呈现出衰落的局面，这可能与燕山南北地区夏家店上层等文化的兴起和侵扰有关①。李锋先生据河北平原腹地的邢国曾与自北方的戎作战等文献记载推断，西周中晚期戎曾一度切断了河北平原北部的周人与周王廷的政治联系②。由是，西周燕文化向东北方向的张家园文化扩张，可能是与北方民族的侵扰或挤压有关。西南距琉璃河约190公里的南放水遗址属商人故地。南放水西周中、晚期遗存表现出的周文化对商文化征服和改造的情形，意味着此地已成为周人的战略腹地，具有相对稳定的文化与族群结构。

东周时期，燕文化继续推行向北扩张的策略。春秋时期燕国的北界在军都山以南，战国中期越过军都山到达张家口地区③。桑干河和燕山地区的玉皇庙文化在春秋中期到战国中晚期向东北地区的努鲁尔虎山逐渐传播，便是由于燕文化向北逐渐占领玉皇庙文化的土地引起的④。《春秋谷梁传·庄公三十一年》（公元前663年）载："桓外无诸侯之变，内无国事，越千里之险，北伐山戎，为燕辟地。鲁外无诸侯之变，内无国事，一年罢民三时，虞山林薮泽之利，恶内也。"《史记·匈奴列传》载："其后四十四年，而山戎伐燕。燕告急于齐，齐桓公北伐山戎，山戎走……其后燕有贤将秦开，为质于胡，胡甚信之。归而袭破走东胡，东胡却千余里。与荆轲刺秦王秦舞阳者，开之孙也。燕亦筑长城，自造阳至襄平。置上谷、渔阳、右北平、辽西、辽东郡以拒胡。"这些记载都反映出，东周时期燕文化向北开疆扩土的史实。虽然，学界对玉皇庙文化的族属是山戎⑤或是狄⑥仍存在不同看法。但是，东周燕文化在北进的过程中与北方长城地带的方国、部族发生了大量的接触当是不争的事实。

有趣的是，在燕国南边的南放水遗址战国中晚期遗存中发现了与玉皇庙文化有关的"非燕"文化因素，这一现象颇耐人寻味。从地理位置上看，南放水东周遗存还可能与中山国有关。中山在春秋时被称为"鲜虞"。有学者通过文献考证认为，春秋晚期鲜虞已迁到唐县境内，并因新城中有山而改国号为中山⑦。考古资料显示，在距唐县县城西南约60公里的平山县境内发现了战国时期中山国都城灵寿城⑧及中山国墓地⑨。中山王墓出土的𪨰铜鼎、𪨰铜方壶等青铜器铭文记述了公元前314年中山曾参加伐燕等史料⑩。

①　纪烈敏：《燕山南麓青铜文化的类型谱系及其演变》，《边疆考古研究·第1辑》科学出版社2002年114页。

②　Li Feng, *Landscape and Power in Early China：The Crisis and Fall of the Western Zhou*，*1045 ~ 771 BC*，Cambridge Unverisity Press 2006（340）.

③　杨建华：《春秋战国时期中国北方文化带的形成》，文物出版社2004年第79页。

④　杨建华：《再论玉皇庙文化》，《边疆考古研究·第2辑》，科学出版社2004年156页。

⑤　如，荆枫毅等：《山戎文化所含燕与中原文化因素之分析》，《考古学报》2001年1期。

⑥　如，林沄：《关于中国的对匈奴族源的考古学研究》，《林沄学术文集》，中国大百科全书出版社1998年。杨建华：《再论玉皇庙文化》，《边疆考古研究·第2辑》科学出版社2004年。

⑦　阎忠：《西周春秋时期燕国境内及其周边各族考略》，《北京建城3040年暨燕文明国际学术研讨会会议专辑》，燕山出版社1997年。

⑧　河北省文物研究所：《河北平山三汲古城调查与墓葬发掘》，《考古学集刊（5）》，中国社会科学出版社1987年192页。

⑨　河北省文物管理处：《河北省平山县战国时期中山国墓葬发掘简报》，《文物》1979年第1期。

⑩　河北省文物研究所：《𪨰墓——战国中山国国王之墓》，文物出版社1995年第529~530页。

　　杨建华先生指出，中山国与玉皇庙文化是狄人或其后裔在不同地区发展、分化的结果①。虽然，南放水遗址目前没有发现东周时期墓葬而且缺乏青铜器等发现，目前还无法明确其族属，但从考古学文化面貌上看，南放水东周遗存与东周燕文化没有太大区别。南放水战国时期遗存与玉皇庙文化存在联系的现象暗示，其与历史上的中山国很可能存在一定关系。

　　综上，南放水遗址于不同时期表现出来的各类文化交汇的情景，使其成为考察河北北部地区文化与族群交流等问题的有益个案。

---

　　① 　杨建华：《再论玉皇庙文化》，《边疆考古研究·第 2 辑》，科学出版社 2004 年 160 页。

Abstract

The Nanfangshui site is located in the north – west part of the Haihe River valley in the Northern China plain, to the east of the Taihang Mountain. This site is in Nanfangshui Village, Gaochang Town, Tangxian County, Heibei Province of China.

This project is a part of China's water diversion project. From April to July, 2006, Jilin University has excavated the Nanfangshui site in Tangxian County, Hebei Province China. Jilin University's Archaeology Department took part in this excavation.

Nanfangshui site is at the west of Nanfangshui village. Fangshui River passes through northern side of the site. We can see the Qingdu Mountain to the west side of the site. Qingdu Mountain is a branch of Taihang Mountain.

There are about 3000 square meters of Nangfangshui site in the project region. We have excavated all of the area. 125 five by five square meters grids were settled and excavated altogether.

Thecultural deposit can be divided into largely three period: Pre – Shang, Western and Eastern Zhou. These materials offer us important clues to understand the cultural image and social political relations in the north part of the Central Plain the second and first millenniums BC.

Xia Dynasty Relics: A Scene with Multi – cultural Structure

No. 142 is located at south side of excavation area. In the pit, we can see six stone hooks on the bottom of pottery sherds. These hooks are one of standered characters of Rre – Shang culture. These hooks were put into three groups. Each group included two hooks. The blade edges of these hooks all faced north.

These two pots are rebuilt form sherds of No. 142 pit.

Analysing the pottery, we can conclude that beside the Pre – Shang cultural elements, the contemporary remains also include some elements of the Lower Xiajiadian Culture of Huliuhe River Valley, North Haihe River Valley and Inner Mongolia.

Xia Dynasty relics in the Nanfangshui site show an image of multi – cultural influences in the north part of North China plain contemporaneous with the Xia dynasty in historical records.

Ihave mentioned in one of my paper that we can recognize multi – cultural structure at Beijing, Tianjin and Baoding City region in historical Xia dynasty. Beijing and Tianjing area is demesne of north Haihe River type of

Lower Xiajiadian Culture from north side of Yanshan Mountain. There are Pre – Shang culture living in Baoding region, which was named north Baoding type of Pre – Shang Culture by some scholars. In early period of Xia dynasty, elements of Lower Xiajiadian Culture and Yueshi Culture can be found in Pre – shang Culture in Baoding region. In late period of Xia dynasty, Yueshi Culture elements disappeared and Baiyan Culture elements came through from Central Shanxi Province.

This conclusion was proved again by Pre – Shang culture materials in Nanfangshui site and other water diversion project sites of north Hebei plain. In the other hand, Nanfangshui Pre – Shang relics showed that so called north Baoding type of Pre – Shang Culture can be found at site in south of Baoding.

Western Zhou Dynasty Remains:
Some Problems of Stages, Politics and Habitudes

Western Zhou dynasty remains constitute the main cultural deposit in this site, which included 146 pits, 12 tombs and 1 ditch (NO. 3 ditch). They were distributed almost all over the excavation area.

1. Periodization and dating of Relics

Based on shapes of pithead, Nanfangshui Western Zhou pits can be divided into four categories : roundness, ellipse, rectangle and erose shape. There are also 4 section shapes of pits: barrel – like, trapezia – like, bag – like and pot bottem – like. They could be divided into two periods based on the types and assemblages of pottery and their stratigraphic relationships.

From phase I to II, feet of separated – crotched *li* turned from thin to round, their crotches became lower, So did crotches of joined – crotched *li* – tripods. Shoulders of fold – shouldered *guan* – jars became sharper, their mouths turned bigger, so did months of Bellied *guan* – jar.

We also found some bone arrowheads, awls, tools, even dear horns. Few bronze werediscovered in this site, except some bronze arrows. There are many pottery spindles and some stone ceramic tools such as ceramic bat among western zhou remains.

2. Some Clues of Ages and Politics of Nanfangshui Site West Zhou Relics

In Nanfangshui site, Few bronze can offer us any exact message for age. In history, the region was close the heartland of Shang kingdom. After the Zhou dynasty was founded in Shaanxi, Zhou king established the Duke of Yan in the north Yan region.

Archaeological excavations have confirmed that the capital of the state of Yan was located Liulihe site, 43 kilometers to the south ofBeijing. Nanfangshui site is about 190 kilometers to Beijing. In Western Zhou dynasty, Nanfangshui site may keep closed relationship with Liulihe site.

Nanfangshui pottery of phase I and II (such asseparated – crotched *li* – tripods, fold – shouldered *guan* – jars and Bellied *guan* – jar) looks same as Liulihe early and late period pottery excavated 1995 respectively.

Two culture traditions are detected at the site. One probably belongs to the Western Zhou, and other belongs to Shang descendents.

For exampleWe have found 56.4% separated crotched *I* (Shang Culture elements), 30.9% joined crotched *Ii* – tripods and 12.7% arced crotched *Ii* (Zhou Culture elements) . In Nanfangshui pottery group, Zeng belong to Shang Culture and Dou, Gui, belonged to Western Zhou Culture. Zhou elements reveal that Nanfangshui site was under strong cultural influence by the Western Zhou dynasty. Shang elements imply that aboriginal population possibly once lived on the site.

This suggests thatNanfangshui site might have been home to some Shang descendants conquered by the Zhou court.

3. Cemetery and Habitudes

12 burials were excavated at Nanfangshui Western Zhou cemetery. Each of them buried an adult body.

These burials' assemblages also embodied Western Zhou features. Four burials are empty (M3, 4, 8, 11) . In No.2, we just found *li* sherd. Most of other burials' (M1, 4, 5, 9, 10, 12, 13) assemblages belonged to Western Zhou Culture. Although No. 6 buried a Separated crotched *Ii* which may embodied Shang culture element, we found Fold shouldered *guan* – jar in this tomb belong to Western Zhou Culture. We can confirm from Nanfangshui burials that this site have been affected strongly by Western Zhou Culture.

We can divided 2 areas from the cemetery. No. 1 and 12 which has more intact Western Zhou Culture assemblages are at the Center of each area. Two areas showed deep wishes to distinguish each other.

While, No.6 which are including a Shang element*li* and Zhou element *Guan* is at the transitional position. This proved that Shang elements may be at a subordinate position. But Many *waist pits* and shells were found in graves, which are classic Shang Culture features in Heibei region.

SomeChinese scholar named this kind relics as "Yan Culture in Western Zhou" or "Ji Yan Culture". After the Zhou dynasty was founded in Shaanxi, Zhou king established the Duke of Yan in the north Yan region. Liulile near Beijing city is capital of Yan state. Yan state assumed responsibilites to protect Zhou court. Yan state was settled at the path of Northeast china to north China plain, which can resist aggression of north people. From Inscriptions of Ke – lei, we knew that there are some people were awarded Duke of Yan including Shang, Qiang etc. This is history context of Nanfangshui site Western Zhou dynasty relics. At middle and late period of Western Zhou dynasty, archaeology materials in south region of Yanshan Mountain and Daling region reveal that there seem to be a culture decline in Liulihe region. This phenomenon perhaps was caused by rise of upper Xijiangdian Culture . Prof. Li Feng concluded that the Rong people have ever cut off Yan and Xing state from central plain during this preiod. Relationship between Yan and Zhou court may be ever cut off at the same time. Archaeology materials also told us that Western Zhou Yan Culture expended to Jing – jin – Tang region. Western Zhou Yan Culture has plundered Upper Zhangjiayuan Culture' s territory and accelerated it to death.

Nanfangshui Western Zhou dynasty remainsexhibited that western Zhou Culture control and conquered Shang Culture, which seemed that Nanfangshi site has been seen as a backyard region by Zhou people. The relationship of Nanfangshui site seems stable.

Eastern Zhou Period Relics

We found 24 pits and 2 ditches (No. 6 and 8) belonged to Eastern Zhou period. Although Eastern Zhou pits were less than Western Zhou, their distribution looked same as Western Zhou pits.

The Eastern Zhou remains at Nanfangshui belong to the culture of the Yan state.

There are two periods represented by Eastern Zhou remains in the site. Period I can be dated to late Spring and Autumn period. This period relics are represented by pit No. 31 and ditch No. 8. *Li*s in No. 31 are same as *li*s of Damagezhuang Site Xushui County, which is at late Spring and Autumn period.

Period II can be dated to the middle and late parts of the Warring States period. Relics of this period could be represented by pit No. 76 and ditch No. 6.

Structure of No. 76 pit is very special. We could estimate its' building process by stratigraphy. Ancient people dug a big bag shape pit at first. Then, they put some special clay into the pit and rammed it. Finally, they dug another pit whose pithead is smaller than original pit. Diameter of No. 76's small pithead is about 1 meter. We also find some burned clay at bottom of this pit. So, this pit may be a vault for its' head could be sealed easily.

Many sherds and pottery are revealed from pit No. 76 and ditch No. 6, which exhibited standerd feature of the middle and late parts of the Warring States period. For example, *Fu* of No. 6 are same as *Fu* in the middle and late parts of the Warring States period. This kind of *Fu* came from *Li*.

In period II We can find some non – Yan cultural elements, such as No. 76 : 1 head of a*Guan – jar* or *Ding*. This pot is like one found in Xiahuayuan site burial No. 1 Zhangjiakou City. Although, this burial is belonged to Yan Culture. But, No. 1 : 7 have acceded to Yuhuangmiao Culture. So, this element in nanfangshui may have some relations with Yuhuangmiao Culture of Great – wall regions.

So called "Yuhuangmiao Culture" is located from Zhangjiakou City to Longhua County Chengde City.

In Eastern Zhou period, Yan Culture went onexpanding to the North. At Spring and Autumn period, boundary of Yan state is near south side of the Jundu Mountain. At the middle parts of the Warring States period, Yan state's territory has reached Zhangjiakou region which is at north side of the Jundu Mountain. At the same time, Yuhuanmiao Culture retreated to the Nuluerhu shan Mountain which is at northeast of china. In china historian book *Chunqiu Guliangzhuang* and *Shiji Xiongmuliezhuan*, we can find that some recordation that Qi state help Yan state to resist and drive away *Shang Rong*. Yan state raided *DongHu*. Some Chinese scholars believe that Yuhuangmia Culture belonged *Shan Rong*, others said that Yuanhuamiao Culture was created by *Di*. In history, Zhongshan was named Xianyu in spring and Autumn period. Xianyu moved to north hebei region at the late part of spring and Autumn period. They changed name as Zhongshan, because there are mountain in their capital city (Zhongshan means "mountain in city" in ancient Chinese language).

In this history context, we can understand the reason why some Yuhuangmiao Culture elements were found Nangangshui site in south part of Yan culture.

Nanfangshui site is 60 Kilometers to*Pingshan County* where is capital and cemetery of Zhongshan State in middle and late part of Warring states period. In tomb of Cuo Duke of Zhongshan state, we can find some inscriptions on Cuo bronzes (*Ding* and *Hu*) which recorded Zhongshan state attended war to Yan state at 314BC.

In Nanfangshui site, we happened to find some pot like Yuhuanmiao Culture, which may imply that its' Eastern remains may have some relationship with Zhongshan state. But we find few bronze especially brand or big bronze cache. Its' pottery still kept Yan state style. So we can not confirm the relationship between nanfangshui and Zhongshan state in Eastern Zhou period.

附表一　南放水遗址灰坑登记表

序号	灰坑编号	所在探方	开口层位	口径（厘米）	底径（厘米）	残深（厘米）	坑口形状	剖面形状	坑底形状	出土遗物	备注	年代
1	H1	T4	②	150－270		40	不规则	锅底形	锅底形	AIII 分档鬲、高口沿、高口腹残片、B 陶纺轮		西周
2	H2	T21、T22	②	220	220	30	圆形	直筒形	平底			西周
3	H3	T24	②	130		26	圆形	锅底状	锅底形	AII 分档鬲2、A 陶纺轮、石器		西周
4	H4	T23	②	130	130	24	圆形	直筒形	平底			西周
5	H5	T21	②	100	77	35	圆形	锅底形	锅底形			东周
6	H6	T6	②	120	80	25	不规则	锅底形	锅底形		G2（现代沟）→H6	东周
7	H7	T8、T126	②	470		45	圆形	锅底形	锅底形			东周
8	H8	T8、T126	②	100		35	圆形	锅底状	锅底状			西周
9	H9	T8、T126	②	95	60	25	圆形	倒梯形	锅底状			西周
10	H10	T23、T24	②	170	140	82	圆形	倒梯形	平底	AaI 折肩罐口沿、甗底、石刀	H10→H11	西周
11	H11	T23	②	155－200	155－200	26	椭圆形	直筒形	平底		H10→H11	西周
12	H12	T3、T19	②	110		50	圆形	锅底状	锅底状	石器、陶圆饼		西周
13	H13	T1、T2	②	180	180	140	圆形	直筒形	平底	联档鬲柱足、高口腹残片2、BaII 折肩罐、Aa 盆口沿、骨笄	H13→H24	西周
14	H14	T1	②	72		15	不明	锅底状	锅底状			西周
15	H15	T17	②	99	92	5	不规则	倒梯形	平底			无陶片
16	H16	T1、T17	②	100	70	10	圆形	倒梯形	平底			西周
17	H17	T9、T10	②	150		54	圆形	锅底状	锅底状	高口沿2、A 簋盘、B 簋口沿、折肩罐口沿、陶圆饼2	G6→H17→H98	西周
18	H18	T19	②	106	90	70	圆形	倒梯形	平底			西周
19	H19	T17、T18	②	225－270	225－270	160	椭圆形	直筒形	平底	分档鬲袋足、高口沿4、高口腹残片、I 鼓腹罐2、折肩罐腹部、陶圆饼7、石刀、角锥、穿孔骨器、骨料	H40→H19	西周

续附表一

序号	灰坑编号	所在探方	开口层位	口径（厘米）	底径（厘米）	残深（厘米）	坑口形状	剖面形状	坑底形状	出土遗物	备注	年代
20	H20	T19	②	190	190	8	圆形	直筒形	平底	陶圆饼		西周
21	H21	T2	②	104	90	30	圆形	倒梯形	平底		H31→H24	西周
22	H22	T33	②	190－225	105－143	153	圆形	直筒形	二层台	AII分裆鬲 3、高口沿、I鼓腹罐口沿、A簋圈足、A陶纺轮	二层台阶，3个疑似柱洞	西周
23	H23	T2	②	110		70	圆形	锅底状	锅底状		H23→H24	西周
24	H24	T2	②	160－220	145－210	66	椭圆形	直筒形	平底	高口沿	H21、H13、H23→H24	西周
25	H25	T50	②	1.72－2.36		40	椭圆形	直筒形	二层台	陶圆饼、陶球、石杵	H25→H67	东周
26	H26	T35、T51	②	140	140	36	圆形	直筒形	平底			西周
27	H28	T25	②	158	155	51	圆形	直筒形	平底	高口沿		西周
28	H29	T86	②	160	140	10	圆形	倒梯形	平底	Aa 盆		西周
29	H30	T69、T85	②	250	250	240	圆形	直筒形	平底	AI分裆鬲 2、AII分裆鬲 3、BI分裆鬲、AI联裆鬲、BI联裆鬲、高口罐、高口腹残片 10、高口沿 3、A壶、I鼓腹罐 2、BaII折肩罐、Aa盆 2、A簋圈足、B簋圈足 2、豆座、A陶纺轮、陶圆饼 5、骨芽、骨锥 2、穿孔骨饰、穿孔骨器	M6→H30	西周
30	H31	T83	②	长216，短100	长216，短100	280	长方形	直壁	平底	A高足 2、B高足、高腹残片、A豆盘、豆座、A盆、钵、石铸坯料		东周
31	H32	T74	②	126	126	18	圆形	直筒形	平底			现代坑
32	H33	T84	②	176	176	50	圆形	直筒形	平底	高口沿、鼓腹罐底、B簋座、骨锥、陶圆饼 3	H33→H48	西周
33	H34	T66	②	150－200	140－190	20	椭圆形	倒梯形	平底	弧裆鬲足根、Ab折肩罐	M4→H34	西周

续附表一

序号	灰坑编号	所在探方	开口层位	口径（厘米）	底径（厘米）	残深（厘米）	坑口形状	剖面形状	坑底形状	出土遗物	备注	年代
34	H36	T40	②	150－160	145－155	30	椭圆形	直筒形	平底	Bb 盆	H36→H44	西周
35	H37	T41	②	50	26	15	圆形	倒梯形	平底			现代坑
36	H38	T24、T40	②	90－100	90	25	椭圆形	直筒形	平底			西周
37	H39	T54	②	70	55	30	圆形	倒梯形	平底			西周
38	H40	T17、T18	②	240	220	135	圆形	直筒形	平底	鬲口沿 2、陶圆饼	H40→H19	西周
39	H41	T34	②	195	195	190	圆形	直筒形	二层台	分档鬲袋足、联裆鬲柱足、AaⅡ折肩罐口沿 2、Aa 盆、B 壶圈足　鬲口沿 2、Ⅱ鼓腹罐、单耳罐、陶范	二层台，台上有疑似柱洞 2	西周
40	H42	T37、T53	②	210	208	45	圆形	直筒形	平底	鬲口沿 2、AaⅡ折肩罐口沿、Ac 盆口沿、B 簋圈足	坑底有踩踏面	西周
41	H43	T24、T25	②	90－138	90－138	88	椭圆形	直筒形	平底	鬲口沿 2、AaⅠ折肩罐、Ⅰ鼓腹罐口沿、Aa 盆口沿、骨镞、青铜残器		西周
42	H44	T40	②	长 200，短 120	长 190，短 115	20	长方形	直壁	平底	鼓腹罐、铜镞	H36→H44	西周
43	H45	T33	②	160	160	55	圆形	直筒形	平底			西周
44	H46	T52	②	165	195	90	圆形	袋状	平底	BⅡ分档鬲、鬲口腹残片、Aa 盆、AaⅠ折肩罐、折肩罐口沿、A 鼓腹罐口沿、陶圆饼 3、陶纺轮、A 陶纺轮、石铲、残石刀、石杵、鹿角	H46→H47	西周
45	H47	T52	②	75	75	15	圆形	直筒形	平底		H46→H47	西周
46	H48	T84	②	130－180	130－180	26	椭圆形	直筒形	平底	鬲口沿、陶圆饼	H33→H48	西周
47	H50	T58、T74	②	70	70	30	圆形	直筒形	平底			现代坑
48	H51	T51、T52	②	180	180	45	圆形	直筒形	平底	骨笄	H51→M2	西周
49	H52	T38、T39	②	150		30	圆形	锅底状	锅底状		H52→H59	西周

续附表一

序号	灰坑编号	所在探方	开口层位	口径（厘米）	底径（厘米）	残深（厘米）	坑口形状	剖面形状	坑底形状	出土遗物	备注	年代
50	H53	T35	②	140	140	40	圆形	直筒形	平底		H54→H71	西周
51	H54	T18、T34	②	130	130	25	圆形	直筒形	平底			西周
52	H55	T70	②	60	60	30	圆形	直筒形	平底			无陶片
53	H56	T70	②	150	145	16	圆形	直筒形	平底			西周
54	H57	T18、T19、T34、T35	②	190	190	185	圆形	直筒形	平底	AIII分档鬲、BII分档鬲、联档鬲柱足、高口沿7、高口腹残片4、Ab盆2、Bb盆、II鼓腹罐5、甗、器耳2、B簋圈足、铜锥、铜镞、陶垫、骨刀、骨笄、A陶纺轮、龟甲、鹿角		西周
55	H58	T57	②	170－240	170－240	25	椭圆形	直筒形	平底	弧档鬲足、高口沿、Ab折肩罐、骨镞	H58→H80	西周
56	H59	T38、T39	②	160－180	160－180	26	椭圆形	直筒形	平底		H52→H59	西周
57	H60	T21、T37	②	185	205	90	圆形	袋状	平底	联档鬲柱足、高口腹残片、豆、罐底、Ba盆、陶圆饼2	坑底有烧土堆积	西周
58	H61	T70	②	170	202	60	圆形	袋状	平底	AII分档鬲2、高口腹残片、Bb折肩罐、Ac盆、A壶、B簋圈足、豆盘、B陶纺轮、石研磨器		西周
59	H62	T9	②	64－120	88－120	70	椭圆形	袋状	锅底形		H62→H63	西周
60	H63	T9、T127	②	380－400	380－400	45	圆形	直筒形	平底	BI分档鬲、弧裆足、联裆鬲柱足、高口沿、高口腹残片、I鼓腹罐2、II鼓腹罐、Ab折肩罐、BaII折肩罐、Ba盆、A壶、B簋圈足	G4（现代沟）、H62→H65　H63→H64→H65	西周
61	H64	T9、T127	②	310	310	45	圆形	直筒形	平底	联裆鬲柱足、高口沿残片、B簋圈足	G4→H64→H177　H63→H64→H175	西周
62	H65	T51	②	78－100	78－100	32	椭圆形	直筒形	平底		M1、M2→H65→H72	西周
63	H66	T65、T66	②	120	110	15	圆形	倒梯形	平底			西周

续附表一

序号	灰坑编号	所在探方	开口层位	口径(厘米)	底径(厘米)	残深(厘米)	坑口形状	剖面形状	坑底形状	出土遗物	备注	年代
64	H67	T50、T66	②	100		17	不规则	锅底形	锅底形		H25→H67	西周
65	H68	T66、T82	②	90	80	50	圆形	直筒形	平底			西周
66	H69	T23、T39	②	140－160	120－150	22	椭圆形	倒梯形	平底			西周
67	H70	T88	②	150	150	45	圆形	直筒形	平底	AI分档鬲、AII联档鬲		西周
68	H71	T17、T18、T33、T34	②	155	192	200	圆形	袋状	二层台	鬲口沿、器耳	底有小坑 H54→H71	西周
69	H72	T51、T67	②	175	175	65	圆形	直筒形	平底	AIII分档鬲、II鼓腹罐	M1→H65→H72、H73→H105	西周
70	H73	T51、T67	②	136	136	30	圆形	直筒形	平底		M1→H65→H72、H73→H105	西周
71	H74	T88	②	170	170	30	圆形	直筒形	平底	B鬲足、陶纺轮	H74→H87→H111	东周
72	H75	T9	②	184	184	30	圆形	直筒形	平底	鬲口腹残片	G4、H64→H75	西周
73	H76	T34、T35、T50、T51	②	140－240	284	160	圆形	袋状	平底	A鬲足3、鬲口沿4、A罐、B罐2、A篮、A豆足2、B豆盘2、豆座2、A盆3、盆、陶纺轮2、铜环1、骨笄3	有夯壁	东周
74	H77	T49	②	230－200	230－200	110	椭圆形	直筒形	平底	石磨棒	坑底有踩踏面	西周
75	H78	T52	②	125	95	25	圆形	倒梯形	平底		H78→H86	西周
76	H79	T51、T52、T67、T68	②	220	244	128	圆形	袋状	平底	联档鬲柱足、鬲口沿2、器耳、A陶纺轮		西周
77	H80	T57	②	154	154	62	圆形	直筒形	平底	陶圆饼、骨笄	H58→H80	西周
78	H81	T36、T52		135	135	60	圆形	直筒形	平底	器耳、陶圆饼	H81→H84	西周
79	H82	T88	②	220	220	60	圆形	直筒形	平底	AI分档鬲、Aa盆、II鼓腹罐、B篮口沿、石刀、陶圆饼、鹿角	H82→H88、H89	西周
80	H83	T87	②	96	96	14	圆形	直筒形	平底		H83→H92→H93	西周

续附表一

序号	灰坑编号	所在探方	开口层位	口径（厘米）	底径（厘米）	残深（厘米）	坑口形状	剖面形状	坑底形状	出土遗物	备注	年代
81	H84	T36、T52	②	220	220	70	圆形	直筒形	平底	BI分裆鬲、联裆鬲柱足、Aa盆2、B壶、陶圆饼、残石器2	H81→H84	西周
82	H85	T68	②	240－300	240－300	43	不规则	直壁	平底	鬲口沿、陶圆饼3	H91→H85	西周
83	H86	T52	②	135	135	36	圆形	直筒形	平底		H78→H86	西周
84	H87	T88、T89	②	190	190	70	圆形	直筒形	平底	弧裆鬲足、鬲口沿、I鼓腹罐2、Aa盆、豆盘2	H74→H87→H111→H179	西周
85	H88	T87、T88	②	196	196	50	圆形	直筒形	平底	鬲口沿、陶圆饼6	H82→H88	西周
86	H89	T88	②	80－180	80－180	24	椭圆形	直筒形	平底		H82→H89	西周
87	H90	T20、T36	②	176	176	90	圆形	直筒形	平底	鬲口腹片3、I鼓腹罐4、A壶、Aa盆2、鼓腹罐底、器耳		西周
88	H91	T68、T69	②	160	196	70	圆形	袋状	平底	骨锥	H91→H85	西周
89	H92	T86、T87、T101、T102	②			35	不规则	直壁	平底	Aa盆、陶范	H83→H92→H93	西周
90	H93	T87	②	190	190	60	圆形	直筒形	平底	Bb折肩罐	H92→H93	西周
91	H94	T69	②	130－140	124－135	42	圆形	直筒形	平底		H94→H95	西周
92	H95	T69	②	160－200	160－200	30	椭圆形	直筒形	平底		H94→H95	西周
93	H96	T84、T85、T99、T100	②	154－175	154－175	145	圆形	直筒形	平底	鬲口腹残片、II鼓腹罐、A篮圈足、Aa盆、A陶纺轮、A陶纺轮		西周
94	H97	T85、T86、T101	②	195	235	70	圆形	袋状	平底	AIII分裆鬲、BII分裆鬲、弧高锥形足、I鼓腹罐2、鬲口沿2、II鼓腹罐、Aa盆、豆座、陶圆饼		西周
95	H98	T10	②	166－194	180－208	78	椭圆形	袋状	锅底形	鬲口腹残片、B篮口沿、Aa盆	G6→H17→H98	西周
96	H99	T98	②	190－200	190－200	64	圆形	直筒形	平底			西周
97	H100	T82、T97	②	230	230	36	圆形	直筒形	平底			西周
98	H101	T70、T71	②	110	100	14	圆形	倒梯形	平底	篮圈足		东周

续附表一

序号	灰坑编号	所在探方	开口层位	口径（厘米）	底径（厘米）	残深（厘米）	坑口形状	剖面形状	坑底形状	出土遗物	备注	年代
99	H102	T58	②			80	不明	不明	不明	鬲口沿、A罐、豆柄	G4→G6→H102→H103	东周
100	H103	T58	②	190	205	70	圆形	袋状	平底		G6→H102→H103	西周
101	H104	T57、T58	②	110		25	圆形	锅底形	锅底状			西周
102	H105	T51、T67	②	190	190	62	圆形	直筒形	平底	AII分档鬲、鬲口沿	M1→H72→H105，H72→H73→H105	西周
103	H106	T115	②	270	270	30	圆形	直筒形	平底	AI分档鬲		西周
104	H107	T104	②	90－120	90－120	55	椭圆形	直筒形	平底			无陶片
105	H108	T103	②	184	150	90	不规则	倒梯形	平底			西周
106	H109	T113	②	120	115	50	圆形	直筒形	平底			西周
107	H110	T113、T114	②	120－140	120－140	40	椭圆形	直筒形	平底			东周
108	H111	T88、T89、T103、T104	②	250	250	80	圆形	直筒形	平底	弧裆鬲足、鬲口沿2、Ab折肩罐、圆锥状骨器	H74→H87→H111→H179	西周
109	H112	T115	②	250	250	25	圆形	直筒形	平底	陶拍		西周
110	H113	T27、T43	②	长326，短170		50	长方形	直壁	平底	Bc盆		西周
111	H114	T43	②			45	不明	直壁	平底			西周
112	H115	T28、T44	②	400	400	425	圆形	直筒形	平底	B鬲足、A罐2、B盆、豆柄、陶圆饼2	坑内壁有夯土痕迹	东周
113	H116	T59	②	90	95	50	圆形	袋状	平底			西周
114	H117	T30	②	196	196	46	圆形	直筒形	平底	陶圆饼	H117→H130	东周
115	H118	T121、T122	②	160	160	66	圆形	直筒形	平底			西周
116	H119	T27、T28	②	190	190	60	圆形	直筒形	平底	甗	H114→H120	西周
117	H120	T11、T27、T28	②	180	180	70	圆形	直筒形	平底		H119→H120	西周

续附表一

序号	灰坑编号	所在探方	开口层位	口径（厘米）	底径（厘米）	残深（厘米）	坑口形状	剖面形状	坑底形状	出土遗物	备注	年代
118	H121	T12、T28	②			31	不明	不明	平底			西周
119	H122	T13	②	75-110	75-110	25	椭圆形	直筒形	平底		G8→H112	西周
120	H123	T11、T129	②	200	200	77	圆形	直筒形	平底			西周
121	H124	T78	②	162-208	162-208	30	椭圆形	直筒形	平底	离口沿		西周
122	H125	T15、T133	②	125	85	30	圆形	倒梯形	平底	折肩罐口沿		无陶片
123	H126	T12	②	195	195	74	圆形	直筒形	平底	AaⅠ折肩罐	G8→H126	西周
124	H127	T12、T128	②			61	圆形	直筒形	平底			西周
125	H128	T12	②			66	圆形	直筒形	平底	AⅡ分档鬲	G7、M17→H128	无陶片
126	H129	T131	②	120	120	10	圆形	直筒形	平底			西周
127	H130	T30	②	159	159	16	圆形	直筒形	平底		H117→H130	西周
128	H131	T14	②	104	104	28	圆形	直筒形	平底		H131→H144	西周
129	H132	T126	②	190	190	30	圆形	直筒形	平底		H132→H139	西周
130	H133	T78、T79	②	130	130	100	圆形	直筒形	二层台	离口沿、Ⅰ鼓腹罐	底有小坑	西周
131	H134	T15	②	72	62	22	圆形	倒梯形	平底		H134→H162	西周
132	H135	T133	②	230	230	100	圆形	直筒形	平底	联裆鬲柱足、离口沿、Ⅰ鼓腹罐、Aa盆、B壶、簋圈足、B陶纺轮、Ⅰ鼓腹罐、Aa盆、Ba盆		西周
133	H136	T14	②	223	223	58	圆形	直筒形	平底	石盘状器	H160→H136	西周
134	H137	T133	②	154	144	40	圆形	直筒形	平底			西周
135	H138	T131、T132	②	88		20	圆形	锅底状	锅底状			西周
136	H139	T126	②	180	180	30	圆形	直筒形	平底			西周
137	H140	T126	②	120	116	10	圆形	直筒形	平底			西周
138	H141	T128、T129	②	230	230	85	圆形	直筒形	二层台		底有小坑 G6→H142 H141→H142	西周

续附表一

序号	灰坑编号	所在探方	开口层位	口径（厘米）	底径（厘米）	残深（厘米）	坑口形状	剖面形状	坑底形状	出土遗物	备注	年代
139	H142	T129	②	126	126	40	圆形	直筒形	平底	鼓腹罐、蛋形瓮1、器底、空三足器足根2、石镰6	H141→H142	夏
140	H143	T76	②	155		40	圆形	锅底状	锅底状			西周
141	H144	T14	②			27	不明	直壁	平底		H131→H144→H161	西周
142	H145	T125	②	160	170	60	圆形	袋状	平底		H145→H146	东周
143	H146	T125	②	240	250	75	圆形	袋状	二层台		H145→H146	西周
144	H147	T31	②	125	125	22	圆形	直筒形	平底			西周
145	H148	T31	②	130	130	48	圆形	直筒形	平底	高口腹残片、A罐、豆柄	H148→H149→H168	东周
146	H149	T31	②	125	125	22	近圆形	直筒形	平底		H148→H149→H168	东周
147	H150	T31	②	110-160	120-170	36	椭圆形	袋状	平底	残铜器	H150→H168	东周
148	H151	T79	②	180	180	98	圆形	直筒形	二层台	AaI折肩罐、人骨	人骨下有腰坑 H151→H152	西周
149	H152	T79	②		210	40	不明	直壁	平底		H151→H152	西周
150	H153	T124	②	210	210	46	圆形	直筒形	平底	圆陶片		西周
151	H154	T95	②	80	80	23	圆形	锅底状	锅底状		H154→H163→H166	西周
152	H155	T46、T47	②	250-320	250-320	60	椭圆形	直筒形	平底	高口沿、AaⅡ折肩罐、I鼓腹罐		西周
153	H156	T47	②	140-200	140-200	90	椭圆形	直筒形	平底	高口沿	H165→H156	东周
154	H157	T30、T31、T46、T47	②	190-205	190-205	60	椭圆形	直筒形	平底	Ⅱ鼓腹罐、Aa盆2、穿孔陶片		西周
155	H158	T30、T46	②	166	162	60	圆形	直筒形	平底	高口沿、I鼓腹罐、器耳		西周
156	H160	T14、T30	②	262	262	30	圆形	直筒形	平底		H160→H136	西周
157	H161	T14	②			24	不明	直壁	平底	陶高两2、陶纺轮、磨石	H144→H161	西周
158	H162	T15	②	113	113	36	近圆形	直筒形	平底		H134→H162	无陶片
159	H163	T94、T95	②	230-170	180-130	15	椭圆形	倒梯形	平底		H154→H163	西周
160	H164	T77	②	125	125	94	圆形	直筒形	平底	高口腹残片、Aa盆	G8→H164	西周

续附表一

序号	灰坑编号	所在探方	开口层位	口径（厘米）	底径（厘米）	残深（厘米）	坑口形状	剖面形状	坑底形状	出土遗物	备注	年代
161	H165	T47	②	212	212	130	近圆形	直筒形	平底	A罐、B盆、陶圆饼2	H165→H156	东周
162	H166	T78、T79、T94、T95	②	长264,短200	长264,短200	42	长方形	直壁	平底	AI联裆鬲	H163→H166	西周
163	H167	T75、T76	②	140		39	圆形	锅底状	锅底状	I鼓腹罐		西周
164	H168	T31	②	130－180	130－180	40	椭圆形	直筒形	平底		H148、H150→H168	西周
165	H169	T123、T124	②			56	不明	直壁	平底		G8→H169	西周
166	H170	T94	②	140	152	74	圆形	袋状	平底	B壶、罐口沿、陶圆饼2	H170→H172、H163	西周
167	H171	T92、T93	②	140	140	15	圆形	直筒形	平底			西周
168	H172	T94	②	130	130	48	圆形	直筒形	平底		H170→H172	无陶片
169	H173	T45	②	120	120	70	圆形	直筒形	平底		G7（现代沟）→H173→G8	东周
170	H174	T78、T94	②	110	110	22	圆形	直筒形	平底		H174、G8→H175	西周
171	H175	T77、T78、T93、T94	②			22	不明	直壁	平底			西周
172	H176	T94	②	126	126	22	圆形	直筒形	平底	陶圆饼2	H174→H176，H170→H172→H176	西周
173	H177	T127	②	190	185	80	圆形	直筒形	平底	陶圆饼1	H64→H177	西周
174	H179	T89	②			30	不明	直壁	平底			西周
175	H181	T130	②	200	200	60	近圆形	直筒形	平底		G8→H181→H187、H186	东周
176	H182	T77	②			50	不明	直壁	平底		G8→H182	西周
177	H183	T123	②			20	不明	直壁	平底	A盆、B盆	G8→H183	东周
178	H184	T93、T123	②	300	300	124	圆形	直筒形	平底	A罐、B豆盘、圆陶片2	G8→H184→H185	东周
179	H185	T122、T123	②	240	240	42	圆形	直筒形	平底	篮圈足	H184→H185	东周
180	H186	T130	②			45	不明	直壁	平底			东周
181	H187	T130	②			85	不明	锅底形	锅底形			西周

附表二　南放水遗址灶登记表

序号	编号	开口层位	所在探方	方向	长径（厘米）	短径（厘米）	残深（厘米）	剖面形状	坑底形状	出土遗物	备注	年代
1	Z1	②	T24	315°	50	45	12	锅底形	锅底形			西周
2	Z2	②	T90	135°	70	67	10	直筒形	平底			西周

附表三　南放水遗址灰沟登记表

序号	编号	开口层位	所在探方	方向	上口宽（厘米）	底宽（厘米）	残深（厘米）	残长（厘米）	剖面形状	坑底形状	出土遗物	备注	年代
1	G3	②	T17、T18、T19	东南—西北	285	75	75	1500	倒梯形	平底	糙面陶器2、铜镞	G3→H40	西周
2	G6	②	T10、T26、T42、T43、T58、T59、T74、T75、T91、T105、T121、T128	南—北	285～405	50～130	130	3800	倒梯形	平底	B鬲足2、鬲口腹残片、A豆、A罐4、A盆3、釜	G6→H50、H102、H17、H98、H141	东周
3	G8	②	T12、T13、T29、T45、T61、T77、T93、T123、T130、T131	南—北	135～150	75	135	4000	倒梯形	平底	B鬲足、鬲口沿、豆柄、A罐2、瓮、铁铤铜镞	H173、现代沟 G4、C7、近代墓 M17、M18 → G8→H107、H122、H126、H169、H182、H183、H184	东周

单位：厘米

附表四　南放水遗址西周时期墓葬登记表

墓号	开口层位	方向	墓室 长宽高	椁 长宽高	棺 长宽高	腰坑 长宽深	葬式	随葬品 陶器	随葬品 其他	性别	年龄	死亡情况	备注
M1	②	225°	墓口：305×120 深：134 墓底：200×70	无	有棺痕 尺寸不详	80×34 ×13	仰身直肢	AIII 联裆鬲 2，高口沿 2，AaII 折肩罐，II 鼓腹罐口沿	贝 8	女	20～25 岁	正常死亡	生土二层台 腰坑内殉狗
M2	②	315°	墓口：240×98 深：122 墓底：186×74	无	188×75 ×18	无	仰身直肢	高口腹残片	陶圆饼	男	40 岁左右	正常死亡	生土二层台
M3	②	312°	墓口：254×135 深：120 墓底：246×122	无	190×68 ×14	58×38 ×20	仰身直肢		陶圆饼					熟土二层台 填土内殉狗
M4	②	31°	墓口：250×120 深：245 墓底：250×130	230×100 ×80	196×56 ×20	96×40 ×12	仰身直肢	Aa 盆	贝 71，陶圆饼 2	女	40～45 岁	正常死亡	生土二层台 腰坑内殉狗
M5	②	155°	墓口：250×120 深：154	无	235×82 ×20	114×58 ×14	仰身直肢	AaII 折肩罐		男	40～45 岁	正常死亡	生土二层台
M6	②	330°	墓口：245×112 深：74 墓底：229×112	无	无	无	仰身直肢	BII 分档鬲，Ab 折肩罐	石牌饰	女	45 岁左右	正常死亡	生土二层台 腰坑内殉狗

续附表四

墓号	开口层位	方向	墓室 长宽高	椁 长宽高	棺 长宽高	腰坑 长宽深	葬式	随葬品 陶器	随葬品 其他	人骨鉴定情况 性别	人骨鉴定情况 年龄	人骨鉴定情况 死亡情况	备注
M8	②	348°	墓口：224×82 深：55	无	无	54×36 ×16	仰身直肢			女	30 岁左右	正常死亡	
M9	②	333°	墓口：270×148 深：111	214×97 ×23	194×76 ×22	82×32 ×24	仰身直肢	BaI 折肩罐	贝 1	男	30~35 岁	正常死亡	腰坑内殉狗
M10	②	341°	墓口：220×100 深：74	无	无	36×40 ×16	仰身直肢	BaII 折肩罐		男	35~40 岁	正常死亡	腰坑内殉狗
M11	②	346°	墓口：248×95 深：50	无	无	72×44 ×18	仰身直肢	罐		男	25 岁左右	正常死亡	腰坑内殉狗
M12	②	336°	墓口：225×120 深：50	无	无	74×42 ×18	仰身直肢	BIII 联裆鬲，BaII 折肩罐，罐口沿 2，B 肩罐，A 簋盘，A 簋圈足		女	25~30 岁	正常死亡	腰坑内殉狗
M13	②	338°	墓口：264×140 深：55	无	无	92×34 ×12	仰身直肢	罐底		男	45 岁左右	正常死亡	腰坑内殉狗

唐县南放水遗址出土动物遗存鉴定报告

吉林省文物考古研究所

于 丹

　　2006 年 4 月至 7 月，为配合河北省南水北调工程的文物保护工作，吉林大学边疆考古研究中心对保定市唐县南放水遗址进行了考古发掘，揭露面积 3125 平方米。主要发现的是属于西周时期和东周时期的文化遗存，还有少量的夏代文化遗存。本次发掘夏、西周、东周时期各类灰坑（窖穴）181 个，灰沟 3 条，墓葬 12 座，灶址 2 处，出土了大量的陶器，以及石器、铜器、骨器等人工制品。除此之外，还发现了较丰富的动物遗存。动物遗存是考古工作的重要组成部分，它能够反映其他遗存所不能反映的信息，并能够为复原古代自然环境、探讨古代人类与动物的各种关系和研究人类行为等方面提供宝贵的资料。下面将对唐县南放水遗址出土的动物遗存做一综合研究。

一　动物遗存出土简况

　　动物遗存发现于西周和东周时期的 54 个单位，包括灰坑、灰沟、墓葬及墓葬填土等（表一），不同单位出土动物骨骼的数量相差悬殊，多者达数百件，少者只有几件，尤其是东周时期，动物骨骼集中出土于一个灰坑，即 H76，出土数量占这一时期总数的 88% 之多。骨骼的保存情况也各不相同，只有少数标本保存比较完好，大部分破损严重，很难准确鉴定部位和种属（表二）。

表一　出土动物遗存的单位统计

分期＼单位	灰　坑	灰　沟	墓葬填土	墓　葬	总　计
西周时期	36	0	4	7	47
东周时期	5	2	0	0	7
总　计	41	2	4	7	54

　　经过鉴定和统计，出土动物骨骼共计 2259 件，分别属于哺乳类、鸟类、硬骨鱼类、爬行类和软体动物类（表三）。其中哺乳类动物骨骼可鉴定标本 447 件，种属包括猪、牛、马、羊、狗、鹿、熊、兔、獾和猫等（表四）。

表二　出土动物遗存鉴定情况统计

单位：件

鉴定情况＼分期	可鉴定标本	仅可鉴定部位标本	不可鉴定标本	总　计
西周时期	791	216	503	1510
东周时期	182	147	420	749
总　计	973	363	923	2259

表三　出土动物遗存分类统计

单位：件

分类＼分期	哺乳类	鸟　类	硬骨鱼类	爬行类	软体动物类	总　计
西周时期	1373	20	44	2	71	1510
东周时期	651	36	59	3	0	749
总　计	2024	56	103	5	71	2259

表四　南放水遗址出土的哺乳类动物骨骼种属鉴定及统计

单位：件

部位＼种属	西周时期															东周时期													合计
	家猪	牛	马	山羊	狗	四不像鹿	马鹿	梅花鹿	狍	獐	鹿	猞猁	熊	兔	獾	家猪	牛	马	羊	狗	四不像鹿	狍	獐	鹿	熊	兔	獾	猫	
角		1				9	10				8										1	1		4					34
牙齿	15	11	2		7						4					14	1			4					1	1			60
头骨·上颌·左	8				1											1				1									11
头骨·上颌·右	12				1											5													18
头骨·下颌·左	7				3					1		1				7								1					20
头骨·下颌·右	8				3	1	1				1						1									1			16
头骨·下颌·联合	2															2													4
椎骨·寰椎	2				2					1														1					6
椎骨·枢椎					3																								3
前肢骨·肩胛·左		1	2														1	2						1	1	1			9
前肢骨·肩胛·右	2	2	1						3	1							1							1					11
前肢骨·肱骨·左·近					1																1			1					3
前肢骨·肱骨·左·远	2	1						1	1											1									6
前肢骨·肱骨·右·近			2																										12
前肢骨·肱骨·右·远	2							1	1							3				1				1					
前肢骨·尺骨·左	1				1			1	1	1																1			6
前肢骨·尺骨·右	1				1			1																	1	1	1		6

续表四

部位	西周时期															东周时期													合计
种属	家猪	牛	马	山羊	狗	四不像鹿	马鹿	梅花鹿	狍	獐	鹿	猞猁	熊	兔	獾	家猪	牛	马	羊	狗	四不像鹿	狍	獐	鹿	熊	兔	獾	猫	合计
前肢骨　桡骨　左　近					1									1				1								1			4
前肢骨　桡骨　左　远		2																											2
前肢骨　桡骨　右　近	1	1												1			3			2						3			12
前肢骨　桡骨　右　远		1																											
前肢骨　腕骨		4								2						2	1												9
前肢骨　掌骨　左　近		1								1	2								1	1									7
前肢骨　掌骨　左　远						1																							
前肢骨　掌骨　右　近		2									1																		4
前肢骨　掌骨　右　远						1																							
后肢骨　髋骨　左		1		1				1																					3
后肢骨　髋骨　右		1		3	1	1														2	2					2			12
后肢骨　股骨　左　近				1													1			1									6
后肢骨　股骨　左　远		1														1				1									
后肢骨　股骨　右　近		1		1	1	1					1		1	1		1								1		1			17
后肢骨　股骨　右　远	2	1		1	1						1												1						
后肢骨　胫骨　左　近	1			2										1		1													5
后肢骨　胫骨　左　远	1									1						1					1								5
后肢骨　胫骨　右　近	1															1	1												9
后肢骨　胫骨　右　远	1			2		1								1															
后肢骨　跟骨　左	2					1	1				2			1		1					1								9
后肢骨　跟骨　右	2	2						1								1	1	1			1								9
后肢骨　距骨　左								1	1							1	1				2								6
后肢骨　距骨　右		1							2		1						1		1										6
后肢骨　跖骨　左　近	2			1	3											2				1									10
后肢骨　跖骨　左　远		1																											
后肢骨　跖骨　右　近				1	1	2					3					3								2		3			16
后肢骨　跖骨　右　远																		1											
指（趾）骨	2	10		2							10			7		2	1			2						11			47
其他	2	4			11						2						1	2								1	1		24
合计	80	54	5	3	51	17	18	8	1	3	42	1	1	18	1	48	11	4	10	19	8	2	7	20	2	13	1	1	447
最小个体数	12	2	1	1	3	2	3	2	1	3	1	1	1	2	1	7	3	1	2	2	1	2	1	2	1	3	1	1	63

二 遗址中出土的动物遗存

（一）西周时期

1. 鱼类（Osteichthyes）

发现的鱼类骨骼大多很破碎，很难辨认其部位和种属，可辨认的主要有喉齿、上颌骨和椎骨等。

（1）草鱼（*Ctenopharyngodon idellus*）

可鉴定为草鱼的标本只有 1 件，H57∶D29[①]，为喉齿残块，半月形，呈梳子状。

（2）乌鳢（*Ophicephalus argus*）

可鉴定的标本也仅有 1 件，H57∶D30，左侧上颌骨，保存不完整，其上分布着成组的牙齿基部（图一）。

图一 乌鳢
左侧上颌骨
（H57∶D30）

2. 爬行类（Reptilia）

只见有鳖属（*Amyda* sp.），仅发现 2 片背甲残片，表面有不规则的凹坑，很难进一步鉴定。

3. 鸟类（Aves）

鸟类骨骼发现的数量很少，多为骨管，可鉴定的部位有右侧桡骨 1 件，左、右侧胫骨各 1 件，右侧跗骨 2 件和左侧乌喙骨 1 件。

（1）雉（*Phasianus* sp.）

出土数量很少，最小个体数为 1。这些骨骼整体纤细，且出土数量如此之少，判断属于雉的可能性较大，应该是在狩猎过程中偶获的。

标本 H87∶D1，右侧桡骨，保存完整。最大长 60.33 毫米，骨干最小宽 3.54 毫米，远端最大宽 6.11 毫米[②]。

标本 H19∶D51，右侧胫骨远端，残长 43.92 毫米。远端髁上有啮齿类动物的咬痕。

标本 H57∶D31，右侧跗骨，保存较完整。最大长 64.59 毫米，近端最大宽 9.52 毫米，骨干最小宽 4.74 毫米，远端最大宽 9.59 毫米（图二，2）。

标本 H57∶D32，左侧乌喙骨，远端稍残。残长 47.35 毫米。

（2）还有两件标本也属于鸟类，但是由于缺乏实物标本及其他相关资料

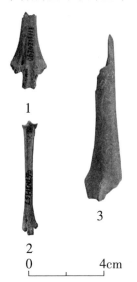

图二 鸟类骨骼
（西周时期）
1. 鸟右侧跗骨
（H111∶D16）
2. 雉右侧跗骨
（H57∶D31）
3. 鸟左侧胫骨
（H111∶D15）

[①] 本文对动物骨骼标本的编号与遗址中出土的其他遗物分开，单独编排，在顺序号前加字母 D，表示动物骨骼，以示区分。

[②] 本文所有动物骨骼标本的测量均依据《考古遗址出土动物骨骼测量指南》，[德] 安格拉·冯登德里施著，马萧林、侯彦峰译，科学出版社，2007 年。

而无法鉴定它们的种属，总体上来看，这两件标本所属的个体较大。

标本 H111：D15，左侧胫骨远端，外髁残。残长 94.18 毫米（图二，3）。

标本 H111：D16，右侧跖骨远端，滑车残。残长 44.49 毫米（图二，1）。

4. 哺乳类（Mammalia）

（1）家猪（*Sus domestica*）

从整体形态和测量数据上看，该遗址出土猪的骨骼均属于家猪，不见有野猪，东周时期也是如此，下文不再特别说明。该类骨骼发现数量最多，可鉴定标本共计 80 件，最小个体数 12。

牙齿　发现零散的牙齿 15 枚，其中左侧上、下犬齿各 1 枚，标本 M1 填土：D9 和 M1 填土：D10，整体粗壮，无齿根，属雄性个体（图九，6、5）。

上颌骨　共发现左侧 8 件，右侧 12 件。大部分保存的很不好，破损严重，只有少数保留有部分齿列。标本 H57：D18，左侧，保留有 M^2 和 M^3（图三，2）。标本 H111：D4，右侧，保留有 P^2—M^3 齿列（图三，1）。通过牙齿的萌出情况和磨蚀程度，可以粗略判断家猪的死亡年龄[1]（表五）。

表五　西周时期家猪上颌骨观察与死亡年龄统计

标　本	牙齿的萌出情况及磨蚀程度	年龄（月）
H57：D18	M^3 即将萌出；M^2 前面已开始磨蚀	18—20
H111：D4	M^3 萌出一半；M^1 磨蚀严重，齿质点已连成一片，齿冠很矮；M^2 全部磨蚀，前侧磨蚀严重，已经露出齿质点	18—20
H151：D8	M^3 刚刚萌出；M^1 磨蚀较严重；M^2 全部磨蚀，前侧稍露出齿质点	18—20
H164：D1	M^3 完全萌出，前端刚刚开始磨蚀	>20
H111：D8	M^3 萌出一半；M^2 前侧磨蚀露出齿质点	18—20
H19：D24	M^3 残，前端磨蚀露出齿质点；M^1 磨蚀严重；M^2 前端的齿质已连成一片	>20
H57：D17	保留有 dP^4；M^1 磨蚀较严重；M^2 未磨蚀	12
H151：D5	M^3 刚刚萌出；M^1 磨蚀严重；M^2 刚露出几个齿质点	18—20
H151：D7	保留有 dP^3、dP^4，可见 P^4 已在齿槽中	12

下颌骨　共发现 17 件，其中左侧 7 件，右侧 8 件，联合部 2 件。保存不好，但可以通过牙齿的萌出情况和磨蚀程度粗略判断死亡年龄（表六）。标本 H96：D1，左侧下颌骨前半部，门齿和犬齿的齿冠残损，保留有 P_2。残长 92.68 毫米，P_2 齿槽口缘—I_3 齿槽远口缘长 41.56 毫米，犬齿齿槽最大径 12.40 毫米。通过犬齿形态观察，相对较小且截面基本呈圆形，该标本属于一雌性个体。标本 H151：D1，左侧，水平支中部，保留有 P_3—M_1 齿列（图三，3）。标本 H19：D10，左侧，联合部、上升支和水平支的下半部均残，残长 72.01 毫米，保留有 dP_4 和 M_1。下部边缘上连续分布着啮齿类动物的咬痕（图三，4）。

---

① 王钧昌、孙国斌：《动物年龄鉴别法》，中国农业出版社，1996 年。

表六　西周时期家猪下颌骨观察与死亡年龄统计

标　本	牙齿的萌出情况及磨蚀程度	年龄（月）
H96：D1	M_3 完全萌出	>20
H166：D2	M_3 完全萌出	>20
H19：D10	保留有 dP_4；M_1 后侧未磨蚀	6—8
H151：D1	P_3 已脱换；dP_4 磨蚀严重；M_1 全部磨蚀，露出梅花状齿质点	8—12
H120：D1	M_3 未萌出，但透过齿槽孔可见；M_1 残；M_2 已磨蚀	18
H84：D4	M_3 已经开始磨蚀，露出少许齿质点	>20
H51：D1	M_3 即将完全萌出，前侧有一点点磨蚀	20
H170：D1	M_3 未萌出，但已可见；M_1 磨蚀严重，齿质点连成一片；M_2 露出齿质点	18—20

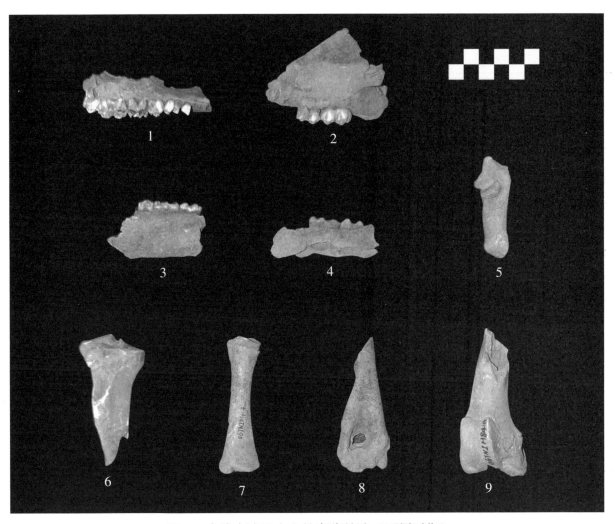

图三　南放水遗址出土的家猪骨骼（西周时期）

1. 右侧上颌骨（H111：D4）　2. 左侧上颌骨（H57：D18）　3. 左侧下颌骨（H151：D1）
4. 左侧下颌骨（H19：D10）　5. 左侧跟骨（H19：D20）　6. 右侧胫骨（H84：D11）
7. 右侧桡骨（M1 填土：D4）　8. 左侧肱骨（H111：D1）9. 右侧股骨（H84：D13）

寰椎　共出土 2 件。标本 H100：D1，仅保存有左腹侧的一半，背弓全残，腹结节可见。

肩胛骨　左侧 1 件，右侧 2 件，肩胛冈 2 件。破损严重，均只保留远端部分。标本 H43：D3，右侧远端，肩臼保存完整。肩胛颈最小长 21.43 毫米，肩胛结最大长 31.98 毫米，肩臼长 24.23 毫米，肩臼宽 22.83 毫米。

肱骨　共 4 件，左侧 2 件，右侧 2 件，均为远端部分。标本 H111：D1，左侧肱骨远端，残长 87.11 毫米。人工砸断，髁上留有食肉类动物的咬痕，内髁被咬掉一半（图三，8）。

尺骨　左、右侧各 1 件。标本 H57：D14，右侧尺骨，尺骨突残，骨骺未愈合，长 64.49 毫米。

桡骨　仅发现 1 件，标本 M1 填土：D4，右侧，近端骨骺刚愈合，远端骨骺脱落不见（图三，7）。残长 88.06 毫米，近端最大宽 25.81 毫米。

股骨　右侧远端 2 件。标本 H84：D13，骨骺未愈合，近端被砸断（图三，9）。残长 97.91 毫米，远端最大宽 45.86 毫米。

胫骨　总计发现 4 件，其中左侧 2 件，右侧 2 件。标本 H84：D11，右侧胫骨近端，骨骺未愈合，胫骨脊残，从中间被砸断，外髁间隆突上有两道割痕（图三，6）。残长 90.46 毫米，近端最大宽 47.39 毫米。

跟骨　左、右侧各 2 件。标本 H19：D20，左侧，保存完整（图三，5）。最大长 71.57 毫米，最大宽 19.28 毫米。

（2）牛（*Bos* sp.）

共发现 54 件骨骼，最小个体数为 2。

角　仅发现角心 1 件，可断定为黄牛角，标本 H19：D32，左侧角心中段，截面呈圆形，多孔隙（图四，9）。

牙齿　零散牙齿共 11 枚，其中门齿 1 枚；左侧 M^2、M^3 各 1 枚，M_1 和 M_2 都是左侧 2 枚、右侧 1 枚；M_3 左、右各 1 枚。标本 H19：D37，左侧 M_3，齿根残，咀嚼面长 39.79 毫米，宽 14.01 毫米。已经开始磨蚀，但未磨蚀到齿柱（图四，7）。

肩胛骨　左、右侧各 2 件。标本 H17：D3，右侧远端，系人工砸断，肩胛冈、关节盂均残，通体被烧成黑褐色（图四，11）。

肱骨　左、右侧各 2 件。标本 H135：D1，右侧肱骨，近端骨骺未愈合，大、小结节部分残损（图四，3）。最大长 248.66 毫米，最大宽 80.21 毫米，滑车最大宽 71.55 毫米，骨干最小宽 31.87 毫米。

桡骨　左、右侧各 2 件。标本 H19：D1，左侧，保存较完整，只有近端内侧关节面少部分残损。最大长 279.98 毫米，最大宽 67.48 毫米，骨干最小宽 38.87 毫米。远端内侧有一圆孔，通过痕迹判断为砸骨取髓（图四，2）。

髌骨　仅发现 1 件，标本 H84：D12，左侧，保存较完整，仅外角残损（图四，5）。最大长 72.18 毫米，最大宽 50.75 毫米。

髋骨　左、右各 1 件，都只保存了一小部分，仅可判断为髋骨，其他信息无法获得。

荐椎　只有 1 件，标本 H57：D3，荐椎翼残，棘突膨大，保留有三节椎体（图四，8）。前关节面最大宽 67.66 毫米，前关节面最大高 34.90 毫米。

股骨　总计 3 件，左侧 1 件，右侧 2 件。标本 H57：D1，左侧股骨，保存较完整，大转子残（图四，4）。最大长 373.29 毫米，股骨头最大厚 51.33 毫米，骨干最小宽 40.58 毫米，远端最大宽 107.44 毫米。此件标本和标本 H57：D2 及标本 H57：D3 整体粗壮些，与其他标本在尺寸上有所区别，推测可能为水牛，但标本较少，缺少对比，还无法肯定，因此这几件标本并未列出单独进行描述。

跟骨　出土 2 件，均为右侧。标本 H84：D3，跟骨结节尚未愈合，最大长 121.25 毫米，最大宽 51.72 毫米（图四，10）。

距骨　只发现右侧 1 件。标本 H19：D22，保存完好（图四，6）。外半部最大长 66.39 毫米，内半部最大长 61.78 毫米，外半部最大厚 37.27 毫米，内半部最大厚 36.18 毫米，远端最大宽 39.53 毫米。

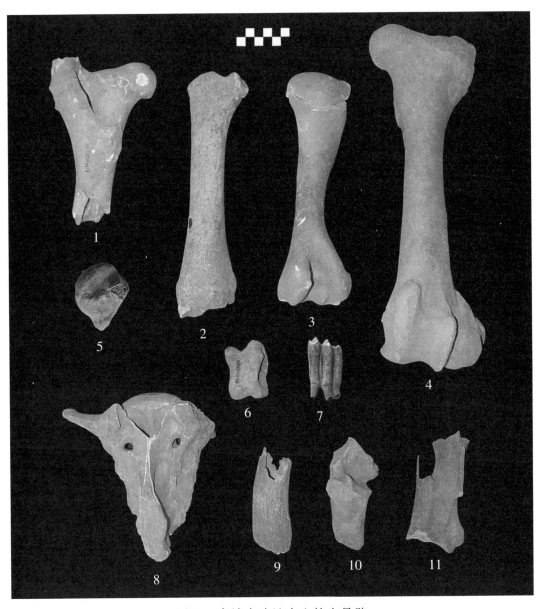

图四　南放水遗址出土的牛骨骼

1. 左侧股骨（H76：D1）　　2. 左侧桡骨（H19：D1）　　3. 右侧肱骨（H135：D1）
4. 左侧股骨（H57：D1）　　5. 左侧髌骨（H84：D12）　　6. 右侧距骨（H19：D22）
7. 左侧 M_3（H19：D37）　　8. 荐椎（H57：D3）　　9. 左侧角心（H19：D32）
10. 右侧跟骨（H84：D3）　　11. 右侧肩胛骨（H17：D3）

跖骨　仅1件。标本H43：D1，左侧跖骨远端，残长70.52毫米，远端最大宽52.41毫米。在骨干的内侧和跖侧有锯痕，近端系沿锯痕截断；滑车上有很多凹坑，呈钉状，为食肉类动物啃咬留下的痕迹（图一九，8）。

（3）狗（*Canis familiaris*）

发现数量比较多，共计51件，最小个体数3。

上颌骨　只发现2件残块，左、右侧各1件，保存的不好，破损非常严重。

下颌骨　左侧和右侧各3件。标本M3填土：D1，右侧，破损严重，未保留有牙齿（图五，2）。标本H17：D2，右侧，破损严重，未保留有牙齿，表面可见烧痕（图五，3）。标本H98：D1和标本H98：D2分别为左侧和右侧，属于同一个体。H98：D2保存较完整，有犬齿、P_3、M_1和M_2，犬齿齿尖残（图五，1），测量数据见表七。

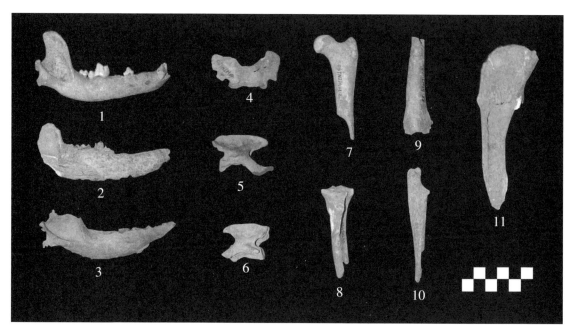

图五　南放水遗址的动物骨骼（西周时期）

1、2、3. 狗右侧下颌骨（H98：D2、M3填土：D1、H17：D2）　4. 狗寰椎（H19：D30）
5. 狗枢椎（H30：D7）　6. 狗枢椎（H19：D29）　7. 狗左侧股骨（H123：D2）
8. 狗左侧胫骨（H17：D17）　9. 狗右侧股骨（H19：D28）　10. 狗右侧尺骨（H30：D4）
11. 熊右侧股骨（H30：D6）

表七　狗下颌骨测量数据

单位：毫米

标本　项目	H17：D2	H98：D2	H76：D60
全长（髁突点—齿槽点）			140.96
角突—齿槽点长			140.87
髁、角突切迹—齿槽点长		110.16	134.67
髁突—犬齿槽后缘长		100.74	123.08

续表七

标　本 项　目		H17：D2	H98：D2	H76：D60
髁、角突切迹—犬齿槽后缘长			97.29	117.48
角突—犬齿槽后缘长				122.89
M_3 后缘—犬齿槽后缘长			67.36	76.81
P_1—M_3			63.07	71.19
P_2—M_3		67.38	59.22	62.60
M_1—M_3		33.23	29.48	33.11
P_1—P_4			34.51	39.31
P_2—P_4		34.02	30.10	31.49
M_1	长		18.17	21.06
	宽		7.23	8.61
	齿槽长		17.98	20.32
M_2	长		7.53	7.72
	宽		5.87	6.79
M_3	长			
	宽			
M_1 下颌体厚		11.17	9.88	11.71
M_1 后缘颌体高		24.34	20.48	26.64
P_2—P_3 之间颌体厚			8.87	11.21
P_2—P_3 之间颌体高			17.33	19.47
角突—冠状突高			46.54	57.77
犬齿高			35.71	

　　寰椎　2件。标本 H19：D30，保存较完整，寰椎翼稍残（图五，4）。前关节面最大宽 34.72 毫米，后关节面最大宽约 27.53 毫米，背弓长 13.17 毫米，高 22.69 毫米。

　　枢椎　3件。标本 H30：D7，保存较完整，横突残。椎弓最大长 45.96 毫米，椎体最大长 46.13 毫米，椎体最小宽 15.38 毫米，高 32.63 毫米。整体形态窄而长，棘突发育，应属于一雄性个体（图五，5），通体被烧黑。标本 H19：D29，保存较完好，齿突残。椎弓残长 39.01 毫米，椎体残长 36.19 毫米，椎体最小宽 17.51 毫米，高 30.83 毫米。整体形态相对短宽，可能属于一雌性个体（图五，6）。

　　尺骨　左侧和右侧各 1件。标本 H30：D4，右侧尺骨近端，尺骨突残（图五，10）。残长 99.11 毫米，跨过冠状突最大宽 13.77 毫米。

　　肱骨　只发现 1件，M1 填土：D1，左侧，仅保留了肱骨头。

　　髋骨　共 4件，左侧 1件，右侧 3件。标本 H96：D3，右侧，保存较完整，髂骨翼残。残长 123.86 毫米，髋臼边缘长 18.63 毫米，髂骨干最小高 16.01 毫米，髂骨干最小宽 6.67 毫米，闭孔内缘长 25.45 毫米。耻骨前缘薄锐，闭孔呈卵圆形，为雌性个体。

股骨　共 3 件，左侧近端 1 件，右侧近端、远端各 1 件。标本 H123：D2，左侧近端，残长 91.76 毫米，近端最大宽 38.05 毫米，股骨头最大厚 18.04 毫米。远端被砸断，股骨头上有并列的三道割痕，均较浅（图五，7）。标本 H19：D28，右侧远端，残长 80.60 毫米，远端最大宽 27.10 毫米（图五，9）。

胫骨　共 4 件，左侧近端 2 件，右侧远端 2 件。标本 H17：D17，左侧近端，风化得比较严重。残长 80.58 毫米，近端最大宽 27.75 毫米（图五，8）。

跖骨　总计 5 件，第 III 跖骨左侧 3 件、右侧 1 件，第 V 跖骨 1 件，为右侧。保存情况较好。

（4）马（*Equus* sp.）

发现数量很少，共计 5 件。包括 2 枚牙齿残块，右侧肩胛骨 1 件，破损严重，左侧和右侧跖骨各 1 件。最小个体数为 1。

标本 H17：D6，左侧跖骨远端，近段大部分被砸断。残长 52.23 毫米，远端最大宽 50.15 毫米（图一九，10）。

（5）山羊（*Capra* sp.）

发现跖骨 1 件，标本 H112：D1，右侧，保存较完整，远端滑车未愈合，为幼年个体。长 107.04 毫米，近端最大宽 18.54 毫米。此外，还有 2 件指（趾）骨。

（6）达维四不像鹿（*Elaphurus davidianus*）

该类骨骼标本发现数量相对较多，总计 17 件。包括角 9 件，下颌骨 1 件，掌骨 2 件，髋骨 1 件，股骨 2 件，胫骨 1 件和跟骨 1 件。最小个体数为 2。

角　共发现 9 件。多数为断块，较完整的有 2 件。标本 H19：D33，前枝的后叉（图六，3），其上生有羽状勾叉和很多瘤状突起，残长 414 毫米。在虎口处被从四个方向锯断，距角尖 140 毫米处有一道锯痕，很浅，长 9、宽 3 毫米，推测是为截取角料而在此刚开始锯，可能因为位置不理想或者其他什么原因而停止加工。标本 H60：D1，后枝（图六，5），残长 242 毫米，人工锯断，羽状勾叉和角尖都被砸断，推想当时是要进一步加工角器。标本 H46：D1，只有角环到第一虎口部分的主枝（图六，4），为自然脱落，残长 118.36 毫米，角环直径约 74.26 毫米，主枝前后径长 54.88、内外径长 40.21 毫米。角的主干部分被截断，运用了锯和砍相结合的方法，最后再折断，相信此件标本为截取角料后废弃的。

下颌骨　标本 M2 填土：D1，右侧下颌骨，仅存水平支的一部分，保留有 M_1—M_3 齿列，齿列长 61.12 毫米，M_3 长 27.53 毫米，宽 12.96 毫米。臼齿均已磨蚀，齿柱短小（图七，2）。

掌骨　标本 H41：D1，左侧远端，仅存滑车部分，为人工砸断（图一九，9）。残长 64.21 毫米，远端最大宽 57.56 毫米。标本 H19：D5，右侧远端，同样为人工砸断（图七，9）。残长 47.45 毫米，远端最大宽 57.65 毫米。

髋骨　标本 M6 填土：D1，右侧，髂骨翼、耻骨和坐骨大部分被砸掉，髋臼长 66.84 毫米，髂骨窝很深，耻骨结节发育，背部外侧明显有放射状的脊（图七，5）。

股骨　标本 H19：D27，右侧远端，残长 115.40 毫米。髁上窝较深，内脊位于骨体中间，而且非常发育，较外脊高出很多。内、外髁和脊被食肉动物啃咬严重（图七，12）。

胫骨　标本 M1 填土：D8，右侧近端，胫骨脊残，外髁间隆突高于内髁间隆突。残长 55.13 毫米，

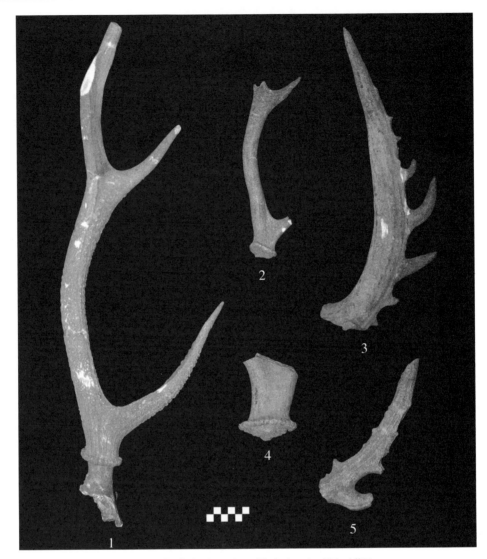

图六　南放水遗址出土的鹿角（西周时期）

1. 马鹿左角（H85∶D1）　　2. 马鹿右角（H57∶D23）　　3. 达维四不像鹿角前枝（H19∶D33）
4. 达维四不像鹿角（H46∶D1）　　5. 达维四不像鹿角后枝（H60∶D1）

近端最大宽 87.37 毫米。系人工截断，砍、锯兼施，从截断的部位看，目的是取料，边缘还有食肉类动物的咬痕（图一九，1）。

跟骨　标本 H1∶D1，左侧，被食肉动物啃咬严重，跟结节完全被咬掉，载距突被咬掉一半，齿突上留有很多凹坑（图七，7）。

（7）马鹿（*Cervus elaphus*）

共计发现该类骨骼 18 件，其中角 10 件，下颌骨、肱骨、尺骨、髋骨、股骨、胫骨、跟骨和距骨各 1 件。最小个体数 3。

角　共发现 10 件，大部分只是很小的残段。标本 H85∶D1，左角，保留部分额骨，通过角的分叉情况看，该个体的死亡年龄为 4 岁，冠枝连第三虎口稍残（图六，1）。残长 630 毫米，角柄前后径长 37.61、内外径长 34.09 毫米，第一主枝前后径长 44.07、内外径长 39.87 毫米，第一虎口至第二虎口长 316 毫米。标本 H82∶D1，左角，保留从额骨到第一虎口的部分，残长 175 毫米。角柄外侧有砍痕，

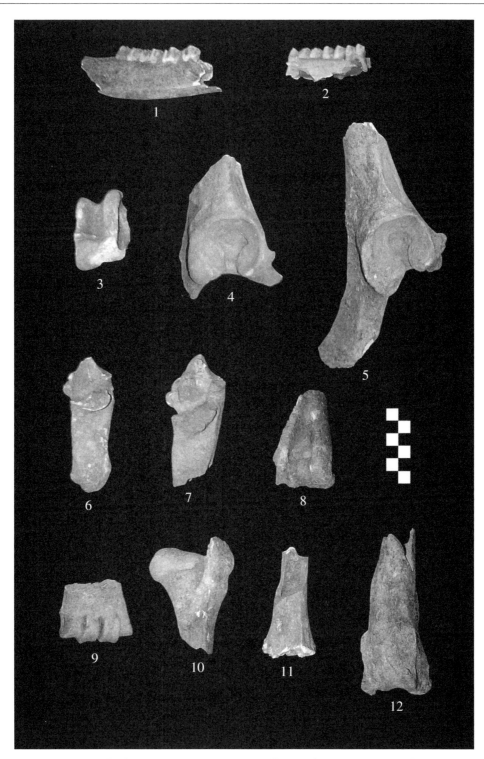

图七　南放水遗址出土的达维四不像和马鹿骨骼（西周时期）

1. 马鹿右侧下颌骨（H153：D1）　　2. 达维四不像右侧下颌骨（M2 填土：D1）

3. 马鹿左侧距骨（H30：D5）　　4. 马鹿右侧髋骨（H41：D5）

5. 达维四不像右侧髋骨（M6 填土：D1）　　6. 马鹿左侧跟骨（H43：D6）

7. 达维四不像左侧跟骨（H1：D1）　　8. 马鹿左侧肱骨（H51：D2）

9. 达维四不像右侧掌骨（H19：D5）　　10. 马鹿右侧股骨（H28：D2）

11. 马鹿右侧胫骨（H28：D3）　　12. 达维四不像右侧股骨（H19：D27）

多次砍在一个地方，通过砍痕看，系较钝的工具所为，眉枝被砸断，主枝断口则见有砍痕和锯痕，第一虎口处还有几道砍痕，工具相对较薄锐（图一九，7）。标本 H57∶D23，右角，自然脱落，通过角的分叉情况看，该个体的死亡年龄为 3 岁，残长 259 毫米，第一虎口至第二虎口长 178 毫米。眉枝和冠枝被砸断，第二枝下侧有多道砍痕，集中在一处，意欲将第二枝砍下，未果（图六，2）。

下颌骨　标本 H153∶D1，右侧，保存有 P_3—M_2 齿列，均已磨蚀（图七，1）。残长 115.12 毫米，齿列长 68.62 毫米，高 33.04 毫米，厚 17.50 毫米。从臼齿的磨耗程度分析，其属于一成年个体。

肱骨　标本 H51∶D2，左侧远端，外上髁脊向外翻卷十分明显，且棱脊薄锐。残长 71.19 毫米。系人为砸断，远端髁体上有食肉类动物啃咬的痕迹，内髁尤为严重（图七，8）。

髋骨　标本 H41∶D5，右侧，仅保存有髋臼部分，髋臼长 63.20 毫米，髂骨、坐骨和耻骨部分被人为砸掉，耻骨处还有一道砍痕（图七，4）。

股骨　标本 H28∶D2，右侧近端，被人为砸断（图七，10）。残长 91.17 毫米，近端最大宽 64.52 毫米，股骨头最大厚 29.77 毫米。

胫骨　标本 H28∶D3，右侧远端，残长 83.05 毫米，远端关节面、内踝骨均残，外侧前面有一突起的结节，被人为砸断（图七，11）。

跟骨　标本 H43∶D6，左侧，保存完整（图七，6）。最大长 105.94 毫米，最大宽 37.09 毫米。

距骨　标本 H30∶D5，左侧，保存较完整，外侧滑车残（图七，3）。内半部最大长 57.67、最大厚 32.22 毫米。

（8）梅花鹿（*Cervus nippon*）

该类骨骼出土总计 8 件，肱骨、髋骨各 1 件，尺骨 2 件，跟骨 1 件，距骨 3 件。最小个体数为 2。

尺骨　左、右侧各 1 件。标本 H17∶D11，右侧近端，尺骨突残。残长 76.41 毫米，鹰嘴最小厚 33.80 毫米，跨过钩突厚 37.67 毫米，跨过冠状突最大宽 21.45 毫米。通体被烧成深褐色，远端被砸断。

髋骨　标本 H41∶D4，左侧，仅保留髋臼部分，髋臼长 45.29 毫米。

跟骨　标本 H123∶D1，右侧，保存完整，最大长 95.04 毫米，最大宽 31.22 毫米。

距骨　左侧 1 件，右侧 2 件。标本 H28∶D1，右侧，保存完整，外半部最大长 47.69 毫米，内半部最大长 42.03 毫米，外半部最大厚 25.61 毫米，内半部最大厚 26.17 毫米，远端最大宽 28.89 毫米。

（9）狍（*Capreolus manchuricus*）

仅发现 1 件骨骼标本，H135∶D8，右侧胫骨远端，内踝骨残。残长 109.88 毫米，远端最大宽 24.08 毫米，远端最大厚 18.62 毫米。

（10）獐（*Hydropotes inermis*）

发现獐的骨骼标本共计 3 件，最小个体数为 1。

标本 H19∶D13，左侧下颌骨，仅保留水平支中部的一小段，残长 41.17 毫米（图八，1）。

标本 H84∶D8，左侧掌骨远端，在骨干中间砸断（图八，2）。残长 58.11 毫米，远端最大宽 21.85 毫米。

标本 H19∶D31，左侧胫骨远端，残长 48.39 毫米。布满了食肉类动物的咬痕，前侧骨壁被咬穿（图八，3）。

（11）鹿（*Cervus* sp.）

该遗址中出土的骨骼有相当一部分保存得不好，但是从有些标本上残存的一些骨骼形态特征可以判断它们是属于鹿类的，但很难鉴定到种。这类标本共计42件，角8件，牙齿4枚，寰椎1件，肩胛骨右侧3件，肱骨左侧远端1件、右侧远端1件，腕骨2件，掌骨左侧2件、右侧1件，股骨右侧1件，跟骨左侧2件，距骨右侧1件，跖骨右侧3件，以及指（趾）骨10件。由于骨骼过于破碎，这里只做简单统计，不再详细描述。

需要特别指出的是，有一件标本的形态特征很特殊，具备了鹿类骨骼的基本特征，又不同于以上任何一种鹿。就现有的图谱和标本对比来看，还不知道其属于哪一种鹿。标本H135：D6，左侧肱骨远端（图八，4），鹰嘴窝较深，外上髁脊外撇的并不明显，但向前侧卷曲，有一道较圆钝的棱，滑车间脊倾斜角度较大且靠近外侧，滑车内侧上方有一个窝。对其种属的判定还需要实物标本资料的进一步丰富。

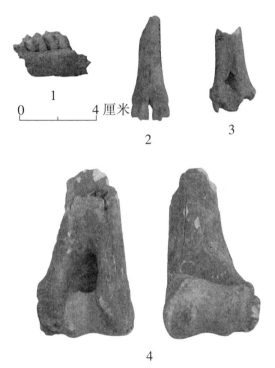

图八　南放水遗址出土的鹿类骨骼（西周时期）
1. 獐左侧下颌骨（H19：D13）　2. 獐左侧掌骨（H84：D8）
3. 獐左侧胫骨（H19：D31）　4. 鹿左侧肱骨（H135：D6）

（12）猞猁（*Lynx* sp.）

仅发现1件下颌骨，标本H30：D1，右侧，前侧联合部和上升支均残，犬齿齿冠残损，保留有P_3—M_1齿列（图九，3）。残长90.53毫米，P_3—M_1齿列长42.08毫米，M_1长16.72、宽7.93毫米，裂齿齿槽长15.33毫米，M_1后下颌骨高26.92毫米，P_3前下颌骨高23.21毫米。

（13）熊（*Ursus* sp.）

只发现1件骨骼标本，H30：D6，右侧股骨近端，股骨头、大转子被食肉类动物咬掉，远端被砸断，残长139.13毫米（图五，11）。

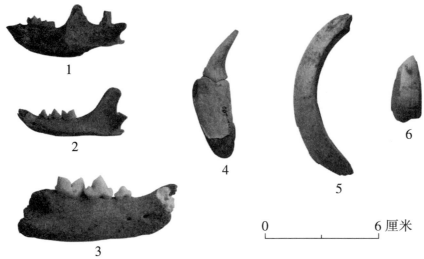

图九　南放水遗址出土的动物遗存
1. 獾左侧下颌骨（H19：D12）　2. 猫左侧下颌骨（H76：D95）
3. 猞猁右侧下颌骨（H30：D1）　4. 熊左侧下犬齿（H184：D6）
5. 猪左侧下犬齿（M1 填土：D10）　6. 猪左侧上犬齿（M1 填土：D9）

（14）野兔（*Lepus* sp.）

共发现 18 件该类骨骼，包括了寰椎、肩胛骨、肱骨、尺骨、股骨和跟骨各 1 件，桡骨左、右侧各 1 件，胫骨左侧 2 件、右侧 1 件，还有 7 件指（趾）骨。最小个体数为 2。

寰椎　标本 H41：D8，保存完整（图一〇，4）。最大长 10.87 毫米，最大宽 25.33 毫米，前关节面最大宽 14.08 毫米，后关节面最大宽 11.31 毫米，前关节面到后关节面最大长 8.92 毫米。

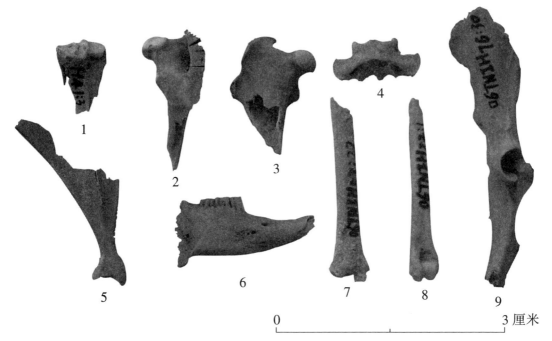

图一〇　南放水遗址出土的野兔骨骼
1. 左侧胫骨（H41：D3）　2. 右侧股骨（H22：D3）　3. 右侧股骨（H76：D93）
4. 寰椎（H41：D8）　5. 右侧肩胛骨（H57：D9）　6. 右侧下颌骨（H76：D92）
7. 左侧胫骨（H57：D22）　8. 右侧肱骨（H22：D1）　9. 右侧髋骨（H76：D30）

肩胛骨　标本 H57：D9，右侧远端，肩胛结最大长 9.72 毫米，肩臼长 8.27 毫米，肩臼宽 9.26 毫米，肩胛颈最小长 5.48 毫米（图一〇，5）。

肱骨　标本 H22：D1，右侧肱骨远端，残长 54.02 毫米，远端最大宽 10.01 毫米（图一〇，8）。

桡骨　左、右侧各 1 件。标本 H41：D2，左侧桡骨近端，残长 38.14 毫米，近端最大宽 7.25 毫米。

尺骨　标本 H41：D6，左侧近端，尺骨突残。残长 57.16 毫米，跨过冠状突最大宽 6.64 毫米。

股骨　标本 H22：D3，右侧近端，大转子残。残长 41.34 毫米，股骨头最大厚 7.92 毫米。转间脊上有三道平行的割痕和一道砍痕，可以看出工具刃缘薄锐锋利（图一〇，2）。

胫骨　共 3 件，包括 2 件左侧和 1 件右侧。标本 H41：D3，左侧近端（图一〇，1）。标本 H57：D22，左侧远端，残长 54.17 毫米，远端最大宽 12.48 毫米，远端最大厚 7.85 毫米（图一〇，7）。

跟骨　标本 H41：D7，左侧跟骨，保存完整。最大长 26.40 毫米，最大宽 9.83 毫米。

（15）獾（*Meles meles*）

只有 1 件骨骼标本出土，标本 H19：D12，左侧下颌骨，水平支前半部和冠状突残，残长 68.07 毫米，咬肌窝较深，髁突较靠下，保留有 M_1，长 16.22、宽 7.12 毫米，跟座呈盆状（图九，1）。

（二）东周时期

1. 鱼类（Osteichthyes）

鱼类骨骼大部分很破碎，很难辨认部位和种属，可辨认的主要有喉齿、上颌骨、下颌骨、胸鳍和椎骨等。

（1）草鱼

（*Ctenopharyngodon idellus*）

仅见喉齿 2 枚，标本 H76：D105 和 H76：D106（图一一，3、4），半月形，呈梳子状，相对较大，其中 H76：D105 长 22.38 毫米。

（2）鲶鱼

（*Parasilurus asotus*）

发现右侧胸鳍、左侧上颌骨和左侧下颌骨各 1 件。

标本 H76：D71，右侧胸鳍，远端残，残长 56.98 毫米（图一一，1）。

标本 H76：D95，左侧上颌骨，残长 49.41 毫米。略弧，其上密布着齿槽孔（图一一，2）。

标本 H76：D96，左侧下颌骨，残长 29.77 毫米。比 H76：D95 个体小很多，弧度稍大，同样密布着齿槽孔。

2. 爬行类（Reptilia）

只见鳖类（*Amyda* sp.），发现了 3 片背甲残片，表面有不规则的凹坑，很难进一步鉴定。

3. 鸟类（Aves）

鸟类骨骼发现的数量较少，多数为骨管，可鉴定部位的骨骼形态均与西周时期的十分相似，因此推断为雉（*Phasianus* sp.）的，包括右侧肱骨 5 件，左侧和右侧尺骨各 2 件，左侧和右侧桡骨各 1 件，

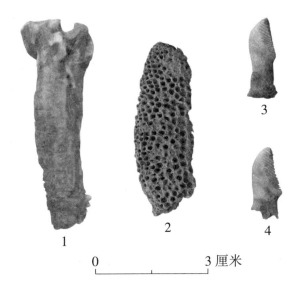

0 _____ 3厘米

图一一　南放水遗址出土的鱼类骨骼（东周时期）
1. 鲶鱼右侧胸鳍（H76：D71）　2. 鲶鱼左侧上颌骨（H76：D95）
3、4. 草鱼喉齿（H76：D105、H76：D106）

右侧腕掌骨 1 件，右侧股骨 1 件，左、右侧胫骨各 1 件，左侧跖骨 2 件、右侧跖骨 1 件和左侧、右侧乌喙骨各 2 件。最小个体数为 5。

标本 H76：D97，右侧肱骨远端，残长 49.38 毫米，远端最大宽 13.68 毫米。骨干中部有烧烤的痕迹（图一二，3）。

标本 H76：D98，右侧尺骨，保存完好（图一二，4）。最大长 65.51 毫米，近端最大宽 10.05 毫米，近端对角线长 12.49 毫米，骨干最小宽 4.45 毫米，远端对角线长 9.87 毫米。

标本 H76：D99，左侧桡骨远端，残长 58.22 毫米，远端最大宽 6.84 毫米。

标本 H76：D100，右侧腕掌骨，似乎曾经骨折过，在骨折的地方有新生的泡沫状骨质将伤处包裹住（图一二，5）。最大长 38.81 毫米，近端最大宽 11.26 毫米，远端对角线长 7.24 毫米。

标本 H76：D101，右侧股骨远端，残长 56.31 毫米，远端最大宽 14.15 毫米（图一二，2）。

标本 H76：D102，右侧胫骨远端，残长 81.13 毫米，远端宽 8.38 毫米，远端厚 10.63 毫米（图一二，7）。

标本 H76：D103，左侧跖骨近端，残长 58.14 毫米，近端最大宽 11.73 毫米。内侧有距，属雄性个体（图一二，6）。

标本 H76：D104，左侧乌喙骨，保存较完整，远端外角稍残（图一二，1）。残长 50.96 毫米，内侧长 49.84 毫米。

4. 哺乳类（Mammalia）

（1）家猪（*Sus domestica*）

发现数量最多，可鉴定标本共计 48 件，最小个体数 7。

上颌骨　共发现左侧 1 件，右侧 5 件。保存的很不好，破损相当严重，部分保留有少数牙齿。通过牙齿的萌出情况和磨蚀程度，可以大概判断家猪的死亡年龄（表八）。

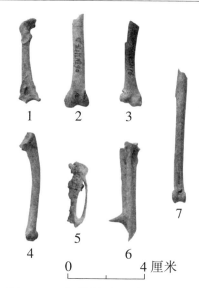

0　　　　　　　4 厘米

图一二　鸟类骨骼（东周时期）

1. 雉左侧乌喙骨（H76：D104）　2. 雉右侧股骨（H76：D101）
3. 雉右侧肱骨（H76：D97）　4. 雉右侧尺骨（H76：D98）
5. 雉右侧腕掌骨（H76：D100）　6. 雉左侧跖骨（H76：D103）
7. 雉右侧胫骨（H76：D102）

表八　东周时期家猪上颌骨观察与死亡年龄统计

标　本	保留牙齿	牙齿的萌出情况及磨蚀程度	年龄（月）
H76：D54	M^1、M^2	M^1 刚刚开始磨蚀	12
H76：D55	P^4—M^2	P^4 为恒齿，M^2 开始磨蚀	15
H76：D56	M^1、M^2	M^1 刚刚开始磨蚀	12
H76：D57	P^4—M^2	P^4 为恒齿，M^2 开始磨蚀	15
H76：D58	M^1、M^2	M^1 刚刚开始磨蚀	12

下颌骨　共发现9件，左侧7件，联合部2件。保存情况不好，通过牙齿的萌出情况和磨蚀程度大概判断死亡年龄（表九）。标本 H76：D63，左侧下颌骨，残长92.68毫米，P_2 齿槽口缘—I_3 齿槽远口缘长41.56毫米，犬齿齿槽最大径12.40毫米。通过犬齿齿槽形态观察，该标本属于一雌性个体（图一三，1）。

表九　东周时期家猪下颌骨观察与统计

标　本	保存情况	牙齿的萌出情况及磨蚀程度	性别	年龄（月）
H76：D62	M_3 齿槽			
H76：D63	P_4—M_2 齿槽	M_3 刚刚露出一点齿孔		18
H76：D64	犬齿，齿冠残	犬齿齿槽最大径18.48毫米	♂	
H76：D65	M_3 后半部			>20
H76：D66	P_4、M_1	M_1 磨蚀得很严重		
H76：D67	M_3 齿槽			
H76：D68		I_2 恒齿已在齿槽中，即将脱换犬齿齿槽最大径10.39毫米	♂	16—20

肱骨　共 3 件，均为右侧远端部分。标本 H115②: D2，右侧肱骨远端，有鹰嘴孔，残长 61.69 毫米。人工砸断，内髁脊上有砍痕，内、外髁上有多组啮齿类动物的咬痕（图一三，2）。

髋骨　右侧 2 件。标本 H76: D31，髂骨、耻骨和坐骨都有部分残损。残长 222.43 毫米，髋臼长 36.41 毫米，耻骨联合部长 73.52 毫米，闭孔内缘长 42.53 毫米。耻骨联合面前缘圆钝，结节发育，为雄性个体。闭孔内缘有割痕。

股骨　左侧、右侧各 1 件。标本 H76: D74，左侧远端，外髁残，骨骺刚刚愈合不久，愈合线清晰可见，残长 121.87 毫米（图一三，5）。标本 H76: D49，右侧，骨骺未愈合，仅保存了股骨头，其他骨骺部分均脱落不见（图一三，4）。残长 174.36 毫米，股骨头最大厚 25.64 毫米，骨干最小宽 14.61 毫米。

胫骨　总计发现 2 件，左侧 1 件，右侧 1 件。标本 H76: D9，左侧远端，残长 62.57 毫米，远端最大宽 32.88 毫米，远端最大厚 28.32 毫米。砸断，前内侧棱脊上有砍痕。标本 H76: D75，右侧近端，残长 48.72 毫米，近端最大宽 62.08 毫米。

跟骨　左、右侧各 1 件。标本 H76: D39，左侧跟骨，最大长 61.81 毫米，最大宽 18.96 毫米（图一三，3）。

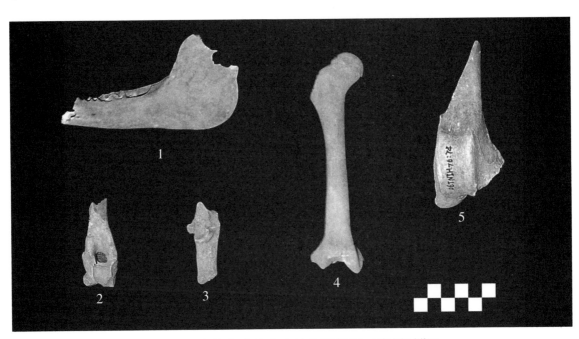

图一三　南放水遗址出土的家猪骨骼（东周时期）
1. 左侧下颌骨（H76: D63）　2. 右侧肱骨（H115②: D2）　3. 左侧跟骨（H76: D39）
4. 右侧股骨（H76: D49）　5. 左侧股骨（H76: D74）

距骨　仅发现 1 件。标本 H76: D36，左侧，外半部最大长 44.48 毫米，内半部最大长 39.25 毫米，外半部最大厚 23.01 毫米，内半部最大厚 25.44 毫米，远端最大宽 24.13 毫米。

跖骨　共出土 5 件，包括第 III 跖骨左侧 1 件、右侧 2 件和第 IV 跖骨左侧 1 件、右侧 1 件。

（2）牛（*Bos* sp.）

共发现 11 件骨骼，代表的最小个体数为 3。

牙齿　仅发现 M³ 残块 1 件。

桡骨　共发现 3 件，均为右侧近端。标本 G6：D1，内侧关节面残，外髁上有食肉类动物的咬痕，远端砸断。残长 111.29 毫米。

股骨　左侧和右侧各 1 件，均为近端部分。标本 H76：D1，左侧，大转子残（图四，1）。残长 189.01 毫米，股骨头最大厚 49.31 毫米。远端被砸断，转间脊上有数道割痕，不规则分布，均较浅。

胫骨　只有 1 件，标本 H76：D2，右侧胫骨近端，外髁及外髁间隆突残，残长 158.81 毫米。胫骨脊上有两道较浅的砍痕。

距骨　左、右侧各 1 件。标本 H76：D35，右侧距骨，保存完整。外半部最大长 65.39 毫米，内半部最大长 60.74 毫米，外半部最大厚 36.66 毫米，内半部最大厚 34.42 毫米，远端最大宽 39.15 毫米。

（3）狗（*Canis familiaris*）

发现数量相对较多，共计 19 件，最小个体数 2。

上颌骨　只发现 1 件残块，破损严重。

下颌骨　也只发现 1 件，标本 H76：D60，右侧，保存较完整，冠状突稍残，保留有 P_2—M_2 齿列（图一五，3）。测量数据见表六。

肩胛骨　左侧 2 件，右侧 1 件，都只有远端部分保存下来。标本 H76：D25，左侧远端，肩胛冈残（图一五，4）。肩胛颈最小长 23.21 毫米，肩胛结最大长 28.89 毫米，肩臼长 25.71、宽 17.55 毫米。

肱骨　左侧和右侧各 1 件。标本 H76：D6，左侧肱骨近端，残长 91.28 毫米，近端厚 39.36 毫米。远端砸断，小结节上有一道割痕（图一五，5）。标本 H115②：D1，右侧肱骨远端，保留了大部分骨干，大结节、肱骨头残（图一五，6）。残长 142.59 毫米，远端最大宽 31.37 毫米，骨干最小宽 13.22 毫米。

桡骨　发现 2 件，都是右侧近端。标本 G6：D4，从中间被砸断，残长 58.83 毫米，近端最大宽 15.98 毫米。

髋骨　共 2 件，都为右侧，其中 1 件保存完好，另 1 件只有髋臼部分。标本 H76：D33，最大长 146.98 毫米，髂骨干最小高 19.44 毫米，髂骨干最小宽 8.54 毫米，髋臼长 19.95 毫米，闭孔内缘长 29.72 毫米。闭孔呈卵圆形，耻骨前缘薄锐，代表一雌性个体（图一五，7）。耻骨、坐骨的腹侧有数道轻浅的割痕。

股骨　左侧 2 件，近端、远端各 1 件，可拼合，属于同一个体，在骨干中间砸断（图一四）。标本 H76：D50，近端，残长 71.81 毫米，近端最大宽 37.37 毫米，股骨头最大厚 18.84 毫米。另一标本 H76：D51，远端，残长 111.58 毫米，远端最大宽 31.38 毫米。

（4）马（*Equus* sp.）

发现数量很少，共计 4 件，其中包括左侧桡腕骨、右侧跟骨、右侧中央跗骨和右侧跖骨各 1 件。标本 G8：D1，右侧跖骨远端，残长 232.18 毫米，远端最大宽 45.23 毫米，远端最大厚 36.91 毫米。近端砸断，内侧关节面上有啮齿类动物咬痕（图一五，1）。

图一四　狗左侧股骨（H76：D50、D51）

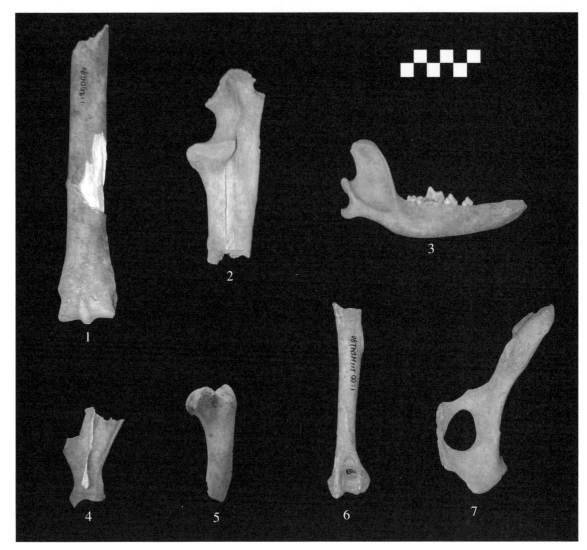

图一五　南放水遗址的动物骨骼（东周时期）
1. 马右侧跖骨（G8：D1）　2. 熊左侧尺骨（H115②：D3）　3. 狗右侧下颌骨（H76：D60）
4. 狗左侧肩胛骨（H76：D25）　5. 狗左侧肱骨（H76：D6）　6. 狗右侧肱骨（H115②：D1）
7. 狗右侧髋骨（H76：D33）

标本 H184：D2，右侧跟骨，载距突、跟骨体均残。

（5）山羊（*Capra* sp.）

仅发现 1 件，标本 H76：D18，右侧肩胛骨，近端很薄，稍残，肩胛冈上部、喙突均残。残长 141.37 毫米，肩胛颈最小长 18.53 毫米，肩臼长 25.76、宽 21.58 毫米。后缘上有平行的割痕。

（6）绵羊（*Ovis* sp.）

总计发现 7 件，经鉴定为左侧肩胛骨、左侧桡骨、左侧掌骨、右侧跟骨、右侧距骨、左侧中央跗骨和第 2、3 跗骨各 1 件。最小个体数为 1。

标本 H184：D1，左侧桡骨近端，残长 135.36 毫米，近端最大宽 33.65 毫米，近端关节面最大宽 16.35 毫米。

标本 H76：D77，左侧跟骨，跟结节未愈合而脱落不见，为幼年个体。残长 51.59 毫米，最大宽

18.17 毫米。

标本 H76：D37，左侧距骨，外半部最大长 28.77 毫米，内半部最大长 26.23 毫米，外半部最大厚 15.11 毫米，内半部最大厚 15.19 毫米，远端最大宽 17.81 毫米。

标本 H76：D45，左侧掌骨近端，残长 35.55 毫米，近端最大宽 22.02 毫米。

（7）达维四不像鹿（*Elaphurus davidianus*）

该类骨骼标本发现数量总计 8 件，包括角 1 件，肱骨 2 件，胫骨 1 件，跟骨 2 件和距骨 2 件。最小个体数 2。

角　只发现残段 1 件。

肱骨　左侧和右侧各 1 件，均为远端。标本 H76：D7，左侧，残长 117.31 毫米，滑车最大宽 59.17 毫米。外髁上有食肉类动物的咬痕（图一六，3）。

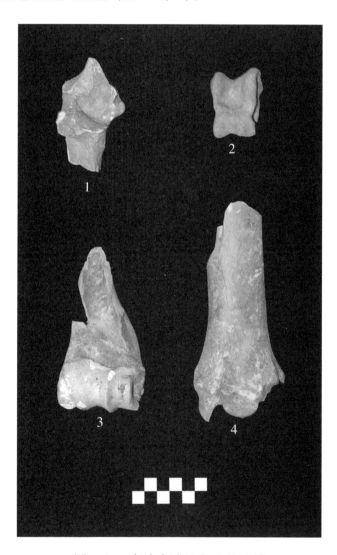

图一六　南放水遗址出土的达维
四不像鹿骨骼（东周时期）
1. 右侧跟骨（H76：D78）　2. 左侧距骨（H76：D79）
3. 左侧肱骨（H76：D7）　4. 左侧胫骨（H76：D8）

胫骨　标本 H76：D8，左侧远端，残长 152.22 毫米，远端最大宽 68.57 毫米，远端最大厚 48.99 毫米（图一六，4）。

跟骨　左、右各 1 件。标本 H76：D38，左侧，跟骨结节未愈合，属幼年个体。残长 101.07 毫米，最大宽 40.58 毫米。标本 H76：D78，右侧，跟骨体及跟骨结节残（图一六，1）。

距骨　共发现 2 件，均为左侧，形态特征很特殊。以标本 H76：D79 为例，髁间窝非常浅平且外展，耳状关节面和内髁面也很浅平，整体圆滑，不似其他一些鹿类距骨上多突出的棱脊（图一六，2）。外半部最大长 54.21 毫米，内半部最大长 51.17 毫米，外半部最大厚 29.93 毫米，内半部最大厚 26.31 毫米，远端最大宽 33.82 毫米。

（8）狍（*Capreolus manchuricus*）

只发现了 2 件骨骼标本，最小个体数为 1。

标本 G6：D7，角，仅保留角环和主枝未到第一虎口的一部分，其上密布着瘤状突起，为自然脱落（图一七，1）。残长 46.22 毫米。

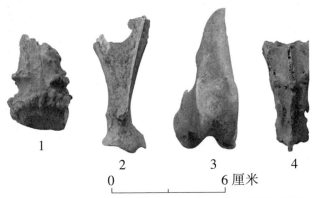

图一七　南放水遗址出土的狍、獐骨骼（东周时期）
1. 狍子角（G6：D7）　2. 獐右侧肩胛骨（H76：D19）
3. 狍右侧股骨（H76：D53）　4. 獐荐椎（H76：D28）

标本 H76：D53，右侧股骨远端，内脊膨大而外脊薄锐（图一七，3）。残长 73.05 毫米，远端最大宽 35.55 毫米。

（9）獐（*Hydropotes inermis*）

发现獐的骨骼标本共计 7 件，包括寰椎 1 件，肩胛骨左、右侧各 1 件，荐椎 1 件，股骨右侧 1 件，跖骨右侧 2 件。最小个体数为 2。

标本 H76：D27，寰椎，右半部残，前关节面到后关节面最大长 30.45 毫米，高 24.32 毫米。腹结节前侧有两道平行的割痕（图一九，4）。

标本 H76：D19，右侧肩胛骨远端，肩胛颈最小长 12.87 毫米，肩胛结最大长 25.99 毫米，肩臼长 19.10、宽 16.70 毫米（图一七，2）。

标本 H76：D28，荐椎第 2、3、4 节，已愈合，棘突顶部稍膨大（图一七，4）。长 55.13 毫米。

标本 H76：D52，右侧股骨近端，大转子部分残，头凹略呈椭圆形，形似蚕豆。残长 50.88 毫米，近端最大宽 40.45 毫米，股骨头最大厚 18.25 毫米。转间脊上有几道平行割痕（图一九，3）。

标本 H76：D47，右侧跖骨，远端滑车未愈合而脱落不见，整体细长，血管沟较深。残长 124.02

毫米，近端最大宽 19.31 毫米。

（10）鹿（*Cervus* sp. ）

与西周时期的情况相同，大部分的骨骼标本破损严重，但是从残存的一些骨骼形态特征上可以判断一些标本是属于鹿类的，然而很难鉴定到种，勉强可以辨认部位。该时期这类标本总数为 20 件，角 4 件，牙齿 1 枚，下颌骨 1 件，肩胛骨左侧 1 件，尺骨右侧 1 件，跗骨 1 件和指（趾）骨 11 件。

（11）猫（*Felis* sp. ）

仅发现 1 件下颌骨，标本 H76：D95，左侧，保存较完整，门齿和犬齿不见（图九，2）。全长 61.97 毫米，髁角切迹到下齿点长 59.06 毫米，髁突到犬齿齿槽远口缘长 54.42 毫米，髁角切迹到犬齿齿槽远口缘长 51.69 毫米，P_3—M_1 齿列长 21.31 毫米，M_1 长 8.73、宽 3.88 毫米，裂齿齿槽长 8.21 毫米，上升支高 26.61 毫米，M_1 后下颌骨高 10.76 毫米，P_3 前下颌骨高 9.73 毫米。

（12）熊（*Ursus* sp. ）

共有 2 件标本，分别为左侧下犬齿和左侧尺骨近端。

标本 H184：D6，左侧下犬齿，齿冠前侧残，弯曲程度较大，齿根膨大（图九，4）。残长 73.51 毫米，最大宽 22.97 毫米。

标本 H115②：D3，左侧尺骨近端，尺骨突被食肉类动物咬掉，其上还留有很多钉状凹坑，也为食肉类动物啃咬留下，远端砸断（图一五，2）。残长 145.72 毫米，跨过冠状突最大宽 50.76 毫米。

（13）野兔（*Lepus* sp. ）

共发现 13 件骨骼，包括下颌骨、肩胛骨、尺骨、股骨各 1 件，桡骨左侧近端 1 件、右侧近端 3 件，髋骨右侧 2 件，还有跗骨 3 件。最小个体数为 3。

下颌骨　标本 H76：D92，右侧，上升支残，保留有门齿和 P_3—M_2 齿列（图一〇，6）。残长 42.01 毫米，颊齿列长 17.63 毫米，M_3 齿槽远口缘—下齿点长 36.64 毫米，齿槽间隙长 19.01 毫米。

肩胛骨　标本 H76：D23，左侧远端，肩胛颈最小长 5.68 毫米，肩胛结最大长 10.41 毫米，肩臼长 7.81、宽 9.16 毫米。

桡骨　总计 4 件，其中左侧近端 1 件，右侧近端 3 件。标本 H76：D15，右侧桡骨近端，残长 35.05 毫米，近端最大宽 6.83 毫米。

尺骨　标本 H76：D11，右侧近端，尺骨突残。残长 45.58 毫米，跨过冠状突最大宽 6.57 毫米。

股骨　标本 H76：D93，右侧近端，残长 33.88 毫米，近端最大宽 25.05 毫米，股骨头最大厚 8.38 毫米（图一〇，3）。

髋骨　共 2 件，均为右侧。标本 H76：D30，保存较完整，髂骨、耻骨和坐骨均只有少部分残（图一〇，9）。长 78.28 毫米，髋臼长 9.23 毫米。

（14）獾（*Meles meles*）

只有 1 件标本出土，H76：D90，右侧尺骨近端。

三　墓葬中随葬的动物遗存

本次发掘共发现西周时期墓葬 12 座。其中 10 座设有腰坑，8 座在腰坑内殉狗，由于保存情况不同，仅获取了 7 个腰坑中的狗骨骼，分别属于 M1、M4、M5、M9、M11、M12 和 M13，而 M11、M12 和 M13 腰坑中的标本由于年龄较小而保存的非常不好，基本无法进行进一步的研究，M1、M4、M5 和 M9 腰坑中的狗骨骼也保存的不完全，仅做了部分鉴定（表一二）与测量（表一〇、表一一）。

通过鉴定，M1、M4、M5 腰坑中殉葬的狗均为雌性，但个体大小不一，年龄也不同（图一八，4、3）。而 M9 腰坑中殉葬的狗个体较大，但能够反映性别年龄特征的部位都保存不良，无法判断（图一八，1、2）。M12、M13 腰坑中殉葬狗的骨骼的骨骺未愈合，而其他特征被破坏，仅可判断其属于幼年个体。

表一〇　南放水遗址西周墓葬腰坑中殉狗头骨测量与比较

单位：毫米

项目 ＼ 标本		M1	M4	M5	M9	现代狗（平均值）
颅基长（枕髁—P）					159.44	
基底长（B—P）					152.18	
颅底轴长（B—Sy）					44.11	
面底轴长（Sy—P）					107.96	
颊齿列长（P^1—M^2）			59.71	67.25	58.42	
臼齿列长（M^1—M^2）			15.53	18.26	15.73	
前臼齿列长（P^1—P^4）			47.31	53.29	46.77	
枕髁最大宽			33.87	38.41	31.44	
枕骨大孔最大宽			15.11	20.54	16.49	
枕骨大孔高（B—O）			13.69	16.76	12.76	
颅骨最大宽（Eu—Eu）			49.29			
眼眶内部最大宽					25.92	
犬齿槽宽					10.11	
犬齿长			37.18	45.69	37.73	
P^4	长	14.56	15.99	18.87	16.64	17.06
	最大宽	8.18	7.85	10.95	9.21	9
M^1	长	10.16	10.89	12.31	11.22	12.35
	宽	11.76	13.02	15.99	13.11	13.75
M^2	长		6.09	7.78	6.09	6.93
	宽		8.08	9.45	7.46	9.2
听泡	长		22.96		23.67	
	宽		17.57		16.61	

表一一　南放水遗址西周墓葬腰坑中殉狗下颌骨测量与比较

单位：毫米

项目 ＼ 标本	M1	M4	M5	M9	M12
全长（髁突点—齿槽点）		126.21	147.74		
角突—齿槽点长			143.46		
髁、角突切迹—齿槽点长		120.56	139.16		
髁突—犬齿槽后缘长		114.14	127.33		
髁、角突切迹—犬齿槽后缘长		109.12	119.14		
角突—犬齿槽后缘长			118.26		
M$_3$ 后缘—犬齿槽后缘长	66.98	72.78	81.02	70.56	
P$_1$—M$_3$	64.65	66.71	74.03	66.52	
P$_2$—M$_3$	60.25	61.01	68.59	61.72	
M$_1$—M$_3$	30.53	31.47	34.61	31.89	
P$_1$—P$_4$	34.03	35.84	41.04	37.08	
P$_2$—P$_4$	29.04	30.62	36.11	31.46	
M$_1$　长	16.41	18.63	21.96	19.28	19.11
M$_1$　宽	7.32	7.59	9.29	7.69	7.29
M$_1$　齿槽长	15.39	18.34	20.66	18.91	17.49
M$_2$　长	6.47	7.97	9.13	8.25	
M$_2$　宽	5.66	6.13	7.36	6.82	
M$_3$　长			4.37		
M$_3$　宽			4.29		
M$_1$ 下颌体厚	9.78	10.57	12.46	10.76	10.02
M$_1$ 后缘颌体高	19.24	22.85	26.82	22.95	18.25
P$_2$—P$_3$ 之间颌体厚	8.15	9.12	11.61	10.21	
P$_2$—P$_3$ 之间颌体高	16.65	16.23	21.56	17.09	
角突—冠状突高			57.37		
犬齿高		35.69			

表一二　南放水遗址西周墓葬腰坑中殉狗的保存与鉴定情况

项目 ＼ 标本	保 存 状 况	性别	年　龄
M1	一般，头骨破损严重，保留有较大块骨骼	♀	6 个月左右
M4	较好，头骨破损，大部分骨骼基本完整	♀	12 个月左右
M5	较好，头骨破损，大部分骨骼基本完整	♀	12—18 个月
M9	头骨大部分保存完整，其他骨骼保存一般	不详	不详
M11	保存的非常不好，个别牙齿完整	不详	不详
M12	保存的非常不好，个别牙齿完整	不详	幼年
M13	保存的非常不好，个别牙齿完整	不详	幼年

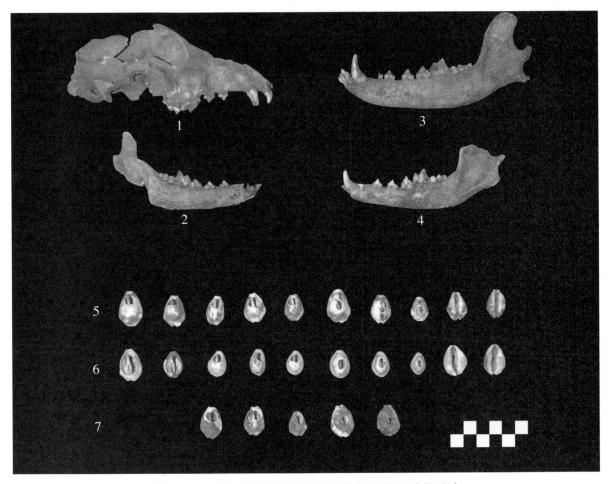

图一八　南放水遗址西周时期墓葬中随葬的动物遗存

1. 狗头骨（M9 腰坑）　2. 狗右侧下颌骨（M9 腰坑）　3. 狗左侧下颌骨（M5 腰坑）
4. 狗左侧下颌骨（M4 腰坑）　5. 货贝（M4 随葬）　6. 环纹货贝（M4 随葬）　7. 染有朱砂的贝（M4 随葬）

综上，由于保存和出土情况的限制，还很难推断当时具体的埋葬和殉葬习俗，但可以肯定的是，该遗址西周时期墓葬普遍有在腰坑中殉狗的风俗习惯。

除了在腰坑中殉狗，M4 中还随葬了 71 枚贝。经过鉴定，这些贝包括货贝和环纹货贝两种。一种是货贝（*Monetaria moneta*），贝壳小型，略呈低卵圆形，壳质坚固，背部中央高起，两侧坚厚而低平，在贝壳后方的两侧约为壳长的三分之一处突然扩张而形成结节突起，壳面呈嫩黄色，基部平，呈黄白色，壳口附近白色，壳口窄长，唇齿粗短[①]，共 40 枚，最大个体壳长 28.17、宽 19.79 毫米，最小的个体壳长 16.06、宽 11.93 毫米（图一八，5）；另一种为环纹货贝（*Monetaria annulus*），贝壳形状近似货贝，背部周围有鲜黄色的环纹，环纹在两端不衔接，共 15 枚，最大个体壳长 24.15、宽 19.03 毫米，最小的个体壳长 15.71、宽 9.86 毫米（图一八，6）；此外还有 16 枚由于大部分壳体损坏而无法区分属于哪一种。这些贝发现于墓主人的头顶、颈部、手腕和脚踝处，以及口中含有 1 枚，同时在墓主人的头顶、手腕和脚踝处还发现有朱砂的痕迹，这些位置的贝上也部分浸染了朱砂的红色（图一八，7）。所有的贝均在背部有磨孔，孔的位置和大小各不相同，大体可分为以下三类：一是孔位于背部并

---

① 齐钟彦、楼子康、张福绥等编著：《中国动物图谱——软体动物（第二册）》，科学出版社，1983 年。

靠向一侧，属于这类的货贝 26 枚，环纹货贝 6 枚，孔的直径在 8.33~3.55 毫米之间；另一类是孔位于背部正中，包括货贝 14 枚，环纹货贝 9 枚，孔的直径在 8.37~3.38 毫米之间；还有 7 枚磨孔很大，几乎损坏了一半的壳体，露出中间的芯，内芯也在中间磨孔。

关于这些贝的来源，从其生活环境来看，应该是产自暖水性潮间带，而非产自本地。至于具体是通过何种途径，这些海贝才流传到这里，成为该墓主人的随葬品，还有待于其他的发现与研究。

关于这些随葬的贝的性质，目前还无法判断。但将 M4 与其他墓葬比较，该墓的葬具为一棺一椁，规格稍高于其他墓葬；墓主人口中含贝，且随葬了如此多的贝，至少可以说明该墓葬墓主人的身份和地位与其他墓葬墓主人是存在一定差异的，随葬的这些贝有可能是身份、地位或财富的象征。

四　动物骨骼表面的痕迹分析

通过对该遗址出土的动物骨骼表面的痕迹进行观察研究，可以将存留在骨骼表面的各种痕迹分为两大类，即非人工痕迹和人工痕迹。

（一）非人工痕迹

自然风化作用、植物根系的腐蚀作用和动物的啃咬，都会使动物骨骼表面受到不同程度的破坏，形成不同的痕迹。

1. 风化作用

当动物骨骼直接暴露于地表时，经受了风雨的侵蚀、太阳光的直接照射及温差的变化等物理风化作用，埋在地下时又会受到土壤中的酸碱性化学物质侵蚀等化学风化作用，使骨骼表面的骨胶质受到不同程度的破坏，从而使骨骼表面产生裂纹，甚至裂开或消失[①]。

遗址中出土的动物骨骼均受到不同程度的风化，根据总体观察，可以分成以下三个不同级别：

一级：轻级风化，骨胶质基本完好，骨表面光洁；

二级：较重风化，表面出现裂纹，骨胶质破损，缺乏光泽感；

三级：严重风化，骨胶质完全不存在，骨表面凹凸不平，裂纹密布，并且透过骨内壁。

遗址中出土的大多数的骨骼风化较重，属于二级（表一三）。

表一三　南放水遗址出土的动物骨骼风化分级统计

分期 ＼ 分级	一级	二级	三级
西周时期	18%	74%	8%
东周时期	3%	91%	6%
总百分比	12%	80%	8%

① 尤玉柱：《史前考古埋藏学概论》，文物出版社，1989 年。

除了上述风化之外，还有少量的骨骼受到土壤中化学物质的浸染，在骨表面留下灰绿色斑点，这类标本主要发现于西周时期的一个遗迹中，即 H19，推测这个灰坑的堆积在形成过程中受到某种化学物质的浸染或埋藏有某种特殊物质，但具体是什么，还需进一步化学分析研究。

从风化的情况来看，大部分骨骼是暴露于地表一定时间后才被埋藏起来，只有少数骨骼是迅速埋藏或长时间暴露于地表的。同一单位中的骨骼风化程度不尽相同，这说明单位中的堆积是逐渐形成的，而非瞬间埋藏，例如做垃圾坑的灰坑中的骨骼遗存堆积，应该是先民多次倾倒，最后掩埋而形成，而且每次倾倒垃圾的数量和时间间隔都应该是不同的。

2. 植物根系的腐蚀作用

植物根系具有较强的腐蚀作用，可以使动物骨骼表面形成线状痕迹，有些痕迹交织在一起，构成各式各样的花纹图案[1]。

该遗址出土的动物骨骼约有 10% 受到植物根系的腐蚀，但程度均较轻，西周时期和东周时期的比例也相当。可能当时遗址中有一定的植物被覆盖。此外，该遗址的文化层比较浅，后来遗址上生长的植物也会使这类痕迹形成。

3. 动物的啃咬作用

发现有动物啃咬痕迹的标本数量并不多，而且只有啮齿类和食肉类动物的咬痕。

（1）啮齿类动物的咬痕

具有该类痕迹的骨骼标本共有 26 件，西周时期 17 件，东周时期 9 件。主要见于骨骼表面的棱脊或边缘上，以及骨骼破损的劈裂面上，经过反复啃咬，形成细密并列整齐的齿痕，成组排列，并且有的互相叠压，多次的啃咬使骨骼失去了原有的形状，如 H17：D13，这件标本是被啃咬得非常严重的（图一九，2）。通过齿痕的尺寸来看，宽度均小于 1 毫米，所有的这类痕迹应是小型啮齿类动物啃咬留下的，推测为小型鼠类。

（2）食肉类动物的咬痕

这类咬痕较啮齿类动物的要多一些，西周时期 43 件，东周时期 10 件。多见于长骨的两端，留下啃咬的压痕和划痕，杂乱无章的排列，有的骨骺端膨大的部分被咬掉，严重的会形成杯状口，如 H17：D20（图一九，6）。通过观察，判断这类痕迹应是狗啃食骨松质和骨髓形成的。

（二）人工痕迹

遗址中出土的很多动物骨骼上都发现有人工痕迹，包括砸、砍、割、锯、烧等（表一四），而且在一些骨骼上面，并非只存有一种痕迹，而是几种痕迹混合出现，这些痕迹是在当时人们肢解动物、获取肉食资源、破骨取髓和制作骨器等过程中形成的，从一个侧面反映了当时人类的行为特征。

① 陈全家：《郑州西山遗址出土动物遗存研究》，《考古学报》2006 年第 3 期。

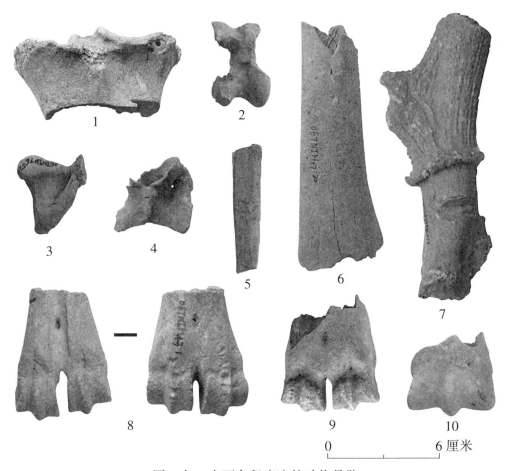

图一九　表面存留痕迹的动物骨骼

1. 锯痕、砍痕（M1 填土：D8）　2. 啮齿类动物咬痕（H17：D13）　3、4. 割痕（H76：D52、
H76：D27）　5. 削痕（H76：D94）　6. 砸痕、食肉类动物咬痕（H17：D20）　7. 砍痕
（H82：D1）　8. 锯痕、食肉类动物咬痕（H43：D1）　9. 砸痕（H41：D1）　10. 砸痕
（H17：D6）

表一四　动物骨骼上存留人工痕迹的分类与统计

时期 ＼ 痕迹	砸	砍	割	锯	烧	削	混合	合计
西周时期	31	9	4	1	66	0	18	129
东周时期	14	9	11	0	63	1	10	108
合　计	45	18	15	1	129	1	28	237

1. 砸痕

此类痕迹发现数量比较多，主要见于长骨骨干的中间或两端，断口参差不齐，形状各异，大部分可见明显的砸击点。其目的主要是砸骨取髓或截取骨料，从骨干中间砸断应该是为了取食其中的骨髓，约占81%；而将骨骼两端膨大的部分砸去，则是为了取用中间的骨干部分作为加工骨器的原料，约占19%（图一九，6、9、10）。

2. 砍痕

发现有砍痕的骨骼标本相对较多。从砍痕的部位和被砍的对象分析，砍的目的是为了肢解动物躯体和截取骨角料。在肢解动物躯体时，为了砍断筋腱使其分解，大多砍在关节处，会在关节部位留下砍痕，通过观察发现这类砍痕大多很窄，应该是使用较锋利的金属工具砍而留下的，而且这些砍痕一般两三道并列分布，距离较近，可见当时肢解动物的技术已经较成熟，可能会有专业的技术熟练人员来从事这项工作。而在截取骨角料时，所留下的砍痕相对宽而深，目的性很强，一般砍在长骨接近骨骺端的骨干、角柄等部位，往往砍多次，集中在一处，尤其是鹿角，十分坚硬，很难一次完成。通过观察，推测当时人们在截取骨角料时是使用相对较钝而且厚重的金属工具来砍的，但并未完全砍断，配合锯、砸等其他环节，当只有少部分骨骼连接时再折断（图一九，1、7）。

3. 割痕

观察到有割痕的骨骼标本共28件，西周时期12件，东周时期16件。这类痕迹应该是在割取肉时留下的，一般很浅很细，成组平行分布，但位置不固定，较常见的在股骨的转间脊上、肋骨颈部内后侧以及髋骨的闭孔内缘上（图一九，3、4）。

4. 锯痕

该痕迹很少见，仅发现5件标本上有锯痕，都出土于西周时期的单位中，而东周时期的骨骼标本上未见有该类痕迹，很有可能这种技术在东周时已经不使用。经过观察分析，这些锯痕的形成都是以截取骨角料为目的的，先在要截断的位置上用金属工具水平的前后运动，形成平直的锯口，并且有的是从多个方向锯，锯到一定程度，但并未锯断，然后再沿锯口折断，或者辅以砍、砸，从而准确地截断骨角料（图一九，1、8）。

5. 烧痕

可见烧痕的骨骼数量最多，绝大部分通体烧黑，是将食用后剩下的部分骨骼丢弃在火中而形成的。

6. 削痕

仅发现1件，标本H76：D94，为制作骨器的毛坯，将截取下来的骨料各个面都削平，预备加工雏形（图一九，5）。

7. 混合痕迹

还有部分骨骼上的人工痕迹并不是单一的，而是两三种痕迹混合出现。通过观察统计，痕迹的组合并没有集中性，有很多种组合，数量也很分散。这些痕迹可能是顺时的组合，也有可能是同时的组合，其反映了这些骨骼所经历的各个阶段，如肢解动物躯体时留下的砍、割痕，取食骨髓时留下的砸痕，食用后丢弃在火中留下的烧痕或者截取骨角料时留下的锯、砍、砸痕等。

五 骨、角器制作工艺探讨

骨、角器的加工制作需要经过非常复杂的过程才能完成，该遗址并未发现骨、角器加工场所，但从一些骨骼上的痕迹以及骨器成品上仍可以管窥当时骨、角器制作工艺的一些信息。

（一）原料的选取

虽然遗址中没有发现成型的角器，骨器发现的数量也很少，而且大部分是残器，但是从出土的一些骨骼以及上面的痕迹来看，当时人们制作骨、角器主要是选择尺骨、胫骨、掌骨、距骨和鹿角等作为加工原料。

遗址中发现的骨器主要是骨锥、骨笄、骨镞，像胫骨、掌骨和距骨这样骨干长直骨壁较厚的骨骼确实适合制作这类骨器。

关于原料的来源，鹿角有自然脱落的，推测可能是在遗址之外拾获的，也有从头骨上取下保留有额骨的。还有尺骨、胫骨、掌骨和距骨等，这部分原料应该是来源于食用后剩下的骨骼。

（二）加工方法

在遗址中发现的很多鹿角都只保留有虎口的部分，断口处有砍、锯等人工痕迹，而主枝长而且直的部分应该是被截去制作角器。制作骨器则多选择像胫骨、掌骨和距骨这样骨干长直且骨壁较厚的部位的骨干部分。

在截取骨料时采用砍、砸、锯等方式将长骨两端膨大的骨骺部分去掉，只留下中间骨干的部分作进一步加工。截取角料时，同样采用砍、砸、锯等方法。但是由于只发现丢弃的骨骺端而没有发现所截取的骨料，进一步的加工过程还无法推测。只发现一件毛坯，已将截取下来的骨料各个面都削平，预备加工锥形（图一九，5）。加工骨器的最后一道工序应该是磨制成形，通过观察发现的骨器，都是在加工好锥形的基础上磨制而成的，如骨锥、骨笄和骨镞等都是这样制作而成的。

尤其值得一提的是骨锥的制作工艺，比较明显地可以看出，当时人们在制作骨锥时充分利用了骨骼原有的形态，尺骨近端膨大远端尖锐，近端适于把握，而远端稍加磨制便可以使用；偶蹄类动物的炮骨远端有两个滑车，若从中间将其一分为二，近端断口略加修理就可作锥使用。这样的加工方法既方便快捷又简单易于操作，成品亦适于使用。

六　从动物遗存看生业模式及环境

通过对南放水遗址出土的动物遗存进行种属鉴定和统计（表三、表四），能够大体反映当时人类的经济生活方式和生态环境。

（一）生业模式

遗址的动物群中，可以确知被饲养的动物有猪、狗和牛。猪的数量最多，占家畜数量的比重西周时期为50%，东周时期为58%，是主要的饲养对象。其次是狗，西周和东周时期的比例分别为42%和16%。这些饲养的动物为居民提供了较稳定的肉食资源，而且在西周时期狗还作为殉牲使用。

遗址中发现的野生动物种类繁多，数量也不少，可见当时渔猎经济仍占有一定的比重。鹿类发现的数量最多，西周和东周时期的比例分别为70%和40%，种类包括四不像鹿、马鹿、梅花鹿、狍和獐等，由此看来，鹿类是当时人们主要的狩猎对象。捕获的鹿类可以为居民提供丰富的肉食资源，鹿角还可以加工工具，是很理想的狩猎对象。从出土的数量上看，遗址周围生活着很多鹿类，而且当时人们很有可能有组织有计划地进行猎取鹿类的活动。还有一些野生动物的个体数很少，应该是在狩猎过程中偶然捕获的，如野兔、猞猁、獾、熊等，这类野生动物并不是当时人们主要的狩猎对象，也可以说当时人们并没有有意识地追捕、猎杀这些动物。除此之外，鱼类的捕捞也具有一定规模。

（二）生态环境

遗址中出土的野生动物种类中，水生动物有鲶鱼、草鱼和鳖等，均为淡水动物，反映出遗址周围应该有河流、湖泊等水域分布。陆生动物中的四不像鹿喜欢在温暖湿润的平原、沼泽和有水域的地方活动，喜食鲜嫩的水生植物；梅花鹿则喜欢在开阔的林缘草地上活动；獐喜栖于水边草丛和芦苇塘边；马鹿、狍、獾等则生活在稀树灌丛的丘陵地带；熊、猞猁常出没于森林之中。

从上述野生动物的生活习性角度综合分析，南放水遗址周边环境在两周时期大体相同，没有太大的变化。遗址周围有河流、湖泊分布，西侧太行山余脉上生长着大面积的森林，山地、平原交界地带分布有灌木林和草地。

七 结 语

河北唐县南放水遗址地处太行山东麓，遗址面积较大，延续时间长，其中西周时期文化遗存的揭示是本次发掘的重要收获。鉴于这一地区西周时期的考古工作较为薄弱，尤其缺少大面积的遗址发掘和系统资料报道的现状[①]，对该遗址的考古发掘和研究具有重要的学术意义。除了类型学、年代学等方面的研究，动物考古学的研究应该成为该遗址综合研究的重要组成部分。

河北唐县南放水遗址共出土动物骨骼遗存标本2259件，经过鉴定，属于草鱼、鲶鱼、乌鳢、鳖、雉、家猪、牛、山羊、绵羊、狗、达维四不像鹿、马鹿、梅花鹿、狍、獐、熊、兔、獾、猞猁、猫等二十余种属的动物。这些骨骼大多风化较严重，部分标本上存留有啮齿类和食肉类动物的咬痕，还有砸、砍、割、锯、烧和削等人工痕迹，反映出当时人们已经熟练掌握了肢解动物的技术，具有高超的制作骨角器的系列工艺以及一些生活习惯等方面的问题。从动物种属的结构来看，当时的生态环境良好，生业模式以定居农业为主，饲养业和渔猎业兼而有之，为人们的生活提供了充足的物质条件。在西周时期的墓葬中，较普遍的在腰坑内殉狗；另外，M4中随葬有大量的海贝，此墓葬具为一棺一椁，不同于其他的有棺无椁者，可以看出该墓主人在身份地位或贫富程度上与其

---

① 朱永刚、段天璟：《河北唐县南放水遗址发掘取得重要成果》，《中国文物报》2007年8月22日，总第1548期第2版。

他人的区别。

本项研究在对所有动物骨骼标本进行种属鉴定和测量、观察与整理的基础上，主要对骨骼表面的痕迹、骨角器的制作工艺、生业模式和环境等问题进行了研究与探讨，希望能够为该遗址及相关课题的深入研究提供一定的帮助。

附记：本文的写作得到了吉林大学边疆考古研究中心陈全家教授、朱永刚教授的悉心指导和帮助，作者在此一并表示衷心感谢！

图版二

1. 遗址远景（由东南向西北）

2. 遗址地貌（由东向西）

3. 遗址发掘区远景（由东向西）

南放水遗址远景及发掘现场

1. 遗址发掘场景（由东向西）

2. 氢气球定位拍摄场景（由东向西）

南放水遗址远景及发掘现场

图版四

遗址发掘区全景（由东向西）

1. T52②层，开口平面遗迹（由西向东）

2. 发掘后的 T52②层平面遗迹（由西向东）

南放水遗址 T52②层下开口遗迹

1. T88 ②层开口平面遗迹（由南向北）

2. 发掘后的 T88 ②层平面遗迹（由南向北）

南放水遗址 T88 ②层下开口遗迹

1. H3 陶器出土状态（由北向南）

2. H13（由东北向西南）

南放水遗址灰坑

1. H22（由西南向东北）

2. H30①层堆积陶器出土状态（由北向南）

南放水遗址灰坑

1. H30（由北向南）

2. H33 及坑内堆积剖面（由南向北）

南放水遗址灰坑

1. 左 H33、右 H48（由南向北）

2. H41（由西北向东南）

南放水遗址灰坑

1. H42（由北向南）

2. H57 ①层堆积陶器出土状态

南放水遗址灰坑

1. H57 ②层堆积兽骨出土状态

2. H57（由东南向西北）

南放水遗址灰坑

1. H60（由东北向西南）

2. H71 及坑内堆积剖面（由东向西）

南放水遗址灰坑

1. H76（由南向北）

2. H82 陶鬲出土状态（由东向西）

南放水遗址灰坑

1. H90 及坑内堆积剖面（由西北向东南）

2. H97 陶鬲出土状态

南放水遗址灰坑

1. H105 陶鬲出土状态（由东南向西北）

2. H106 陶鬲出土状态（由西向东）

南放水遗址灰坑

1. H119 陶甑出土状态

2. H142 陶器出土状态

南放水遗址灰坑

1. H151 ①层堆积所见人骨（由西向东）

2. H151 ②层堆积折肩罐出土状态

南放水遗址灰坑

1. M1（由西南向东北）

2. M2（由东南向西北）

南放水遗址墓葬

1. M3（由西北向东南）

2. M4 椁板痕迹（由东北向西南）

南放水遗址墓葬

1. M4（由西南向东北）

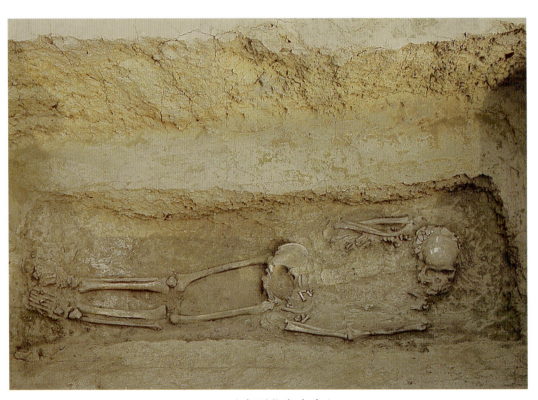

2. M5（由西北向东南）

南放水遗址墓葬

1. M8（由东向西）

2. M4 头骨及海贝出土状态

3. M6 随葬陶器出土状态

南放水遗址墓葬

1. M9（由东南向西北）

2. M9腰坑（由东南向西北）

南放水遗址墓葬

1. M10（由东向西）

2. M11（由东向西）

南放水遗址墓葬

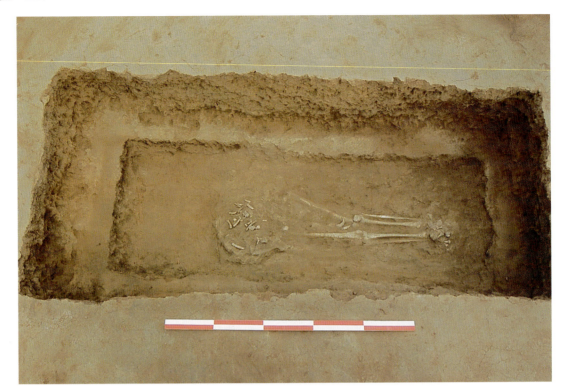

1. M12（由西向东）

2. M13（由西北向东南）

南放水遗址墓葬

1. 鼓腹罐（H142 ： 7）

3. 左 A 型鬲（H31 ： 1）、右钵（H31 ： 2）

2. 蛋形瓮（H142 ： 8）

4. 石镰（从上向下分别为 H142 ： 6、
H142 ： 5、H142 ： 4、H142 ： 3、
H142 ： 2、H142 ： 1）

夏时期陶器、石器和东周时期陶器（1~3 夏时期、4 东周时期）

1. A 型 I 式（H30：9）

2. A 型 I 式（H30：20）

3. A 型 I 式（H70：2）

4. A 型 I 式（H82：5）

5. A 型 I 式（H106：1）

西周时期分裆鬲

1. A 型Ⅱ式（H3：4）

2. A 型Ⅱ式（H3：1）

3. A 型Ⅱ式（H22：1）

4. A 型Ⅱ式（H22：2）

5. A 型Ⅱ式（H22：5）

6. A 型Ⅱ式（H105：1）

西周时期分裆鬲

1. A 型 Ⅱ 式（H61：4）

2. A 型 Ⅱ 式（H30：1）

3. A 型 Ⅱ 式（H30：11）

4. A 型 Ⅱ 式（H30：21）

5. A 型 Ⅱ 式（H129：1）

6. A 型 Ⅲ 式（H1：2）

西周时期分裆鬲

1. A 型Ⅲ式（H72：1）

2. A 型Ⅲ式（H97：2）

3. A 型Ⅲ式（H57：14）

4. B 型Ⅰ式（H30：22）

5. B 型Ⅰ式（H63：1）

6. B 型Ⅰ式（H84：2）

西周时期分裆鬲

1. B 型 Ⅱ 式（H57 ：13）

2. B 型 Ⅱ 式（H61 ：2）

3. B 型 Ⅱ 式（H97 ：1）

4. B 型 Ⅱ 式（M6 ：2）

西周时期分裆鬲

1. A 型 I 式联裆鬲（H30：19）

2. B 型 I 式联裆鬲（H30：6）

3. A 型 II 式联裆鬲（H70：1）

4. B 型 II 式联裆鬲（0：1）

5. 弧裆鬲（0：2）

6. B 型 III 式联裆鬲（M12：1）

西周时期联裆鬲、弧裆鬲

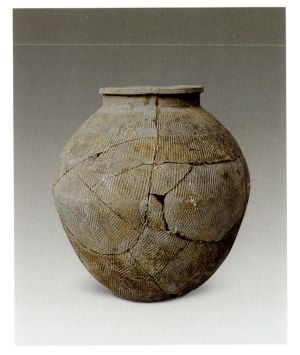

1. I 式（H30：18）

2. I 式（H90①：1）

3. I 式（H90①：3）

4. I 式（H90②：1）

西周时期鼓腹罐

1. Aa 型 I 式（H151：1）

2. Aa 型 I 式（0：3）

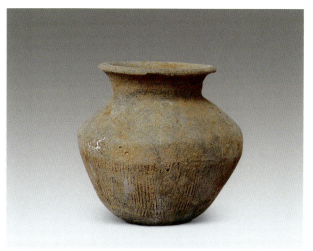

3. Aa 型 II 式（M1：1）

4. Aa 型 II 式（M5：1）

5. Ab 型（M6：1）

6. 折肩罐（M13：1）

西周时期折肩罐

1. Ba 型 I 式（M9：1）

2. Ba 型 I 式（0：5）

3. Ba 型 II 式（M10：1）

4. Ba 型 II 式（M12：2）

5. Ba 型 II 式（H13①：3）

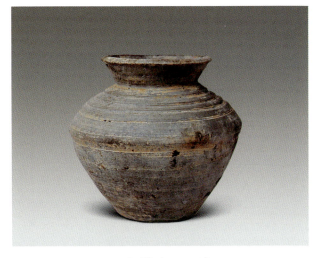

6. Bb 型（0：4）

西周时期折肩罐

1. A 型壶（H90①：2）

2. 甑（H119：1）

3. Aa 型盆（H84：1）

4. Aa 型盆（M4：3）

5. A 型簋（H17：1）

6. 豆（H60：1）

西周时期陶器

1. 上陶拍（H112：1）、下陶垫（H57：7）　　　　　2. 陶范（H41：5）

3. 从左向右 上陶纺轮（H3：3、H57：9、H79：1）下陶纺轮（H90：9、H1：1、H46：8）

西周时期陶器

1. 上角锥（H19：33）、中角锥（H19：11）、下穿孔骨器（H19：10）

2. 海贝（M4 出土之一部分）

西周时期角、贝器

1. 从左向右，骨镞（H43：9、H58：1），骨锥（H33：7、H91：1），骨笄（H57：3）

2. 石牌饰（M6：3） 3. 从左向右，铜锥（H57：5），铜镞（G3：3、H57：6、H44：1）

西周时期石、骨、铜器